Max Krenkel

Paulus, der Apostel der Heiden

Max Krenkel

Paulus, der Apostel der Heiden

ISBN/EAN: 9783743326514

Hergestellt in Europa, USA, Kanada, Australien, Japan

Cover: Foto ©ninafisch / pixelio.de

Max Krenkel

Paulus, der Apostel der Heiden

GEHALTEN IN DEN PROTESTANTENVEREINEN
ZU DRESDEN UND LEIPZIG

VON

MAX KRENKEL

MIT EINER KARTE

LEIPZIG
VERLAG VON DUNCKER & HUMBLOT

VORWORT.

Die Vorträge über den Apostel Paulus, welche ich hiermit einem grösseren Kreise darbiete, sind von mir zuerst 1867 in Dresden, dann 1868 in Leipzig vor Mitgliedern des deutschen Protestantenvereins gehalten worden. Obwohl ich dem in ihnen behandelten Gegenstand seit einer Reihe von Jahren eingehende Studien zugewandt habe, so würde ich doch mit den Früchten derselben ohne äusseren Anlass schwerlich schon jetzt vor die weitere Oeffentlichkeit getreten sein. Die letzten Jahrzehnte haben über Paulus so viele und gediegene Arbeiten gebracht, dass es bedenklich erscheinen muss, diese reiche Literatur durch Schriften zu vermehren, die nicht in völlig neuen Gesichtspunkten und Ergebnissen eine Berechtigung ihrer Existenz nachzuweisen vermögen. Erwägt man indessen, welch' eine verhältnissmässig unbekannte Grösse der geschichtliche Paulus trotz der Bemühungen eines H. Lang und Hausrath noch immer auch für solche nichttheologische Zeitgenossen ist, in welchen sich das historische Interesse mit dem religiösen verbindet, so wird man einen neuen Versuch, den Gebildeten unseres Volkes das Verständniss jener hohen Persönlichkeit zu erschliessen, nicht von vornherein als überflüssig verurtheilen und ich darf vielleicht hoffen, dass für diese Vorträge auch neben den trefflichen Schriften der Genannten noch ein bescheidenes Plätzchen übrig sein werde.

Bücher wie das vorliegende haben von der herrschenden Theologie weder Gnade noch Gerechtigkeit zu erwarten und ich bin nicht so anspruchsvoll, für mich eine Ausnahme von der Regel zu verlangen. Aus der conservativen Stellung, die ich in der Frage nach der Echtheit der paulinischen Briefe einnehme, auf die Gefahr hin von Männern, deren kritische Grundsätze ich theile, schwächlicher Halbheit und Vermittelungssucht gezogen zu werden, mögen Gegner, die sich noch überzeugen lassen, die Ueberzeugung gewinnen, dass ich nicht im Verneinen und Zerstören meine Befriedigung finde. Andere werden freilich angesichts meiner Auffassung der Apostelgeschichte das alte Lied wieder anstimmen, dass ich lediglich die unbewiesenen und unbeweisbaren Behauptungen einer offenbar dem Zerfall entgegengehenden Schule zu den meinigen gemacht habe. Nun, ich glaube, dass unsere moderne Orthodoxie alle Ursache hätte, sich Glück zu wünschen, wenn nur ein geringer Theil der von ihr mit der grössten Zuversichtlichkeit vertretenen Sätze auf einer so sicheren, wissenschaftlichen Grundlage ruhte, wie sie für Schriften von der Art der meinigen durch Zellers kritisches Meisterwerk geschaffen ist. So lange jedoch die Ehrenrettungen der Apostelgeschichte in Leistungen wie dem neuesten wohlgemeinten Versuche Riggenbachs gipfeln, darf man den wackern Lang nicht wegen seines Unmuths über die „Grossthaten der gläubigen Apologetik" schelten, die „einem Legendenbuch des zweiten Jahrhunderts zulieb oder besser einer eigensinnigen Doctrin über die Beschaffenheit einer Büchersammlung zulieb den glänzendsten und schärfsten Charakter der ersten Christenheit verdunkelt und entstellt." (Zeitstimmen 1867. No. 3. S. 55). Der Galaterbrief, dieser „stummberedte Ankläger der Apostelgeschichte" spottet nun einmal jener vielgeschäftigen Anwälte, welche, zumeist in eigenem Interesse, ihre ganze Ueberredungskunst aufbieten, um zwischen ihm und der Angeklagten einen leidlichen Vergleich zuwege zu bringen, taub gegen alle Billigkeitsgründe fordert er beharrlich sein volles, unverkürztes Recht. Ihm dieses und nur dieses zukommen zu lassen, bin ich nach Kräften bestrebt gewesen.

Die Literatur über Paulus habe ich bis zu den Erscheinungen der letzten Monate herab im Auge behalten. Renan's neuestes Werk kam mir zu spät zu, um hier noch berücksichtigt werden zu können, doch denke ich mich demnächst mit dem Verfasser anderwärts auseinanderzusetzen.

Möchte es meiner Arbeit vergönnt sein, in weitern Kreisen zur Beförderung einer unbefangenen Würdigung des grossen Apostels und des Urchristenthums ein Scherflein beizutragen!

Max Krenkel.

I.

"Als Sterbende und siehe, wir leben!" Welches Wort des grossen Heidenapostels, um dessen Bild uns diese Stunden zu gemeinsamer Betrachtung sammeln sollen, wäre geschickter, unsere Herzen mit einem Hauche seines Geistes zu erfüllen, als dieses stolze Selbstzeugniss, mit dem sein hoher Sinn doch nur dem Urtheil der Nachwelt vorangeeilt ist? Weit hinaus über die Zeitschranken, welche Paulus' irdisches Tagewerk umschliessen, geht die Tragweite dieses Wortes: die ganze Geschichte des Christenthums tritt in ihren edelsten Gestalten und ihren bedeutsamsten Entwickelungsmomenten ein zum Zeugniss für die Lebensfülle dieses Unsterblichen. Aus seinen Schriften hat das religiöse Leben, wo immer es sich in christlichen Persönlichkeiten oder Gemeinschaften aus todähnlicher Erstarrung emporrang, allezeit seine kräftigste Nahrung gezogen. So oft auch das Licht des paulinischen Glaubens verdunkelt und fast erloschen war im Nebel heidnischen Weltdienstes oder jüdischer Gesetzlichkeit, so brach es doch immer wieder, hier in vereinzelten Strahlen, dort in unwiderstehlichem Glanze aus der trübenden Umhüllung hervor. Wie dem tiefsinnigen Kirchenlehrer Augustin, welcher der abendländischen Christenheit auf Jahrhunderte hinaus den Stempel seines Geistes aufgedrückt hat, in einem Paulusworte der Leitstern aus der Nacht schwerer sittlicher Verirrungen aufging[1], so fand Luther inmitten eines von starrer Werkheiligkeit beherrschten Geschlechtes in der paulinischen "Gerechtigkeit aus dem Glauben" das lösende Wort für die Zweifel seines geängsteten Herzens und siegesfreudigen Muth zu seinem

---

[1] Röm. 13, 13. s. Augustin. Confess. VIII. 12, 28 f.

reformatorischen Werke. Und auch der grossen Gemeinde,
die Luther gesammelt hat, ziemt es, sich lernbegierig zu den
Füssen seines Lehrers zu setzen, denn wie dürfte sie jenes
Werk für abgeschlossen halten? Nicht als gesicherte Errungen-
schaft, erst als lockender Kampfpreis, als mahnende Aufgabe
steht seine Vollendung vor dem geistigen Auge dieser Zeit,
deren Angesicht überraschende Aehnlichkeit mit dem Jahrhundert der Reformation in allen seinen charakteristischen
Zügen aufweist. Wird diese Aufgabe, die edelste und höchste,
welche der Protestantenverein auf seine Fahne geschrieben
hat, noch lange, vielleicht immer vergeblich ihrer Lösung
entgegenharren? Wird das neue Leben, das sich, wenn auch
vielfach mit den Merkmalen menschlicher Schwachheit und
Sünde behaftet, unleugbar in unserer Kirche zu regen begonnen hat, innerlich zu vollkräftiger Reife erstarken und
sich zu würdiger äusserer Erscheinung ausgestalten oder bedeutet es nur, wie die Feinde des Christenthums frohlocken,
das letzte Aufflackern des religiösen Wahns vor seinem völligen
Erlöschen oder, wie die Anhänger der apokalyptischen Weltanschauung predigen, das Morgengrauen des jüngsten Tages,
den Anbruch des antichristischen Reichs? Was vermag uns
Hoffnung und Muth aufrecht zu halten unter solchen wehe-
rufenden und triumphirenden Stimmen zur Rechten und
Linken, wenn nicht die feste Zuversicht von der Wahrheit
dessen, was als persönlicher Gewissensglaube in Fleisch und
Blut unseres inneren Menschen übergegangen ist, was als
lebendige, sich selbst bezeugende Macht unser Bewusstsein
erfüllt? Wie sollte es uns da nicht frommen, sinnend und
fragend vor dem Bilde des Mannes zu verweilen, der seinen
zahlreichen mit den Waffen der Schriftauctorität und zwingen-
der Vernunftgründe sich brüstenden Gegnern als Schild allein
die innere Wahrheit und Selbstgewissheit seines Glaubens
entgegenhielt und dessen kühner Schlachtruf: "Die Waffen
meines Kampfes sind nicht fleischlich, sondern göttlich stark,
um Festungen zu zerstören", von der Geschichte so herrliche
Bewährung empfangen hat?

Freilich ein erschöpfendes Bild seiner Persönlichkeit
und seines Wirkens lässt sich mit dem engen Rahmen eini-

ger Stunden nicht umspannen. Wie viel sittliche Hoheit und
geniale Kraft, wie viel Heldengrösse und Duldersinn drängt
sich in diesem Geiste und diesem Leben zusammen! Die Los-
reissung des Christenthums vom Judenthum, welche Paulus
zuerst forderte und siegreich durchsetzte, war allein schon
eine weltgeschichtliche That, in der unabsehbare Folgen beschlossen lagen, eine der bedeutsamsten die Ausdehnung des
apostolischen Arbeitsfeldes über Europa, mit welcher unser
Erdtheil die fruchtbarsten Keime für seine künftige, welt-
beherrschende Culturentwickelung empfing. Es war Paulus,
der zuerst die grossen Gedanken des Christenthums in feste
Sprachformen goss und ihnen durch schriftliche Aufzeichnung
ihre Wirkung auf spätere Jahrhunderte sicherte, er ist der
Begründer einer christlichen Literatur, und was er in dieser
von dem Ertrage seiner Geistesarbeit niederlegt, ist nichts
Geringeres als ein mit staunenswerther Kühnheit entworfenes
und mit rücksichtsloser Consequenz durchgeführtes System
der neuen Religion.

Sollte eine solche Persönlichkeit nicht eine Ausnahme
beanspruchen dürfen von jener noch vielfach geltenden con-
ventionellen Regel, die dem gebildeten Nichttheologen gegenüber den Grössen der Bibel und Kirchengeschichte Gleich-
giltigkeit zur ersten Pflicht macht? Die es verschuldet, dass
die Propheten Israels, die Heroen des Urchristenthums, die
Glaubenszeugen der alten und mittelalterlichen Kirche in
den Hallen der Geschichte vereinsamt stehen, indess sich um
die Heldengestalten des alten Hellas und Rom eine rege Menge
voll freudiger Bewunderung schaart? Eine ausschliessliche
Christlichkeit freilich, welche im Heidenthum nur das gott-
entleerte Zerrbild der geoffenbarten Religion sieht, nimmt
an dieser Erscheinung keinen Anstoss. Es ist ihr selbstverständlich, dass der natürliche Wunsch in stumpfer Theilnahm-
losigkeit an den hochbegnadeten Trägern des göttlichen
Geistes vorübereilt, zu denen sie selbst in scheuer Ehrfurcht
emporblickt, als eine Schändung des Heiligen das Unterfangen dessen verurtheilend, der die Gottesmänner der Bibel mit
den Grössen der Profangeschichte auf den gleichen, geschichtlichen Boden verpflanzen will. Ich schildere eine vor aller

Augen liegende Thatsache, nicht ohne Hoffnung, dass die
Tage ihrer Herrschaft gezählt sind. Es geht ja durch unsere
Zeit ein noch immer anschwellender Zug nach geschichtlicher Erkenntniss und das von seiner Strömung am spätesten
berührte Gebiet der Religion kann sich ihm eben so wenig
verschliessen, wie die der philosophischen Formel über-
drüssigen Gebildeten unseres Volkes es auf die Dauer erträg-
lich finden werden, ihren Hunger und Durst nach historischer
Wirklichkeit unter beharrlicher Vermeidung jenes einen
Gebietes zu stillen. Die in jüngster Zeit so zahlreich an's
Licht getretenen Darstellungen des Lebens- und Charakter-
bildes Jesu, was sind sie anders als beachtenswerthe Versuche,
in ein Heiligthum, von dessen Schwelle die dogmatische
Formel früher jeden ungeweihten Fuss abgewehrt hatte, mit
dem Schlüssel geschichtlicher Forschung einzudringen? Und
haben sie nicht die erfreuliche Folge gehabt, dass das Heiligthum, welchem sonst nur der Gläubige schüchtern nahte,
jetzt gleich jenem von den Propheten erschauten Tempel,
Pilgerschaaren aus allerlei "heidnischem Volke" seinen Höhen
zuströmen sieht? Auch das Leben des grössten der Apostel
ist neuerdings zu wiederholten Malen in den Kreis unbefangener historischer Würdigung gezogen worden, gegen
deren Spruch sich die sklavischen Verehrer einer kritiklosen
Ueberlieferung vergeblich sträuben. In der That kann nur
zaghafter Kleinglaube wähnen, dass die Hoheit eines religiösen Charakters Abbruch erleide, wenn er aus dem mystischen Dämmerschein der Heiligenlegende an das helle
Tageslicht der Geschichte gerückt wird. Zumal bei einem
Paulus erweist sich diese Befürchtung als sehr überflüssig.
Vereinigen wir nur mit liebevoller Sorgfalt alle charakteristischen Züge zu einem Gesammtbilde, versenken wir uns in
die ganze geschichtliche Persönlichkeit des Apostels mit
ihren Tugenden und Schwächen, ihrer der Zeit vorauseilen-
den Genialität und ihrer Begrenzung durch die Schranken
der Zeit, ihrer weltumfassenden Weitherzigkeit und ihrer
scharf hervortretenden nationalen Besonderung: und ich meine,
der geschichtliche Paulus wird den Christen leicht den heiligen Paulus vergessen lassen und dem Unchristen die Hoch-

achtung abnöthigen, deren die wahre Geistesgrösse allenthalben versichert ist.

Der erste Punkt, an dem sich die geschichtliche Betrachtung als solche zu erproben hat, ist die Werthbestimmung der Quellen, aus denen sie ihren Stoff entnimmt. Für unsere Aufgabe sehen wir uns, wenn wir einige hie und da verstreute Nachrichten aus späterer Zeit in Abzug bringen, ausschliesslich an die beiden innerhalb des neutestamentlichen Schriftgebietes fliessenden Quellen, Paulus' eigene Briefe und die Apostelgeschichte, gewiesen. Bekanntlich sind uns dreizehn Sendschreiben, welche den Namen des Apostels an der Stirn tragen, im Neuen Testament aufbehalten. Die Echtheit der Mehrzahl derselben ist zwar von der Kritik bestritten, aber bei den meisten erfolgreich vertheidigt worden, wenn auch bis jetzt ein Abschluss des kritischen Processes noch nicht hat erzielt werden können. Für uns ist diese Streitfrage gleichgiltiger, als sie auf den ersten Blick erscheint. Durch eine günstige Fügung trifft es sich nämlich, dass die vier umfänglichsten und inhaltreichsten, nach Galatien, Korinth und Rom gerichteten Briefe gegen jeden wissenschaftlich zu begründenden Verdacht der Unechtheit sicher gestellt sind. Diese vier Sendschreiben aber, welche Paulus auf der Höhe seiner apostolischen Thätigkeit innerhalb eines Zeitraums von drei bis vier Jahren an Gemeinden von festausgeprägter Individualität gerichtet hat, reichen völlig aus, um uns von seiner Persönlichkeit, seiner Lehre und seinem Wirken ein anschauliches und in allen Hauptpunkten zusammenstimmendes Bild gewinnen zu lassen, dem auch diejenigen kleineren Briefe, für deren Echtheit gewichtige Gründe sprechen, kaum einen wesentlichen Zug hinzufügen können, wie sehr sie auch zur Abrundung und Ergänzung untergeordneter Partien dienen.[1] Wenn die Briefe des Apostels über das äussere Leben ihres Verfassers, wie immer schätzbare, doch mehr zufällige und gelegentliche Mittheilungen bieten, so führt dagegen die zweite neutestamentliche Quellenschrift, die Apostelgeschichte, seine apostolische Wirksamkeit mit ihren Kämpfen

---

[1] S. Erläuterung 1.

und Leiden, ihren Hemmungen und Erfolgen vor unserm
Blick in einer zusammenhängenden Darstellung vorüber, die
freilich nicht allenthalben den gleichen Werth behauptet.
Denn während einige Abschnitte dieses Werkes vermöge
der in ihnen verarbeiteten Aufzeichnungen eines Reisege-
führten des Apostels hohe Glaubwürdigkeit beanspruchen,
haben dem Verfasser für die anderen Theile seiner Arbeit
Unterlagen von derselben Bedeutung nicht zu Gebote gestanden, daher uns hier eine ziemlich ungleichartige Behandlung des Geschichtsstoffes entgegentritt, die oft über längere
Zeiträume und folgenschwere Thatsachen in skizzenhafter
Kürze hinwegeilt, dagegen bei unwesentlichen Nebendingen
mit Vorliebe verweilt und der ausschmückenden Wundersage
freiesten Zugang gestattet.   Desshalb musste sich bei
der so nahe gelegten Vergleichung der paulinischen Briefe
und der Apostelgeschichte, als der kritische Sinn einmal
erwacht war, bald ein Ergebniss herausstellen, das heutzutage
selbst von Theologen strengerer Richtung nicht ohne Weiteres
verworfen zu werden pflegt, dies nämlich, dass sich jene
beiden Quellen in manchen Punkten auf eine alle Vermittelung ausschliessende Weise widersprechen.   Wer aber
dem Eindrucke der aus allen Worten des Apostels hervor-
leuchtenden Wahrhaftigkeit, sowie dem Zugeständnisse, dass
er für sein eigenes Leben der zuverlässigste Berichterstatter
sein konnte, sich nicht zu entziehen vermag, der wird von
hier aus sofort zu dem weiteren Resultat gelangen, dass der
historische Werth der Apostelgeschichte nur ein bedingter
und durch ihre grosse Lückenhaftigkeit nicht minder als
durch vielfache Unrichtigkeiten beeinträchtigt sei. War durch
derartige Wahrnehmungen die Glaubwürdigkeit dieser Schrift
einmal in Frage gestellt, so hielt sich die neueste, vorzugsweise von der sogenannten tübinger Schule ausgegangene
Kritik für befugt, noch einen weiteren Schritt zu thun, indem
sie sich der Einsicht nicht verschliessen zu dürfen meinte,
dass aus der Apostelgeschichte dem Leser ein ganz anderes,
in viel mattere Farben getauchtes Charakterbild des Apostels
entgegentrete, als aus seinen eigenen Schriften.   Während
der Paulus der unbestritten echten Briefe inmitten eines

heftigen Kampfes gegen das in seine Gemeinden eindringende
Judenchristenthum mit der Entschiedenheit eines über-
zeugungstreuen und fest in sich beruhenden Charakters steht
und im Bewusstsein seiner christlichen Freiheit den Verfech-
tern der Gesetzesknechtschaft auch nicht auf eine Stunde
weicht, damit die Wahrheit des Evangeliums bei ihm bleibe,
sind in der Apostelgeschichte die Gegensätze bis zur Ununterscheidbarkeit abgeschwächt. Wie hier der allezeit nach-
giebigen und zu Zugeständnissen geneigten Haltung des Paulus
das weit rücksichtsvollere Auftreten der Judenchristen
entspricht, so werden von dem ersteren mit besonderer Vorliebe freiwillige Aeusserungen einer gesetzesfreundlichen Gesinnung berichtet, und die letzteren erscheinen von einem
mächtigen Hauche paulinischer Geistesfreiheit angeweht, der
sie oft weit über die Schranken ihres ursprünglichen Standpunktes hinaushebt, während unliebsame Vorgänge, bei denen
die verschieden gearteten Geister heftig auf einander platzten,
mit einem wohl nicht absichtslosen Stillschweigen übergangen
werden, und die Rolle, den Apostel und sein Werk mit aller Ge-
hässigkeit zu befeinden, vorwiegend seinen ehemaligen Glaubensgenossen, den Juden, zufällt. Diese Eigenthümlichkeit der
Apostelgeschichte mit einigen schlagenden Beispielen zu be-
legen, wird sich weiterhin Veranlassung finden, wenn schon
wegen der Knappheit der uns zugemessenen Zeit auf einen
ausreichenden Beweis, der längst anderwärts geführt ist,
verzichtet werden muss. Doch möge es schon hier gestattet
sein, das Resultat, welches die neuere Forschung aus den
eben angedeuteten Momenten gewonnen hat, und zu dem ich
mich im Wesentlichen mit voller Ueberzeugung bekenne, in
kurzen Worten zusammenzufassen. Die Entstehung der
Apostelgeschichte gehört einer Zeit an, in welcher die Partei-
gegensätze, deren Kampf die Christenheit des ersten Jahrhunderts in ihren innersten Tiefen aufgeregt, bereits ihre
anfängliche Schärfe verloren und sich im Bedürfnisse einer
Ausgleichung und Versöhnung einander zu nähern begonnen
hatten. In den Dienst dieser Unionsbestrebungen stellt der
Verfasser der Apostelgeschichte sein Werk, als dessen Charakter daher die aller Schroffheit abholde, jedes Extrem zurück-

drängende, jede verletzende Spitze umbiegende Vermittelung
zu betrachten ist. Wenn sich die starren Judenchristen auf
die Urapostel als die Säulen der gesetzestreuen Richtung
beriefen, die eifrigen Anhänger des Paulus ihn als Ver-
künder der das Gesetz aufhebenden evangelischen Freiheit
priesen, so lehrte die Apostelgeschichte, dass die Häupter zu
Jerusalem mit Paulus in dem Grundsatze solcher Freiheit
völlig einverstanden gewesen seien, letzterer dagegen eben so
oft aus eigenem Antriebe als auf ihre Veranlassung dem
väterlichen Gesetze den Zoll gewissenhafter Befolgung ent-
richtet habe. So stellt sich die Apostelgeschichte als eine
von einer bestimmten Tendenz und zwar von der vermittelnden, unionistischen Tendenz beherrschte Schrift dar, die für
die Kenntniss der Zeit, in welcher und der Kreise, für die
sie geschrieben wurde, eine ausserordentlich wichtige Quelle
ist, für das von ihr behandelte apostolische Zeitalter aber
eine lohnende Ausbeute von gesicherten historischen Ergebnissen nur dem Forscher verheisst, der bei Musterung ihres
Inhalts ihren so eben kurz geschilderten Charakter unverwandt
im Auge behält. Hiebei wird er bald zu der Ueberzeugung
gelangen, dass einerseits die Kritik sich mit dem früher angedeuteten Abzuge von der Glaubwürdigkeit dieser Quelle
noch nicht begnügen kann, andererseits ein durch kein
kritisches Feuer zerstörbarer historischer Grund zurückbleibt,
der sich unter sorgfältiger Einfügung des in den paulinischen
Briefen abgelagerten Geschichtsstoffes zu einer zwar nicht
lückenlosen, doch in den Hauptpunkten klaren und vollstän-
digen Biographie des Apostels ausbauen lässt[1].

Unternehmen wir nun an unserem Theile die Lösung
dieser Aufgabe, die Herstellung eines "Lebens des Apostels
Paulus", das zugleich ein inhaltreiches Stück Geschichte des
Urchristenthums abspiegeln wird.

Paulus war nach der unverwerflichen Angabe des Kirchenvaters Hieronymus geboren in dem galiläischen Städtchen
Gischala, dessen Einnahme durch die Römer seine Eltern
veranlasst haben soll, nach Tarsus in Cilicien auszuwandern.

---

[1] Vergl. Erl. 2.

Wenn diese Uebersiedelung in seiner frühesten Kindheit statt·
fand, ist es um so erklärlicher, dass sie bald vergessen und
Tarsus als seine Vaterstadt betrachtet wurde, wie dies in der
Apostelgeschichte durchgängig geschieht. Obwohl das Jahr
seiner Geburt sich nicht mit Bestimmtheit angeben lässt, so
berechtigt doch der 61 n. Chr. Geb. geschriebene Brief an
Philemon, in dem sich Paulus als Greis bezeichnet, zu der
Vermuthung, dass dasselbe noch dem ersten Jahrzehnt
unserer Zeitrechnung angehöre.[1] Sein Knabenalter fiel in
die glänzendsten Tage von Tarsus, das damals infolge einer
glücklichen Verbindung verschiedener Vorzüge sich einer
hohen Blüte erfreute. In einer fruchtbaren Ebene gelegen,
durchströmt von dem 200 Fuss breiten Flusse Cydnus und
berührt von der Handelsstrasse, die aus dem inneren Kleinasien nach der Küste führte, schien die Hauptstadt Ciliciens
dazu auserlesen, einer der wichtigsten Brennpunkte des damaligen Weltverkehrs zu werden. Eine zahlreiche Judenschaft hatte sich hier niedergelassen und mit der ihrer Nation
eigenen Betriebsamkeit einen regen Markt in's Leben gerufen.
Eines der lohnendsten Gewerbe war die Verfertigung von
Mänteln, Zeltdecken und Schuhen aus den Haaren jener im
Alterthum berühmten Ziegen, welchen die entferntere Umgegend der Stadt, das sogenannte rauhe Cilicien, vortreffliche
Weideplätze bot. Aber fast mehr noch als Handel und Gewerb-
fleiss, hatte die Pflege der Wissenschaften in Tarsus einen
fruchtbaren Boden gefunden. Eine Anzahl gelehrter Schulen
sorgte für Befriedigung jedes höheren Geistesbedürfnisses mit
solchem Erfolge, dass die Bürger der Stadt nicht nur von
allen Bewohnern Asiens für die kenntnissreichsten galten,
sondern, wie ein griechischer Schriftsteller jener Zeit ihnen nach-
rühmt, in ihrem Eifer für Philosophie und allgemeine Bildung
selbst Athen und Alexandrien hinter sich liessen[2]. Es liegt ein
Zug weltgeschichtlicher Ironie darin, dass in solcher Umgebung

---

[1] Vgl. Erl. 3.
[2] Strabo 14. 673 f., s. ferner Xenoph. Anab. 1, 2. 23. Plin. 5, 22. Ptol.
5, 8. 7. Philostrat. Apollon. 1, 7.

der Apostel aufwuchs, der die Weisheit des Heidenthums
durch die Thorheit des Kreuzes zu nichte machen sollte.

Sein Vater bekannte sich zum Judenthum, ein Mann, der
einerseits weitherzig genug war, um die Auswanderung aus
dem heiligen Lande und den Genuss des römischen Bürgerrechtes unbedenklich zu finden, andererseits aber treu am
Glauben seiner Voreltern hielt, ihrem Beispiele folgend, der
Richtung der Pharisäer huldigte und seine Herkunft aus
dem Stamme Benjamin auch in der heidnischen Fremde nicht
vergass[1]. Seinen Sohn hatte er gemäss dem mosaischen
Gesetze am achten Tage nach der Geburt beschneiden lassen,
und ihm den Namen Saul gegeben, wahrscheinlich im patriotischen Hinblick auf den alten Heldenkönig, der demselben
Stamm entsprossen war[2]. Zur Erleichterung ihres Verkehrs
mit Heiden pflegten viele damalige Juden ausser dem hebräischen noch einen griechischen oder lateinischen Namen zu
führen, der mit dem ersteren gewöhnlich in Klang oder Bedeutung Aehnlichkeit hatte. Dieser Sitte zulieb nannte sich
der Heidenapostel später ausschliesslich mit dem an Saul anklingenden lateinischen Namen Paulus, sei es, dass er denselben schon von Kindheit an neben jenem hebräischen trug oder
ihn erst bei Beginn seiner apostolischen Wirksamkeit sich
beilegte[3].

Ueber das Leben seines elterlichen Hauses sind nur
spärliche Andeutungen möglich. Zum Familienkreise gehörte
eine Tochter, die sich späterhin vermuthlich nach Jerusalem
verheirathete, da ihr Sohn in Paulus' letzten Jahren uns
dort begegnet[4]. Einen Bruder des Apostels hat man
in Stellen eines seiner Briefe finden wollen, die doch zu un-
bestimmt sind, um zu solcher Annahme zu berechtigen.[5] Auf
gesicherte Vermögensumstände der Familie darf man daraus
schliessen, dass ein Sohn in dem entfernten grossstädtischen
Jerusalem sich dem Studium des Gesetzes widmen konnte.

---

[1] Apg. 22, 28. 23, 6. Röm. 11, 1. Phil. 3, 5.
[2] 1 Sam. 9, 1. 10, 21.
[3] S. Erl. 4.
[4] Apg. 23, 16.
[5] 2 Kor. 8, 22. 12, 18 s. Meyer's Commentar z. d. St.

Vielleicht betrieb schon der Vater das einträgliche Gewerbe
der Zeltweberei, aus dem später Paulus seinen Unterhalt
zog. Wenn er selbst es erlernte, so ist dadurch nicht ausgeschlossen, dass schon von früher Jugend an sein Sinn nach
Höherem strebte, denn es war ein auch mit anderen Beispielen
belegbarer Brauch jener Zeit, dass Gesetzeslehrer sich durch
Ausübung eines Handwerks eine unabhängige Stellung zu
begründen suchten[1]. Bei einem mit solcher Entschiedenheit
den heiligsten Interessen der Menschheit zugekehrten Gemüthe ist wol vorauszusetzen, dass der Entschluss, "ein Weg-
weiser der Blinden, ein Licht derer, die im Finstern sind",
zu werden, schon frühzeitig in ihm zur Reife gedieh. Kam,
mögen wir fragen, der empfängliche Geist des Jünglings
in nachhaltige und fruchtbare Berührung mit der ihn umgebenden griechischen Wissenschaft? Dass seine Familie den
schroffen Hass der meisten palästinischen Juden gegen alles
unjüdische Wesen getheilt habe, ist nach dem früher Be-
merkten nicht glaublich, finden wir doch später in den heidnischen Weltstädten Ephesus und Korinth Verwandte des Apostels, welche griechische und römische Namen führen[2],
wie auch die Geläufigkeit, mit der er sich in ersterer Sprache
bewegt, die Vermuthung nahelegt, dass sie die Sprache seines
Vaterhauses gewesen sei. Andererseits ist eine genauere
Bekanntschaft mit der hellenischen Literatur und eine gründ-
liche Vertiefung in die Schätze derselben bei ihm nicht anzunehmen. Das Griechisch seiner Briefe, unrein und von Hebra-
ismen vielfach durchzogen, klingt nicht entfernt an klassische
Muster an, und einige Dichterstellen, die er citirt, waren schon
so sehr Gemeingut aller Gebildeten geworden, dass ihre An-
führung noch nichts für die Kenntniss der Quellen beweist[3].
Wahrscheinlicher ist, dass er die für seinen Apostelberuf unerlässliche und ihm in so hohem Masse zu Gebote stehende
Fertigkeit der freien Rede dem Einflusse dieser Umgebung
verdankt, wie denn auch seine Gewandtheit im persönlichen

---

[1] S. Erl. 5.
[2] Röm. 16, 7. 11. 21.
[3] S. Erl. 6.

Verkehr mit Griechen und jene echt attische Urbanität, die uns
in dem Briefe an Philemon mit besonderem Zauber anmuthet,
eine nicht zu unterschätzende heimatliche Mitgabe auf seinen
Lebensweg war.

Dieser führte ihn zunächst nach Jerusalem, der altheiligen Hauptstadt seines Volkes, die auch damals noch als der
vornehmste Sitz jüdischer Gelehrsamkeit und Gesetzeskennt-
niss galt. Dort trat er nach dem Vorgange seiner Ahnen
in die Reihen der Pharisäer, deren strenge Gesetzlichkeit
und augenfälliger Eifer im Dienste der jüdischen Religion
dem ernsten Sinne eines frommen Jünglings wol Achtung
einzuflössen vermochte. Die Pharisäer — der Name bedeutet
Abgesonderte, Separatisten — erscheinen in der Geschichte kurz
nach jener bewegten Zeit, als das jüdische Volk durch den
kräftigen Arm der Makkabäer von der syrischen Gewalt-
herrschaft befreit worden war und sich nach schweren Leiden
einer verhältnissmässig glücklichen, nur allzukurzen Ruhe
erfreute. In den Drangsalen eines gräuelvollen Krieges, die
so viele Schwache zum Abfall von dem Glauben der Väter
verleiteten und die religiöse Gemeinschaft mit völliger Auf-
lösung bedrohten, hatten sich die Edelsten und Besten mit
aller Hingabe der Seele an das mosaische Gesetz angeklam-
mert, in dem sie den einzigen festen Anker der gefährdeten
Nationalität des Gottesvolkes erblickten. So war es nicht
zu verwundern, dass eine Partei, welche strenge Gesetzeserfüllung und treues Festhalten an den väterlichen Ueberlieferungen zu ihrer Losung machte und diese Grundsätze
unter schweren Anfechtungen durch die That bewährt hatte,
in den nun folgenden Friedensjahren zu einer hohen Stufe des
Ansehens und der Macht emporstieg und durch die von ihr
am entschiedensten vollzogene Verschmelzung des religiösen
und nationalen Elementes zahlreiche Proselyten in ihren Kreis
lockte. So stand sie noch jetzt als Hüterin der heiligen
Satzungen aller Lauheit und Freigeisterei im eigenen Lager, als
Beschützerin des jüdischen Volksthums der römischen Herrschaft drohend gegenüber. Welcher fanatischen Aufregung
sie fähig war, das haben die Römer mehr als einmal zu ihrem
Schaden erfahren. Allein es zeigte sich auch an ihr die

charakteristische Erscheinung, welche fast immer die unzertrennliche Begleiterin der gewaltsamen Rückkehr zu einem im Fortgange der Geschichte überholten Standpunkte gewesen ist, dass das ersehnte Alte sich wohl in seinen äusseren, handgreiflichen Formen wiederherstellen lässt, aber gegen eine lebendige innere Aneignung sich sträubt, und dass der conservative Eifer sich um so zäher an der todten Schale festklammert, je unwiderbringlicher ihm der Kern, der geistig-sittliche Inhalt bereits verloren gegangen ist. Während die Pharisäer in ihrer dogmatischen Ueberzeugung, welche schon für Unsterblichkeit und Vergeltung im Jenseits Raum hatte[1], längst über die Schranken des Alten Testaments hinausgeschritten waren, leiteten sie gleichzeitig aus dem alttestamentlichen Gesetze durch die Kunst haarspaltender Auslegung eine Unzahl der kleinlichsten und peinlichsten Vorschriften ab, die bei der Schwierigkeit ihrer Beobachtung nur zu zweckloser Beschwerung der Gewissen dienen mussten. Wenn z. B. das Gesetz am Sabbath Ruhe von der Werkeltagsarbeit forderte, zogen sie daraus den Schluss, dass jede Thätigkeit, die des Arztes wie die der helfenden Nächstenliebe, an jenem Tage verboten sei, wenn es den zehnten Theil vom Ertrage der Feldfrüchte den Priestern zuwies, so erstreckten sie diese Bestimmung auch auf die werthlosesten Kräuter, Minze, Dill und Kümmel, wenn es den levitisch Verunreinigten Waschungen auferlegte, so gaben sie diesem Gebote eine so weite Ausdehnung, dass sie nach jedem Gange auf den Markt ein Bad nahmen, weil sie möglicherweise mit unreinen Gegenständen in Berührung gekommen waren[2]. Mit dieser ausserordentlichen Aengstlichkeit verband sich bei nicht wenigen von ihnen das Bestreben, sich bei Erfüllung religiöser Obliegenheiten vor dem Volke sehen und bewundern zu lassen, und eine geräuschvolle Vielgeschäftigkeit in religiösen Dingen, die, wie sie schon aus unlauterer Gesinnung entsprang, so auch immer mehr den lebendigen Herzensantheil in dem todten äusseren Werke untergehen liess und nur gleissnerische Scheinheiligkeit be-

---

[1] Apg. 23, 8. Josephus Alterth. 18, 1. 3.
[2] Matth. 12, 9. ff. 23, 23. Marc. 7, 4.

förderte. Daher die breiten Pergamentstreifen, die mit Ge-
setzesstellen beschrieben an Stirn und Arm vieler Pharisäer
prangten, daher das zweimalige Fasten in jeder Woche, daher die verschwenderische öffentliche Ausspendung von Almo-
sen, daher die wortreichen Gebete an den Ecken belebter
Strassen, wo sie sich so gern von der Gebetstunde überraschen liessen[1]. Wenn sich zu diesen Auswüchsen einer
irregeleiteten Frömmigkeit nicht allzuselten schwere sittliche
Gebrechen, wie Habsucht und Betrug gesellten[2], so erklärt
sich leicht der heilige Zorn Jesu gegen diese ganze Richtung,
von dem seine Donnerworte über die blinden Blindenleiter
ein so gewaltiges Zeugniss ablegen.

    Dennoch müssen wir uns hüten, unter dem Eindrucke
des unerfreulichen Bildes, welches das Neue Testament von
den Pharisäern entwirft, die Lichtseiten zu übersehen, die
neben den dunkeln Schatten vorhanden waren und die, obschon sie in den Evangelien zurücktreten, doch anderwärts das
unbefangene Auge wohlthätig berühren. Wenn dem Stifter
des Christenthums in einem Bruchtheile der Pharisäerpartei
nur unverbesserliche Heuchelei und Herzensverhärtung entge-
genstand, so folgt daraus nicht, dass die ganze Gemeinschaft eine
"Masse der Verderbtheit" gewesen und ihr Gesammtcharakter
in den von jenen Genossen überlieferten Zügen aufgegangen
sei. Vielmehr vermag der Talmud, der Codex des späteren
Judenthums, eine Reihe vom Geiste reinster Sittlichkeit
durchwehter Aussprüche auf Pharisäer zurückzuführen, und
ist nicht schon die Thatsache, dass diese Partei einen so
hohen und selbständigen Geist wie Paulus anzuziehen und
Jahre lang an sich zu fesseln wusste, Beweis genug, dass
bei ihr das heilige Feuer religiöser Begeisterung und lauterer
Herzensfrömmigkeit noch nicht völlig unter dem Eishauche
starren Satzungsglaubens und prahlerischer Werkgerechtigkeit
erloschen war? Zu jenen pharisäischen Lehrern, die durch

---

[1] Matth. 23, 5. Luc. 18, 12. Matth. 6, 2. 5.

[2] Marc. 12, 40. Luc. 16, 14. Die neuesten ausführlichen Darstellungen
des Pharisäismus s. bei Holtzmann, Gesch. d. Volkes Israel II. S. 124 ff.
Keim, Geschichte Jesu von Nazara I. S. 251 ff. und Hausrath, Neutestamentliche Zeitgeschichte I. S. 117 ff.

hohe Weisheit und unsträfliche Tugend eine ehrenvolle Stufe
einnahmen, gehörte auch der berühmte Gamaliel der Aeltere,
ein Enkel des grossen Hillel. "Die Herrlichkeit des Gesetzes"
nannten ihn seine Verehrer, vertrauensvoll legte man die
Lösung schwieriger wissenschaftlicher Probleme in seine
Hand und der hohe Rath übertrug ihm das Amt eines Vor-
sitzenden, das er lange Jahre hindurch bekleidete. Ein echter
Pharisäer, hasste er mit ganzer Gluth seiner Seele die Verräther
des jüdischen Glaubens, so dass er in den Synagogengebeten
seinem Eifer gegen sie in kräftigen Verfluchungen Ausdruck gab,
aber weitherziger als die meisten seiner Parteigenossen ver-
warf er die Anwendung roher Gewalt gegen Andersdenkende
und bewies auch den Heiden eine bei den damaligen Juden
ganz ungewöhnliche Duldung, so dass er selbst in mehr als
einem Stück sich sorglos griechischer Sitte anbequemte[1].
Zu den Füssen dieses Meisters liess sich der junge Ankömm-
ling aus Tarsus nieder. Dass Gamaliels Sinnesart nicht ohne
Einfluss auf ihn blieb, ist an sich wahrscheinlich und wird
dadurch bezeugt, dass die oben hervorgehobenen Züge dem
Charakterbilde des nachmaligen Apostels unverkennbar auf-
geprägt sind. Zunächst war es ausschliesslich der Feuereifer des Lehrers, der zündend in die Seele des Schülers fiel.
Die Synagoge der Libertiner, welche später gegen Stephanus
in die Schranken trat, hat den rührigen Pharisäerzögling
gewiss oft unter der Schaar hitziger Redekämpfer in ihren
Mauern gesehen. Uns erinnern an diese Lehrjahre des
Apostels vornehmlich die in seinen Briefen zu Tage liegenden Spuren rabbinischer Denk- und Ausdrucksweise, die er
in der Schule der Pharisäer zu lernen reichliche Gelegenheit hatte. Je weniger nämlich das Studium des Gesetzes auf
gründlicher sprachlicher Erforschung des Urtextes ruhte, um
so mehr Raum war dem subjectiven Belieben des Auslegers
gegeben, um so grössere Freiheit verblieb der sogenannten
allegorischen Erklärung, die, mit dem einfachen Wortver-
stande nicht zufrieden, dem biblischen Texte einen versteckten,
tieferen, ewigen Sinn, welchen der heilige Geist, den Ver-

---

[1] S .d. Art. "Gamaliel" in Herzog's theol. Realencyclopädie.

fassern der heiligen Bücher selbst unbewusst, in ihre Worte
gelegt, mit freilich oft künstelnder und spielender Ausdeutung abzugewinnen suchte. Beispiele dieser Schriftbetrach-
tung finden sich bei Paulus in grosser Anzahl. Eben so sind
manche aus dem Alten Testament nicht nachweisbare, sondern erst nach Abschluss desselben aufgekommene Schul-
traditionen, von denen er Kenntniss verräth, als Erwerb jener
Studienzeit in Jerusalem anzusehen[1]. Endlich ist nicht zu
zweifeln, dass er das schneidige Schwert seiner Dialektik,
welches er mit so erfolgreichem Nachdrucke zu handhaben
weiss, aus der Rüstkammer der Pharisäerschule sich angeeignet habe.

Wenn die Pharisäer sich, wie bemerkt, von den Anforderungen des Sittengesetzes hie und da durch Leistungen
äusserer Werkgerechtigkeit loszukaufen liebten, so fand dieser Zug ihres Wesens am wenigsten in Paulus' Charakter
eine verwandte Seite. Ein entschiedener Gegner aller sittlichen Lauheit und Schlaffheit, konnte er auch nach seiner
Bekehrung, als sein Urtheil sich am Christenthum geschärft
hatte, mit gutem Gewissen von sich bezeugen, dass er als
Pharisäer nach der Gerechtigkeit im Gesetze unsträflich
gewesen sei[2]. Aber wie rein auch sein Leben von den Verirrungen blieb, welchen manche seiner Parteigenossen anheim
fielen, inneren Frieden und eine freudige, aus dem Bewusstsein eines mit dem Sittengesetze geeinten Willens hervor-
quellende Seelenstimmung konnte diese Gerechtigkeit ihm
nicht verleihen. In den unversöhnten Zwiespalt seines
Herzens, den hin und herwogenden Kampf seiner geistigen
und sinnlichen Natur lässt uns am tiefsten das trübe Bekenntniss hineinschauen, das er später im Hinblick auf diesen Gemüthszustand niederschrieb. "Ich weiss, dass in mir,
das ist in meinem Fleische, Gutes nicht wohnet, denn das
Wollen ist mir wohl vorhanden, aber das Ausüben des
Guten finde ich nicht, denn ich thue nicht, was ich will,
Gutes, sondern was ich nicht will, Böses thue ich. Wenn

---

[1] S. Erl. 7.
[2] Phil. 3, 6.

ich aber thue, was ich nicht will, so übe nicht mehr ich es aus, sondern die in mir wohnende Sünde. Ich finde also für mich, der ich das Gute thun will, das Gesetz, dass mir das Böse anhängt. Denn ich habe Lust am Gesetze Gottes dem innern Menschen nach, ich sehe aber ein anderes Gesetz in meinen Gliedern, das entgegenkämpft dem Gesetze meiner Vernunft und mich gefangen nimmt unter das Gesetz der Sünde, das in meinen Gliedern ist. Ich elender Mensch, wer wird mich erlösen von dem Leibe dieses Todes?"[1]

Die Erlösung war ihm doch näher, als er damals ahnen konnte. Nur sollte sie von einer Seite kommen, woher er sie am wenigsten erwartete und nicht eher, als bis der natürliche Mensch in den heftigsten Ausbrüchen seiner leidenschaftlichen Natur seine Kräfte erschöpft hatte.

In seinen Aufenthalt zu Jerusalem fallen die ersten Lebensäusserungen des jungen Christenthums. Hier drängt sich uns sofort die viel verhandelte und verschieden beantwortete Frage auf: Hat Paulus den Stifter des Christenthums persönlich gekannt? Da er selbst nirgends eine runde und bestimmte Antwort auf diese Frage gibt[2], so muss ihre Entscheidung sich lediglich auf die grössere Wahrscheinlichkeit des Einen oder des Andern stützen. Ist unsere Annahme von dem Geburtsjahre des Apostels im Recht, so ergibt sich mit ziemlicher Gewissheit, dass er noch vor Jesu Tod nach Jerusalem kam und so könnte er wohl Ohrenzeuge jener mächtigen Reden gewesen sein, mit denen der, welcher gewaltig und nicht wie die Schriftgelehrten predigte, die Heuchelei und Verstocktheit der Pharisäer zermalmte. Aber auf der andern Seite gewinnt man doch aus der Thatsache seiner Christenfeindschaft wie aus seinen eignen Aeusserungen immer wieder den Eindruck, dass ihm das Christenthum nicht zuerst in der Person seines Stifters, sondern erst nach dem Tode desselben in der Verkündigung seiner Jünger entgegengetreten sei. Erinnert man sich des unvergleichlichen Zaubers, den Jesu Wort auf alle empfäng-

---

[1] Röm. 7, 18—24.
[2] Auch nicht 2 Kor. 5, 16 s. Meyer z. d. St.

Krenkel, Paulus. 2

licheren Seelen ausübte, was ist dann unwahrscheinlicher,
als dass ein so tief religiöses Gemüth wie Paulus sich jeder
Einwirkung desselben bis zu dem Grade entzogen habe,
dass es sich später mit blutigem Hasse gegen die Anhänger
Jesu füllen konnte? Oder erwehrte er sich gewaltsam der
innern Bewegung, hatte der Hass gegen die Jünger vielleicht
seine Wurzeln in der Erbitterung gegen den Meister, den
er anfeinden und verfolgen musste, wollte er nicht von dieser übermächtigen Persönlichkeit aus seiner bisherigen Bahn
herausgeworfen und zum Abfall von den väterlichen Satzungen fortgerissen werden? Allein wo seine spätere Erinnerung an die Zeiten seiner fanatischen Verirrungen streift,
da klagt er sich stets nur seiner Feindschaft gegen die
Christengemeinde an, während er die Person Christi als
ein völlig Neues, vorher Ungeahntes betrachtet, das erst
bei seiner Bekehrung vermittelst göttlicher Offenbarung in
seinen Gesichtskreis getreten ist[1]. Wenn somit die Annahme, dass Paulus wirklich Christus nach dem Fleische
gekannt habe, bedeutenden Schwierigkeiten unterliegt,
hat die Vermuthung, dass er zur Zeit der jerusalemischen Wirksamkeit Jesu nicht in der Hauptstadt geweilt
habe, nicht das Geringste gegen sich. Ein Grundzug des
Charakters der Pharisäer war der fieberhafte Eifer für
Ausbreitung ihrer Partei, der sie über Land und Meer trieb,
einen Proselyten zu gewinnen[2]. Von Paulus, den es späterhin gewöhnlich nicht allzulange an einem Orte litt, wo er
bereits reife Früchte seines Wirkens sah, ist um so mehr
anzunehmen, dass er frühzeitig diesen Drang in sich verspürt habe, und seine eigenen Andeutungen lassen uns darüber nicht zweifelhaft, dass er in seiner Jugend als Prediger der Beschneidung thätig gewesen ist[3]. Dazu bot sich
ihm aber überall anderwärts lockendere Gelegenheit als
am Mittelpunkt des jüdischen Cultus, wo so viele lebende

---

[1] Gal. 1, 13. 15 f. 1. Kor. 15, 9. Phil. 3, 6. Damit stimmt Apg. 9, 5.
22, 8. 26, 15. 1 Tim. 1, 13.
[2] Matth. 23, 15.
[3] Gal. 5, 11 und dazu Meyer.

und todte Zeugen den väterlichen Glauben verkündigten.
In solcher Thätigkeit mochte er von Jerusalem entfernt
sein, als sich dort das blutige Trauerspiel von Golgatha
vollzog.

Sicher jedoch war er in Jerusalem zu der Zeit, als die
Secte der Nazarener, wie die jerusalemischen Anhänger
Jesu von den Juden genannt wurden, zum ersten Male vor
die Oeffentlichkeit trat. Still und geräuschlos hatten sie
bis jetzt in der grossen Stadt dahingelebt, von dem Volke
wenig gekannt, von den Vornehmen und Schriftgelehrten
verachtet als ungebildete, des Gesetzes unkundige Leute.
Ohne das Band zu zerreissen, das sie noch mit der jüdischen Religion verknüpfte, besuchten sie den Tempel, beobachteten die jüdischen Bräuche und liessen jeden Heiden,
der sich ihnen anschliessen wollte, durch die Pforte des
Judenthums eingehen. Bloss eine Schranke trennte sie
von ihren früheren Glaubensgenossen, die Ueberzeugung,
dass der Messias, den letztere, falls sie überhaupt noch an
messianischen Hoffnungen festhielten, erst von der Zukunft
erwarteten, bereits in Jesus von Nazareth erschienen sei
und dass dieser ihr zu den Höhen des Himmels entrückter
Herr bald mit den Engeln Gottes auf seinem Wolkenthron
kommen werde, um den gegenwärtigen Weltlauf durch ein
allgemeines Gericht über Gute und Böse abzuschliessen
und mit seinen Gläubigen das ewige Gottesreich zu begründen. Aber auch diese Ueberzeugung hatte sie bisher am
friedlichen Zusammenleben mit ihrer jüdischen Umgebung
nicht gehindert. Erst als innerhalb der Gemeinde selbst
Zwistigkeiten ausgebrochen waren und sich eine hellenisti-
sche Partei, deren begabtester Vertreter der Armenpfleger
Stephanus war, gebildet hatte, liess sich der Zusammenstoss
mit dem orthodoxen Judenthum nicht länger vermeiden.
Hier ist die Stelle, wo in der Apostelgeschichte der Name
des Paulus, der bereits früher mit mehreren gleichgesinnten
Landsleuten jenem begeisterten Verkündiger des Evangeliums in heissem Wortgefecht entgegengetreten sein mag[1],

---

[1] Apg. 6, 9.

2*

zum ersten Male in die Geschicke der jungen Christengemeinde verflochten erscheint. Denn als der erste Märtyrer des Christenthums von dem wüthenden Pöbel Jeru-
salems zum Tode geschleppt wurde, da "legten" nach dem
Bericht der Apostelgeschichte "die Zeugen ihre Kleider nieder zu den Füssen eines Jünglings Namens Saulus und
steinigten Stephanus. Saulus aber hatte Wohlgefallen an
seinem Tode[1]." Was hätte ihm auch natürlicher sein können?
Er gehörte ja zur Partei der jüdischen Orthodoxie, der die
Aufrechthaltung der reinen Lehre und der heiligen Bräuche
eine mit glühendem Eifer verfochtene Ehrensache war. Auf
der andern Seite dagegen stand ein im Gesetze nicht unter-
richteter, nicht einmal dem auserwählten Volke entstammter
Neuerer, der sich bis zu der Gotteslästerung verstieg, dass
Jesus von Nazareth den Tempel zu Jerusalem abbrechen
und das mosaische Gesetz seiner Geltung berauben werde?
Und wer war dieser Jesus, wie er ihn, wenn auch nicht
aus eigener Anschauung, doch aus den Urtheilen so vieler
frommen und gesetzestreuen Schriftgelehrten kennen gelernt
hatte? Ein Mann niederer Herkunft, ein schlichter Handwerker, der nie durch eine höhere Schule gegangen, keines
berühmten Meisters Namen trug und, mehr als alles dies,
der von seiner geistlichen Obrigkeit, dem hohen Rathe zu
Jerusalem, frecher Gotteslästerung schuldig befunden
worden war und unter den Händen der Heiden die
entehrende Strafe des Kreuzestodes, dem nur Sklaven und
gemeine Verbrecher anheimfielen, erlitten hatte! Das sollte
der Messias sein? Wie stimmten solche Züge tiefster Er-
niedrigung zu dem farbenreichen Messiasbilde, das ihm
aus den Schriften der Propheten entgegenleuchtete und die
Phantasie der frommen Israeliten erfüllte? Ein Spross aus
dem Stamme Davids, ausgerüstet mit allen Gaben seines
gefeierten Ahnen werde im Glanze königlicher Macht über
die Erde schreiten, die heidnischen Nationen unter seine
Füsse treten und mit dem Volke Gottes in herrlichster Gestalt das davidische Königreich erneuern, dem dann eine

---

[1] Apg. 7, 58 f. 8, 1.

ewige Dauer beschieden sei — das war der Inhalt der damaligen messianischen Hoffnung Israels. Aber ein leidender,
ein sterbender, ein am Kreuze erblichener Messias — schon
diese Wortverbindung war dem jüdischen Bewusstsein der
härteste, unerträglichste Widerspruch. War es zu verwundern, dass Paulus die Nazarener, die diesen Widerspruch in ihren Glauben aufgenommen, ja zum Mittelpunkt
desselben gemacht hatten, zuerst für beschränkte Köpfe,
dann, als sie ihres Irrthums so oft aus den heiligen Schriften überwiesen, doch nicht von ihm lassen wollten, für ver-
stockte Ketzer erklärte, die in ihrem eigenen Interesse mit
allen Mitteln der Gewalt zur Wahrheit zurückgeführt und,
falls dies nicht möglich sei, aus dem Volke Gottes ausge-
rottet werden müssten, damit diese Seuche nicht weiter
um sich fresse und auch den gesunden Kern der jüdischen
Gemeinde mit Ansteckung bedrohe?

So warf sich Paulus mit aller Energie seines entschie-
denen Charakters in die christenfeindliche Bewegung, zu
welcher Stephanus' Predigt den Anstoss gegeben hatte.
"Ich verfolgte über die Maassen die Gemeinde Gottes und
verheerte sie und that mich hervor im Judenthum vor vielen
Altersgenossen in meinem Volke, indem ich ein grösserer
Eiferer war für die väterlichen Satzungen", so lautet die
Schilderung, die er selbst später von seiner damaligen
Geistesrichtung entwirft[1]. Wohl mochte der innere Zwiespalt, dessen Geständniss wir vorhin von ihm vernommen,
hierbei eine treibende Macht für ihn sein. Je beängstigender jede Hemmung des sittlichen Strebens durch die sinnliche Natur auf seine Seele fiel, um so mehr mochte er
hoffen, im thatkräftigen Eifer für das Gesetz, der noch über
das Maass des Geforderten hinausging, ein jenen qualvollen
Druck aufhebendes Gegengewicht zu gewinnen. Aber gerade an dieser Stelle lagen in seinem Herzen die Keime,
die nur von einem Sonnenblick des Christenthums getroffen
werden durften, um alsbald die starre Rinde jüdischer Ge-

---

[1] Gal. 1, 13 f.

setzlichkeit zu sprengen und sich zur Blüte und Frucht eines
neuen religiösen Lebens zu entfalten.

Ein so erbitterter Christenfeind, der die Verhassten
selbst bis in das Heiligthum des Hauses und der Familie
verfolgte, konnte von der höchsten Behörde nicht lange
unbemerkt bleiben und versichert sein, dass das Auge seiner
Oberen mit Wohlgefallen auf ihm ruhe. Die Gelegenheit,
dem rührigen Verfechter des Gesetzes ein Zeichen der Anerkennung zu spenden, liess nicht lange auf sich warten.
Schon war es dem heissblütigen Fanatiker zu eng geworden in Jerusalem, es trieb ihn hinaus, um gegen die ver-
hasste Secte auch anderwärts, wo sie Anhang gefunden,
einen Vernichtungskampf zu eröffnen. Zudem mochte er
erkennen, dass in der Hauptstadt, wo der hohe Rath und
die pharisäische Partei über alle Zwangsmittel weltlicher
Macht gegen die Nazarener gebot, seine Mitwirkung entbehrlich und vielmehr da, wo die Secte ohne Widerstand
von jüdischer Seite sich ungehemmt ausbreiten konnte, für
ihn der rechte Posten zur Vertheidigung des väterlichen
Glaubens sei. So lenkte sich sein Blick auf Damaskus, die
blühende Hauptstadt Syriens, die neben einer vorwiegend
heidnischen Bevölkerung auch eine zahlreiche Judengemeinde
beherbergte[1], in welcher das Christenthum bereits Wurzel
zu schlagen anfing. Hier in dem fremden Lande, wo die
Versuchung zum Abfall um so viel grösser, als die Gefahr für den Abtrünnigen geringer war, glaubte er den rechten
Platz zu finden, um seinen Feuereifer im Dienst der Religion mit Erfolg zu bethätigen. So erbat er sich von dem
Hohenpriester zu Jerusalem Empfehlungsbriefe an die damaskischen Synagogen und Vollmacht, alle Nazarener, die er
dort ermitteln konnte, festzunehmen und nach Jerusalem zu
bringen[2]. Die Bitte des um die reine Lehre so verdienten
Pharisäers fand wohlwollende Gewährung und Pläne
voll finsteren Hasses in der Seele machte er sich auf
den Weg.

---

[1] Joseph. jüd. Kr. I, 2, 25. II, 20, 2.
[2] Apg. 9, 2. 22, 5. 26, 10. 12.

Da schlug endlich die Stunde, welche diesem schon allzulange von unseligen Banden umstrickten Geiste Erlösung bringen sollte. Ein Ereigniss, so gross und bedeutungsvoll, dass es ihm später als eine Geburt zu neuem Leben erschien[1], brach wie mit einem Zauberschlage den Bann, der bisher auf ihm gelegen, und führte ihn als gläubigen Jünger in die Reihen der Gemeinschaft, gegen die er soeben noch als bitterer Todfeind gewüthet hatte. Damaskus sollte für ihn der Schauplatz eines grimmen Vernichtungskampfes gegen die Nazarener werden und ward die Stätte seiner Bekehrung zum Evangelium.

---

[1] 1. Kor. 15, 8.

II.

Wir verliessen Paulus, als er, das Herz von tödtlichem Christenhasse geschwellt, die Strasse nach Damaskus zog, nicht ahnend, dass der Glaube, dessen Ausrottung er als seine vornehmste Pflicht ansah, in kurzer Frist über den Verfolger einen glänzenden Triumph feiern sollte. Wenn wir jetzt an die grosse Thatsache seiner Bekehrung herantreten, so wird unsere Aufmerksamkeit zunächst von der zusammenhängenden Erzählung angezogen, welche die Apostelgeschichte von diesem Ereignisse gibt.

"Während er", so lautet ihr Bericht, "unterwegs war, geschah es, dass er sich Damaskus näherte und plötzlich umblitzte ihn ein Licht vom Himmel und er fiel auf die Erde und hörte eine Stimme, die zu ihm sagte: Saul, Saul, warum verfolgst du mich? Er sprach aber: Wer bist du, Herr? Und jener: Ich bin Jesus, den du verfolgst. Aber stehe auf und gehe in die Stadt und es wird mit dir geredet werden von dem, was du thun sollst. Die Männer aber, die mit ihm reisten, standen sprachlos, indem sie zwar die Stimme hörten, aber niemand sahen. Und Saul erhob sich, aber obwohl seine Augen offen waren, sah er nichts. Und sie ergriffen ihn bei der Hand und führten ihn nach Damaskus. Und er konnte drei Tage lang nicht sehen und ass und trank nicht[1]."

So die Erzählung der Apostelgeschichte, die dann berichtet, dass einem damaskischen Christen, Namens Ananias, durch eine Vision der göttliche Auftrag geworden sei, Paulus in der Strasse, welche die gerade heisst, im Hause eines gewissen Judas aufzusuchen, und dieser ihn durch Handauf-

---

[1] Apg. 9, 3—9.

legung geheilt habe, dass Paulus dann sich taufen liess,
Nahrung zu sich nahm und sich stärkte[1]. Zwei andere
abgekürzte Darstellungen desselben Vorganges, im Wesentlichen mit der unsrigen übereinstimmend, in Einzelheiten
mehrfach von ihr abweichend, sind weiterhin in der Apostelgeschichte unter die Reden des Paulus verwoben[2], ohne
desshalb Anspruch auf höhere Glaubwürdigkeit zu
haben, indem eine genaue Aufzeichnung seiner Aussagen
durch nichts verbürgt und bei der schrankenlosen Freiheit,
welche sich die Schriftsteller des Alterthums in der Wieder-
gabe von Reden gestatten, schon von vorn herein unwahrscheinlich ist. Da auch jener erste Bericht mit keiner
Silbe die Hand eines Augenzeugen verräth, so wird gewissenhafte Forschung bei dem früher geschilderten Charakter der
Apostelgeschichte aus dieser Schrift zunächst nur entnehmen,
wie man sich zur Zeit ihrer Abfassung in christlichen Kreisen
den Hergang der Bekehrung des Paulus vorstellte, die Entscheidung darüber jedoch, ob diese Vorstellung sich mit
der Wirklichkeit deckt, von dem Inhalte der allerdings
spärlichen Andeutungen abhängig machen, die sie aus
seinem eigenen Munde über dieses grösste Ereigniss seines
Lebens empfängt.

Dieselben bestätigen zunächst die Berichte der Apostelgeschichte in einem untergeordneten Punkte; denn, wenn Paulus
erzählt, dass er von seiner unmittelbar auf die Bekehrung
folgenden Reise nach Damaskus zurückgekehrt sei[3], so
weist er uns wenigstens im Ganzen und Grossen auf denselben
Schauplatz, auf dem sich jene Erzählungen bewegen. Eine
zweite wichtigere Uebereinstimmung tritt uns darin entgegen,
dass auch Paulus seine Sinnesänderung nicht als das Endergebniss einer längeren, stetig fortschreitenden Entwickelung,
sondern als einen unvorbereiteten, ihn plötzlich überraschenden
Umschwung betrachtet. Er ist "erkannt", ist "von Christus
ergriffen" worden, seine Bekehrung erscheint ihm als eine

---

[1] Apg. 9, 10–19.
[2] Apg. 22, 6–21. 26, 12–18.
[3] Gal. 1, 17.

Neuschöpfung, bei welcher alles Alte mit einem Male unterging[1]. Und endlich kommt in seinen Aussagen auch der bedeutungsvollste Moment der apostelgeschichtlichen Erzählung zum Rechte, wenn er seinen Anspruch auf apostolische Würde durch die Behauptung stützt, den Herrn Jesum gesehen zu haben, und im feierlichen Eingang eines ausführlichen Lehrabschnitts über die Auferstehung der Todten betheuert, dass der aus dem Grabe erweckte Christus als letztem von allen ihm erschienen sei[2]. Diese seine unerschütterliche Ueberzeugung ist der Kern, welcher auch der apostelgeschichtlichen Darstellung zu Grunde liegt, während nebensächliche Züge derselben, wie der die Reisegesellschaft umgebende Lichtglanz, die auch für die Begleiter vernehmbaren Worte, Paulus' Erblindung sammt der wunderbaren Heilung als Zuthaten von der geschäftigen Hand der Wundersage betrachtet werden dürfen, die sich zur Verherrlichung eines derartigen Ereignisses besonders aufgefordert fühlen musste. So viel aber bleibt als eine auch von der unerbittlichsten Kritik probehaltig befundene Wahrheit unantastbar, dass die innere Gewissheit, einer Erscheinung des auferstandenen und in den Himmel erhobenen Christus gewürdigt worden zu sein, für Paulus die Brücke zum Evangelium wurde.

Paulus ist Christ. Dem Baum, an dessen Wurzel er schon die Axt zu legen gedachte, ist er jetzt selbst als edelstes Reis eingepflanzt; der so lange die verderbliche Geissel der jungen Christengemeinde war, er wird jetzt ein auserwähltes Rüstzeug im Dienst ihres Glaubens. Wer die ganze Tragweite dieses Ereignisses, die segensreichen Folgen ohne Zahl, welche diese Umwandlung in sich schliesst, mit empfänglichem Sinne betrachtet, wie könnte der sich versucht fühlen, diesen einzigartigen Vorgang in die Region alltäglichen Geschehens herabzudrücken und ihm unter der Zahl zufälliger Sinnestäuschungen, denen selbst bevorzugte Geister bisweilen unterliegen, eine Stelle anzuweisen? Wie müsste er nicht

---

[1] 1 Kor. 13, 12. Phil. 3, 12, 2 Kor. 5, 17, vergl. Gal. 1, 15 f. ἐ-δόξησεν und εὐθέως!
[2] 1. Kor. 9, 1. 15, 8.

vielmehr im Ausblicke auf die weithin sichtbaren Segen-
spuren, welche von diesem Ereigniss aus durch die Geschichte
des Christenthums und der Menschheit gehen, sich gedrungen fühlen, freudig und von Herzen zu bekennen, dass der
Boden, auf dem wir hier stehen, heiliges Land ist, dass hier
deutlich erkennbar mitten in den natürlichen Verlauf eines
Menschenlebens das göttliche Walten tritt? Aber alle Ein-
wirkung Gottes auf den Menschen ist eine sittlich vermittelte,
nicht eine magische, welche die Gesetze der Natur und des
Geistes durchbräche, und ein anderes ist es, den göttlichen
Antheil an einem ausserordentlichen Vorgange kurzweg
leugnen, ein anderes, forschend den natürlichen und sittlichen
Anknüpfungspunkten nachspüren, welche sich der höheren
Hand dargeboten haben. Letzteres ist die Aufgabe, deren
Lösung zu versuchen wir uns durch manche Winke des
Apostels selbst ermuntert fühlen müssen, selbst wenn es der
eindringendsten psychologischen Forschung nie gelingen
sollte, den Schleier zu lüften, der die tiefsten Gründe dieses
Umschwungs vor unsern Augen verhüllt.

Derartige in ihrer Bedeutung nicht zu unterschätzende
Anknüpfungspunkte lassen sich aber in Paulus' Individualität
und seiner damaligen Seelenstimmung noch ohne Schwierigkeit entdecken. Dass eine feurige Phantasie, wie die seinige,
leicht die Quelle ekstatischer Zustände wird, ist allbekannt,
und dass solche Zustände im späteren Leben des Apostels
nichts Seltenes waren, verbürgt sein eigenes Zeugniss von
der ihm im besonderen Maasse innewohnenden Gabe des
Zungenredens und von den "Erscheinungen und Offenbarungen
des Herrn", deren er sich gewürdigt weiss[1]. So erzählt er
selbst, dass er sich einst, ob im Leibe oder ausser dem
Leibe, das weiss er nicht, in den dritten Himmel und das
Paradies entrückt gesehen und unsagbare Worte vernommen
habe, die kein Mensch aussprechen dürfe[2]. Mehrfach in
seiner späteren apostolischen Thätigkeit, wenn folgenschwere Entschliessungen seinen Geist beschäftigten, liess

---

[1] 1. Kor. 14, 18.   2. Kor. 12, 1.
[2] 2. Kor. 12, 2—4.

er seine endliche Entscheidung durch eine Vision bestimmen.
So in der bewegten Zeit, als der über die Gleichberechtigung
des Heidenchristenthums entbrannte Streit ihm eine Reise
nach Jerusalem nahegelegt hatte, und in jenen Tagen frucht-
barer Missionsarbeit, als der Gedanke, das Evangelium nach
Europa hinüberzutragen, lebendiger als je vor seine Seele
trat[1]. So steht jene Offenbarung bei Damaskus, wenn auch
als die erste uns bekannte und ohne Frage wichtigste, doch
keineswegs als etwas ganz Vereinzeltes in seinem Leben da.

Aber wird diese Erwägung nicht wieder hinfällig durch
einen sich uns augenblicklich aufdrängenden Unterschied,
der zwischen jener ersten Offenbarung und den späteren ob-
waltet? Letztere gehören einer Zeit an, zu welcher er bereits
mit allen Fasern seines Herzens im Christenthum festgewur-
zelt war, sie waren Ausflüsse einer durch den Glauben an
Christus bedingten Seelenstimmung, in denen sich ihm gleichsam ein Stück seines religiösen Bewusstseins in verdichteter,
sichtbarer Gestalt vor Augen stellte. Wie ganz anders
jene erste Offenbarung, die ihm ein Bild aufnöthigte, das bisher nur Gegenstand seines bittersten Hasses gewesen und
von ihm mit Abscheu zurückgestossen worden war, das Bild
des Gekreuzigten. Indess wie sehr dieser gewiss beachtenswerthe Unterschied eine Vergleichung der ersten Offenbarung
mit den späteren zu verbieten scheint, so schwindet doch
solcher Schein bei genauerer Betrachtung. Gerade fanatische
Gegner, wie Paulus, stehen dem, was sie bekämpfen, häufig
viel näher, als sie selbst meinen und sich zu bekennen wagen.
Ist doch dieser leidenschaftliche Fanatismus oft genug nur
der letzte krampfhafte Versuch eines kräftigen Geistes, eine
neue Wahrheit, die mit überwältigender Macht auf ihn fällt,
von sich abzuwehren, ein mit der Wuth der Verzweiflung,
aber mit unsicherer Hand geführter Kampf, in welchem der
seinen bisherigen geistigen Besitzstand Verfechtende in die
Luft streicht oder die Spitze seiner Waffe gegen sich selbst
kehrt. Diesem Gefühle der haltlosen Unsicherheit, des schon
unter den Füssen wankenden Bodens entspringt leicht eine

---

[1] Gal. 2, 2. Apg. 16, 9. vgl. 18, 9. 22, 17. 27, 23.

fieberhafte Aufregung, die nur deshalb sich in grausamer
Härte gegen Andersdenkende, im "Schnauben mit Drohen und
Mord" äussert, weil sie so am ehesten die innere Schwäche
zu verbergen und die Stimme, die schon in der eignen Brust
für den Gegner laut wird, zu übertäuben hofft. Lag etwa
dieser Seelenzustand einem Paulus so fern? Mochte er immerhin von dem Ungrunde des Glaubens der Nazarener überzeugt sein, so konnte doch seinem reinen und selbstlos dem
Guten zugewandten Sinne nimmermehr die sittliche Hoheit
gleichgiltig bleiben, welche an seinen Gegnern in leuchtenden
Zügen zu Tage trat. Diese ungebildeten Leute aus dem
niedersten Volke, die nicht nur in begeisterter Rede von
ihrem Glauben Rechenschaft ablegten, sondern für ihn auch
Verfolgung und Martern freudig auf sich nahmen, waren sie
nicht unter allen Umständen eine ehrwürdige Erscheinung?
Der Heldenmuth, mit dem ein Stephanus in den Tod ging,
ein Bekenntniss zu Jesu und ein Gebet für seine Feinde auf
den Lippen, musste er nicht das Bild des sterbenden Märty-
rers jeder empfänglichen Seele unaustilgbar einprägen? Und
einem Paulus war es sicher nicht genug, die Nazarener mit
den Mitteln roher Gewalt zu bekämpfen, der schriftgelehrte,
dialektisch geschulte Pharisäer hat sich ihnen gewiss mehr
als einmal zum geistigen Kampfe gestellt, um durch Schrift-
beweise und Vernunftschlüsse die Grundlagen ihres Glaubens
zu erschüttern. Dadurch aber wurde er mit den Waffen bekannt,
mit welchen sie diesen Glauben vertheidigten. Wenn er sie
auf den Zwiespalt zwischen der äussern Erscheinung ihres
angeblichen Messias und dem glänzenden Messiasbilde der
Volksphantasie hinwies, wenn er vor ihren Augen dieses
Bild Zug um Zug aus den Schriften der Propheten zusam-
mensetzte, wenn er dann die Schmach des Kreuzestodes, den
grellen Contrast zwischen Ideal und Wirklichkeit mit herben
Worten ihnen vorhielt, so musste er die Gegenrede vernehmen,
dass auch Jesu dornenvoller Leidensweg von den
Propheten geweissagt sei in der herrlichen Schilderung jenes
duldenden Gottesknechts, jenes verachteten und von Menschen verlassenen Schmerzensmannes, der unsere Krankheit
trug und unsere Sünden auf sich nahm, der wie ein Lamm

zur Schlachtbank geführt und durch Drangsal und Straf-
gericht hingerafft wurde, der bei Frevlern sein Grab erhielt,
ob er gleich kein Unrecht gethan und kein Trug war in
seinem Munde[1], er musste ferner hören, dass die Schmach
des Kreuzes reichlich aufgewogen werde von dem Triumph der
Auferstehung, durch welche der Gekreuzigte als Sieger
über Hölle und Tod in seine himmlische Herrlichkeit einge-
gangen sei. Und wenn er auch in dem Glauben an die Wieder-
erweckung Jesu besten Falles eine Selbsttäuschung schwär-
merischer Gemüther sah, so musste doch eine von ihren Bekennern mit solcher Hingabe vertheidigte Ueberzeugung einen
Stachel in seiner Seele zurücklassen, zumal er als Pharisäer eine allgemeine Wiederbelebung der Todten am Ende
der Tage glaubte und nur die Behauptung, dass vor dieser
Zeit ein Bevorzugter der Gottheit den Bann des Grabes
durchbrochen haben sollte, für ihn ein Stein des Anstosses
war.

So mochten wohl die Gegengründe der Nazarener nicht
ganz wirkungslos von seinem Herzen abprallen und ihr Gewicht konnte nur verstärkt werden, wenn er den unlängst
erfolgten Uebertritt zweier Verwandten zum Christenthum
erfuhr[2]. Liessen sich aber alle diese Eindrücke im Gedränge
und der Aufregung seines jerusalemischen Lebens noch nie-
derkämpfen, so konnten sie an Tagen der Ruhe und unter
friedlichen Umgebungen um so kräftiger ihre Rechte geltend
machen. Eine Zeit der stillen Sammlung, der prüfenden
Einkehr in das eigene Innere, wie er sie in der Hitze der
Ketzerverfolgung weder gefunden noch auch gesucht hatte,
bot sich ihm ganz von selbst auf seiner Wanderung dar. Der
im Ganzen sechs bis acht Tagereisen betragende Weg von
Jerusalem nach der Hauptstadt Syriens führt, nachdem er
südlich vom Meromsee auf der Jakobsbrücke den Jordan überschritten hat, an den schneebedeckten Höhen des Hermon
vorüber durch einen weiten, einförmigen Landstrich, der
bis wenige Meilen vor Damaskus fast aller Reize ent-

---

[1] Jes. 53.
[2] Röm. 16, 7.

behrt, die das Auge des Reisenden anziehen, den auf sich
selbst gewiesenen Geist zerstreuen können[1]. Hier, wo die
bunte Aussenwelt mehr und mehr zurücktrat, in menschen-
leerer Einsamkeit, zu seinen Füssen den heissen Sand der
Ebene, über sich die glühende Sonnenscheibe bei Tag, den
prachtvollen Sternenhimmel bei Nacht, hatte der Wanderer
Musse, die Eindrücke der jüngsten Vergangenheit zu sammeln
und auf seinen Geist wirken zu lassen. Hier musste er den
Kampf gegen das Christenthum erst im eigenen Busen aus-
kämpfen, und was schon seine Individualität einigermassen
erklärt, das wird bei Betrachtung eines solchen landschaft-
lichen Hintergrundes noch verständlicher: wie dieser Kampf
seinen Abschluss in einer Vision finden konnte.

Alle diese Erwägungen zielen nicht darauf ab, die Bedeutung eines Ereignisses zu schmälern, bei dessen Zerlegung
in seine Elemente, wie viele derselben sich auch noch nach-
weisen lassen, doch immer ein unbegriffener Rest übrig bleiben
wird, wie es sich auch dem Geistesblicke des Apostels
selbst allezeit in einem höhern Lichte darstellte, als die ge-
heimnissvollen Vorgänge seines späteren Lebens. Was er
auch noch an "Gesichten und Offenbarungen des Herrn"
zu verzeichnen hat, wie mächtig auch der Eindruck jener
visionären Entrückung in das himmlische Paradies noch nach
Jahren sein Inneres durchzittert, so reicht ihm doch kein
anderes Erlebniss hinan an die Grösse jener unvergesslichen
Stunde, welche für ihn die Geburtsstunde seines neuen Menschen wurde.

"Jesus von Nazareth ist mir erschienen, also er lebt, also
er ist auferstanden", so drängte in seinem Geiste ein Gedanke den andern, denn dem religiösen Bewusstsein des
Pharisäers war es ausgemacht, dass ohne leibliche Auferstehung ein Dasein nach dem Tode nicht möglich sei. Der
Glaube der Nazarener hatte in den Augen ihres heftigsten
Verfolgers eine Rechtfertigung empfangen, wie sie glänzender und überzeugender nicht gefordert werden konnte. War

---

[1] S. Pococke, Beschreibung d. Morgenlandes. 2. Thl. S. 188 d. deutschen Ausgabe. Renan, les apôtres S. 178.

aber Jesus der Auferstehung vor dem Ende der Tage gewürdigt worden, so konnte er nicht der von Gott verlas-
sene und der verdienten Strafe anheimgefallene Frevler sein,
als der er Paulus bisher erschienen war, so konnte auch
sein Leiden und sein Kreuzestod nicht ausserhalb der Ab-
sichten Gottes liegen, musste vielmehr von Anfang an in
den göttlichen Weltplan eingeschlossen sein. Mit dieser
Erkenntniss gewann er den festen Kern einer neuen Gottes-
und Weltanschauung, aus dem sich seinem rastlos vorwärts
dringenden Blicke eine unabsehbare Reihe von Folgerungen
entfaltete.

Aber um den neuen geistigen Besitz sich selbst zu
klarem Bewusstsein zu bringen und innerlich zu verarbeiten,
bedurfte er der Ruhe und Einsamkeit und die fand er nicht
zu Damaskus inmitten seiner bisherigen Glaubensgenossen,
von denen er erwarten musste, dass sie dem Christenthum
den Sieg, welchen es so eben über seinen Todfeind davon-
getragen, mit Aufbietung aller Kräfte streitig machen und
mindestens der Entwickelung des neuen Lebens, das in
seinem Innern nach Gestaltung rang, hemmend in den
Weg treten würden. Zwar die Apostelgeschichte lässt ihn
unmittelbar nach seiner Taufe das Evangelium in Damaskus
verkündigen[1], aber diese an sich schon unwahrscheinliche
Angabe wird durch Paulus' eigenes Zeugniss widerlegt,
der im Galaterbriefe unter heiligen Eiden betheuert, dass er
nach seiner Bekehrung sich keinem Menschen anvertraut
und sich von dem Schauplatze seines früheren Wirkens hin-
weggewendet habe. "Als es Gott gefallen, seinen Sohn in
mir zu offenbaren, zog ich alsbald nicht Fleisch und Blut
zu Rathe, ging auch nicht hinauf zu denen, die vor mir
Apostel waren, sondern ging nach Arabien"[2]. Die uralte
Wiege religiöser Speculation, der Boden, auf dem Moses
in stiller Zurückgezogenheit des Hirtenlebens sich auf sein
grosses Werk vorbereitete und Elias im sanften Säuseln
die Nähe Gottes ahnte, er war auch die Stätte, welche

---

[1] Apg. 9, 19 ff.
[2] Gal. 1, 15 ff.

Paulus zu beschaulicher Einkehr in sein Inneres erwählte, ja vielleicht liess er, der überall in der Geschichte des alten Bundes Vorbilder und Weissagungen auf die Geschichte des Christenthums erblickte, seine Wahl durch den Vorgang jener Gottesmänner bestimmen, und nicht unwahrscheinlich ist es, dass er gleich ihnen sein Zelt in der Nähe des Berges Sinai aufschlug, den er mit einem nur bei den Umwohnern gebräuchlichen Namen (Hagar) zu nennen weiss[1]. Ueber sein äusseres Leben während jener Zeit liegt ein undurchdringlicher Schleier und für die Dauer seines Aufenthaltes ergibt sich mit Sicherheit nur so viel, dass dieselbe drei Jahre nicht überschritten haben kann[2].

Eine Frage drängt sich hier unabweisbar einem jeden auf, der Paulus' Handlungsweise nach allgemein menschlichem Maassstabe, nicht aus der Individualität dieses so ganz eigen gearteten Geistes heraus beurtheilt. Warum kehrte er nicht sofort oder wenigstens vor Ablauf von Monaten und Jahren nach Jerusalem zurück, wohin sich, wie man meinen sollte, der Neubekehrte mit unwiderstehlicher Macht gezogen fühlen musste? Hier waren ja die Stätten, wo Jesus gelehrt und gelitten, hier die älteste Christengemeinde, hier wirkten die Urapostel, die Zeugen des Lebens, des Todes und der Auferstehung Jesu und ihnen zur Seite die nächsten Verwandten des grossen Meisters. Wenn die Person des Stifters das Erste war, was Paulus vom Christenthum sich innerlich angeeignet hatte, musste es dann nicht sein sehnlichster Wunsch sein, von dieser hohen Persönlichkeit ein möglichst anschauliches Bild zu gewinnen und desshalb alle charakteristischen Züge ihrer irdischen Erscheinung sorgfältig zu sammeln? Wo bot sich ihm dazu bessere Gelegenheit, als im Verkehr mit den Häuptern der jerusalemischen Gemeinde? Aber so wenig nimmt sein Sinn diese Richtung, dass er vielmehr mit unverkennbarer Absichtlichkeit diejenigen meidet, "die vor ihm Apostel waren". Auch hierin zeigt sich die ganze Selbständigkeit seines

---

[1] Gal. 4, 25. Jedenfalls ist es bemerkenswerth, dass sich bei Paulus Anführungen aus den Apokalypsen Moses' und Elia's finden, s. d. Ausl. zu 1 Kor. 2, 9. Gal. 6, 15.

[2] Gal. 1, 18.

Geistes und die muthige Zuversicht seines in sich selbst gewissen Glaubens. War er einmal überzeugt, dass Gott seinen
Sohn in ihm geoffenbart habe, so zweifelte er auch nicht,
damit zugleich die sichere Bürgschaft fortdauernder Geistes-
erleuchtung zu besitzen, um aus der einen grossen ihm auf-
gegangenen Wahrheit den ganzen Inhalt des Evangeliums
unabhängig von fremder Unterweisung abzuleiten. Sein
Lehrer ist Christus gewesen mit seiner Offenbarung, wie
sollte er da noch ein Schüler von Menschen werden wollen?
Das hiess für ihn, im Fleisch vollenden, was im Geist begonnen war. Und was sollten sie ihm auch anderes mit-
theilen können, als was den irdischen Wandel Jesu an-
geht, während sein Herz dem verklärten Christus entgegen-
schlägt, der im Himmel zur Rechten Gottes thront und von
daher ihm so gut wie den Uraposteln erschienen ist. Von
Thatsachen, die hinter diesem himmlischen Leben Jesu zu-
rückliegen, haben nur Tod und Auferstehung als Ausgang
des irdischen Wandels und Eingang zur Herrlichkeit für
Paulus' Glauben Bedeutung und die verhältnissmässige Selten-
heit der in seinen Briefen nachweisbaren Beziehungen auf
die evangelische Geschichte ist ganz im Sinne des charakteristischen Wortes: "Wenn ich auch Christum nach dem
Fleische gekannt habe, so kenne ich ihn doch jetzt nicht
mehr"[1].

Bei dieser Geistesrichtung konnte auch in Arabien der
Verkehr mit Christen, die wir hier zu dieser Zeit bereits voraussetzen müssen[2], auf die Entwickelung seines religiösen Lebens
keinen bestimmenden Einfluss äussern und ihn höchstens mit
den unter ihnen geläufigen Schriftbeweisen für die Messiani-
tät Jesu genauer bekannt machen. Aus der anhaltenden
Beschäftigung mit dem Alten Testament, welcher die ältesten
Christen fleissig oblagen, und der sinnenden Vertiefung in
jene Thatsachen, die er bei der Bekehrung in seinen Glauben aufgenommen, gestalteten sich ihm bald die Grund-
züge seiner ferneren Gottes- und Weltanschauung. Dass

---

[1] 2 Kor. 5, 16.
[2] vgl. Apg. 2, 11.

Jesus trotz des Kreuzestodes der Messias sei, war ihm jetzt unumstössliche Gewissheit und es kam nur darauf an, für • diesen Tod die rechte Stelle innerhalb des göttlichen Weltplans zu finden. Der bedeutsame Fingerzeig, den das damals allgemein auf den Messias gedeutete 53. Kapitel Jesaja's gab, war nicht verloren für ihn. Indem er demselben die Möglichkeit eines stellvertretenden Leidens des Messias entnahm, bot sich ihm ungesucht zur Vergleichung die den ganzen jüdischen Cultus beherrschende Opferidee dar. Wie das unschuldige Opferthier die Schuld des Opfernden auf sich nimmt und zu seinem Heile den Tod erleidet, so hat auch Christus für fremde Sünden gebüsst, indem er den im Gesetze mit dem Fluch belegten Kreuzestod erduldete. Auf die Frage, welche Schuld er getragen habe, ergibt sich für Paulus sofort die Antwort: die Schuld der ganzen Welt, denn es ist eine Erfahrungsthatsache, dass alle Menschen ohne Unterschied, Juden wie Heiden, erstere gegen das geschriebene, letztere gegen das ihnen innewohnende Gesetz gesündigt haben und noch fortwährend sündigen. Woher aber diese Allgemeinheit des Sündenverderbens? Sein forschender Blick schweift bis zu den Anfängen des Menschengeschlechts zurück, um die letzte Ursache in Adams Fall zu finden, mit dem die Sünde und zugleich als ihr Sold der Tod in die Welt gekommen ist, der seine Herrschaft über die ganze Menschheit ausgedehnt hat. So läuft von Adam die Linie der Entwickelung abwärts in die Tiefen des physischen und sittlichen Elendes, aus der das Menschengeschlecht nur durch eine besondere Veranstaltung der göttlichen Gnade erlöst werden konnte. Diese Erlösung ist nun von Christus vollbracht, der mit seinem Leiden und Sterben dem Gesetze genug gethan, die Sündenschuld getilgt, dem Tode die Macht genommen hat. Wer aber ist Christus seinem Wesen nach, dass er von der Sünde frei bleiben und wirksam für die verschuldete Menschheit eintreten konnte? Einer zwiefachen Fundgrube entnimmt Paulus die Farben zur Ausführung seines Christusbildes, einmal der im Bewusstsein der Urgemeinde lebenden Erinnerung an den geschichtlichen Jesus, sodann der Messiasidee des Alten

3*

Testamentes und der auf demselben weiterbauenden jüdischen
• Theologie. Schon hierdurch auf die Berücksichtigung einer
doppelten Seite, der historischen und idealen, in Christus hingewiesen, steigert er diesen Unterschied zum schärfsten
Gegensatz. Christus ist einmal von einem Weibe geboren, mit
gebrechlichem Menschenleibe bekleidet, dem Gesetze unterworfen und endlich dem Kreuzestode verfallen[1]. Aber zugleich reichen die Ursprünge seines Daseins in eine über-
sinnliche Welt zurück, er ist von Gott auf die Erde her-
niedergesandt, ist um unsertwillen arm geworden, während
er vorher reich war, und thront nach seiner Auferstehung
zur Rechten Gottes[2]. Für diesen Gegensatz der äusseren,
natürlichen Wirklichkeit und des wahren, höheren Wesens
prägt Paulus die treffenden Schlagworte "Christus nach dem
Fleisch" und "Christus nach dem Geist" aus[3] und in einem
tiefsinnigen Begriffe der damaligen jüdischen Theologie
findet er den Rahmen, mit der er die ganze Wesensfülle seines
"Christus nach dem Geist" umspannen zu können hofft. Das
ist der Begriff des zweiten Adam[4], den jene Theologie als den
himmlischen, aus ätherischen Stoffen gebildeten Menschen dem
ersten Adam, als dem irdischen, aus Staub geschaffenen, ge-
genüberstellte und der ihr als Mittelglied zwischen Gott und
der Welt gilt, da in ihm das Abbild der Gottheit und das
Urbild der Menschheit zur Einheit verschmolzen sind. Indem
Paulus alle diese Züge auf Christus überträgt, erscheint ihm
nothwendig die Annahme des fleischlichen Leibes als eine
Selbstentäusserung des einer höheren Lichtwelt Entstammten
und der Tod, der Christi irdisches Leben vernichtet, damit
aus dem Grabe eine verklärte Leiblichkeit erstehe, als Auf-
hebung jenes Zustandes der Niedrigkeit und Schwäche. Ein
neuer Gesichtspunkt für die Würdigung des Kreuzes, durch
welches von Christo alles Irdische, Zeitliche, die Wirkungen
seiner himmlischen Natur Beschränkende abgethan ist, so

---

[1] Röm. 1, 3. 8, 3. Gal. 4, 4. 2 Kor. 13, 4 u. a.
[2] Gal. 4, 4. 2 Kor. 8, 9. Röm. 1, 4. 8, 34 u. a.
[3] 2 Kor. 5, 16. Röm. 1, 3 f. 9, 5.
[4] Röm. 5, 14. 1 Kor. 15, 45.

dass er nunmehr alle in ihm liegenden höheren Kräfte ungehemmt walten lassen kann. So siegt er fort und fort
über alle Feindesgewalt, kommt zum Weltgerichte über
Lebende und Todte, das nur ein Moment in der Reihe seiner
Triumphe ist, und vernichtet endlich den letzten Feind, den Tod,
um darauf seine Herrschaft dem Vater zurückzugeben, damit
Gott sei Alles in allen[1]. Das neugewonnene Licht wirft
seine Strahlen auch rückwärts. Jetzt erst begreift Paulus
die vorchristliche Geschichte, deren ganze Entwickelung nur
der durch Christi Erscheinung bezeichneten Wende zu-
strebt, jetzt ist ihm klar, wie bereits in die Geschicke des
jüdischen Volkes Christus hat selbstthätig eingreifen
können, dessen Gestalt er schon dem Wüstenzuge Israels
unter der bergenden Hülle eines Felsens nachwandeln sieht[2].

Aber gerade hier war eine Hauptfrage zu lösen.
Wenn die Gerechtigkeit, die Gott fordert, vor Christus nirgends zu finden und erst mit ihm erschienen ist, welche Bedeutung kommt dann dem alten Bunde und dem mosaischen
Gesetze zu? Wenn dasselbe durch das Evangelium seiner
Geltung beraubt ist, sinkt dann nicht das Judenthum auf den
Standpunkt einer unvollkommenen, falschen Religion herab?
Wozu dann überhaupt dieses Gesetz, das seinen Zweck, Gerechtigkeit vor Gott herzustellen, bis jetzt nachweislich nicht
erreicht hat? Paulus scheut sich nicht, das Wort auszusprechen,
mit dem er das orthodoxe Judenthum am tiefsten verwunden
musste. Nur der Uebertretungen wegen ist das Gesetz zwischen
der dem Abraham gegebenen Verheissung und ihrer Erfüllung
durch Christus in die Welt gekommen, sein Beruf war nach Gottes Absicht nur, die Sünde hervorzulocken und zu häufen und so
in der Menschheit das Bewusstsein der eigenen Hilflosigkeit und
die Sehnsucht nach Erlösung zu wecken. Es hatte lediglich
die pädagogische Bedeutung, ein Zuchtmeister auf Christus
zu sein, jetzt, nachdem der erschienen, auf den es vorbereiten
sollte, ist seine Giltigkeit erloschen, es ist gleichfalls im
Kreuzestode abgethan und hat keinen Anspruch auf den

---

[1] 1 Kor. 15, 24 ff.
[2] 1 Kor. 10, 4.

Menschen mehr[1]. Alle äussere Gesetzlichkeit ist nicht im Stande,
ein Verdienst vor Gott zu begründen, ja kann sogar schäd-
lich werden, inwiefern sie den Wahn der Gerechtigkeit aus
den Werken nährt. Damit tritt auch das Volk des alten
Bundes aus seiner Ausnahmestellung heraus, alle Menschen
sind, wie früher unter die Sünde, jetzt gleicherweise unter
das gemeinsame Heil geschlossen, es ist nicht mehr Jude und
Grieche, Mann und Weib, Knecht und Freier, sondern alle
sind eins in Christo[2]. Das Recht der einzelnen Persönlichkeit,
welches das Heidenthum im Weibe und im Sklaven ver-
kümmerte, das Judenthum nur im Volksgenossen anerkannte,
ist als Grundsatz des Christenthums ausgesprochen und damit ein Keim von unermesslicher Triebkraft in den Schooss
der alten Welt eingesenkt.

Wenn aber in der Gesetzesgerechtigkeit das Heil nicht
zu finden ist, was ist es dann, das die in Christo erschienene
Gnade Gottes dem einzelnen vermittelt? Wie heisst das
Organ des inneren Menschen, das die dargebotene rettende
Hand Gottes ergreifen muss? Der Glaube, antwortet Paulus,
nicht als verstandesmässige Annahme einer historischen
Thatsache, sondern als vertrauensvolle Herzenshingabe, als
unwandelbare Bundestreue, in dem Sinne, in welchem nach
dem Prophetenworte schon die Gerechten des alten Bundes
durch den Glauben leben sollten[3]. Das Wort von der Versöhnung ist aufgerichtet, die Botschafter ausgesandt und
durch die ganze Welt ergeht nun der Ruf: "Lasset euch versöhnen mit Gott"[4]. Alle, welche diesem Rufe gläubig Folge leisten, sind damit aus dem Fluchverbande der unter dem Gesetze
stehenden Menschheit ausgeschieden und aus der Herrschaft der
Finsterniss in das Reich Christi versetzt, dessen Herrlichkeit
einst an ihnen offenbar werden soll, und zum Unterpfand solcher
Verheissung hat Gott seinen Geist in ihr Herz gesandt, durch
den die Uebermacht des Fleisches in ihnen gebrochen und

---

[1] Gal. 3, 19 ff. Röm. 3, 20 f.
[2] Gal. 3, 28.
[3] Röm. 1, 17. Gal. 3, 11. vgl. Habakuk 2, 4.
[4] 2 Kor. 5, 19 f.

der Keim eines neuen, den Tod des Leibes überdauernden
Lebens gelegt ist[1]. Alle, welche dieser Geist treibt, sind
Kinder Gottes, zu dem sie zuversichtlich: Abba, lieber
Vater! rufen, wenn aber Kinder, dann auch Erben der himmlischen Seligkeit, der sie unter den Drangsalen des Erdenlebens entgegenreifen[2]. So ist Friede und Freude im heiligen
Geist die Grundstimmung der Gläubigen des neuen Bundes,
entflohen ist das finstere Schreckbild des Gesetzes, verschwunden der strenge eifrige Gott des Judenthums, der die Sünden
der Väter·an den Kindern heimsucht bis in's dritte und
vierte Glied, und gewonnen der Vater der Barmherzigkeit,
der den Reichthum seiner Langmuth und Güte auch den
Unwürdigen noch erschliesst[3].

So war denn für Paulus das verabscheute Kreuz zu einem
Lebensbaum geworden, auf dem ihm die reife Frucht einer
neuen Gottes- und Weltanschauung erblühte, in welcher er
nicht nur für die Fragen und Zweifel seines forschenden Geistes
die endgiltige Lösung, sondern auch für die Wunden seines
zerrissenen Herzens die ersehnte Heilung fand. Entschieden
war der heisse Kampf zwischen Geist und Fleisch, der einst
sein Inneres in zwei feindliche Heerlager getheilt, verstummt
der bange Aufschrei nach Heilung und durch alle Saiten seines
Herzens tönt es fortan wie Klänge aus einer höheren Welt:
"Dank sei Gott durch Jesum Christum, unsern Herrn. So
gibt es nun keine Verdammniss für die, so in Christo Jesu
sind. Ist Gott für uns, wer ist wider uns? Der seines eigenen
Sohnes nicht verschont, sondern ihn für uns alle dahingegeben hat, wie sollte er uns mit ihm nicht Alles schenken?
Wer will Anklage erheben wider die Auserwählten Gottes?
Gott ist's, der rechtfertigt, wer ist's der verdammt? Christus
ist's, der gestorben, vielmehr auch auferweckt ist, der zur
Rechten Gottes sitzt, der eintritt für uns: wer will uns schei·
den von der Liebe Christi? Ich bin gewiss, dass weder Tod
noch Leben, weder Engel noch Mächte, weder Gegenwart

---

[1] Gal. 3, 10 ff. 4, 6. Röm. 8, 18.
[2] Röm. 8, 11. 15—17.
[3] 2 Kor. 1, 3. Röm. 2, 4.

noch Zukunft. weder Gewalten noch Höhe und Tiefe noch ein
anderes Wesen uns scheiden kann von der Liebe Gottes
in Christo Jesu, unserm Herrn."[1]
Und so gewaltig ist der Umschwung, dass das früher
gehasste Kreuz jetzt wie in seinem Denken so auch in seinen
Reden einen Ehrenplatz einnimmt, dass er es zum Symbol
der neuen Religion erhebt, wenn er das Evangelium mit
schlagender Kürze das Wort vom Kreuze nennt, dass er
nichts mehr wissen und verkünden will, als allein den Gekreuzigten, von dessen Leiden und Tod er am liebsten die
Bilder hernimmt, wenn er die Seinen zur Nachfolge Christi
auffordert[2]. Allein des Kreuzes will er sich rühmen, durch
welches ihm die Welt und er der Welt gekreuzigt ist, und
mit Stolz erblickt er die Mahlzeichen Jesu in den Narben,
welche die Drangsale seines späteren apostolischen Berufs
seinem Leibe aufdrücken[3]. Bei dieser völligen Umwandlung
seines Sinnes, dieser Verklärung seines inneren Menschen in
das Bild Christi blieb nur ein brennender Schmerz in seiner
Seele zurück, die herbe Erinnerung daran, dass er einst die
Gemeinde Gottes feindselig verstört habe. Aber dieser letzte
Stachel der Sünde war für ihn zugleich der mächtigste Antrieb, die Wunden, die er geschlagen, nach Kräften zu heilen
und mit um so grösserer Hingabe für die Förderung des Evangeliums zu wirken, je eifriger er vorher für seine Ausrottung
thätig gewesen war.
    Denn das stand ihm von Anfang an fest, dass seiner Be-
kehrung Ziel und Endzweck die Ausbreitung des Gottes-
reiches auf Erden sei. "Es gefiel Gott, seinen Sohn in mir zu
offenbaren, dass ich ihn verkündige unter den Heiden", dieser
Ausspruch zeigt deutlich, in welchem innigen Zusammenhang
er beides schaute. In dem Herzensbedürfnisse, eine seine
ganze Seele ausfüllende Ueberzeugung zum Gemeingut der
Menschheit zu machen, nahm er das beste Erbe seiner pharisäischen Vergangenheit mit in das Christenthum herüber.

---

[1] Röm. 7, 25. 8, 1. 31 ff.
[2] 1 Kor. 1, 18. 2, 2.
[3] Gal. 6, 14. 17.

Welche Wirksamkeit hätte ihm auch näher gelegen, als die eines christlichen Glaubensboten, zumal da sein Abfall vom Judenthum ihm die früher erwählte Laufbahn eines Gesetzeslehrers mitten durchschnitt? So musste er es wohl als einen Wink Gottes ansehen, dass in demselben Augenblicke, in dem sich alle Bande altgewohnter Verhältnisse auf immer lösten, schon ein neues, sein würdiges Tagewerk lockend und verheissungsvoll vor seinen Augen lag. Und der Tag ging für ihn bereits zu Rüste. Nur eine kurze Spanne Zeit ist dieser Gestalt der Welt noch zugemessen, dann erscheint Christus, den Ungläubigen zum Verderben, uns zur Erlösung: das war die einmüthige Hoffnung der jungen Christengemeinde. Welch eine dringende Mahnung, die Zeit auszukaufen, zumal für den, der als Arbeiter der elften Stunde in den Weinberg des Evangeliums eintrat. Sie war nicht verloren für Paulus. Die besten Kräfte seines leiblichen und geistigen Lebens, die heisseste Glut seiner feurigen Seele hat er an den neuen Beruf gesetzt und es ist ihm gelungen, das Werk mehrerer Menschenalter in den Zeitraum zweier Jahrzehnte zusammenzudrängen, nach deren Ablauf er im Hinblick auf die Urapostel ohne Selbstüberhebung von sich sagen konnte: "Ich habe mehr gearbeitet, als sie alle."

Zunächst begab er sich wieder nach Damaskus, wo er infolge eines Krieges, der an ihm in der Einsamkeit seines arabischen Aufenthaltes spurlos vorüber gegangen war, theilweise veränderte Verhältnisse antraf. Im Besitze der Stadt war jetzt Harit (Aretas), König des steinigen Arabien und Schwiegervater des Vierfürsten von Galiläa und Peräa, jenes elenden Herodes Antipas, welcher Johannes den Täufer dem Hasse seiner Gattin Herodias opferte. Dieselbe Herodias hatte ihn auch veranlasst, seine frühere Gattin, Harit's Tochter, so schnöde zu behandeln, dass diese zu ihrem Vater zurückkehrte. Grenzstreitigkeiten kamen hinzu und bald entbrannte zwischen Schwiegervater nnd Schwiegersohn ein Krieg, in welchem das jüdische Heer eine schwere Niederlage erlitt, die das Volk allgemein als eine göttliche Strafe für Johannes' Hinrichtung betrachtete. Herodes wandte sich alsbald Hilfe suchend an den römischen Kaiser Tiberius, der auch dem Statthalter von Syrien, Vitellius, Befehl ertheilte, mit seinem Heer gegen Harit aufzubrechen. Schon im Vorrücken gegen die Araber begriffen, empfing dieser die Nachricht von dem am 16. März des Jahres 37 erfolgten Tode des Kaisers, die ihn bewog, seine Truppen in die Winterquartiere zu führen und sich selbst nach Rom zu begeben[1]. Diesen günstigen Zeitpunkt benutzte Harit, um Damaskus unter seine Botmässigkeit zu bringen und hier einen Statthalter einzusetzen. So lagen die Dinge, als Paulus aus Arabien nach dieser Stadt zurückkehrte in der Absicht, das Evangelium zu verkünden.

Es ist wohl nicht zu zweifeln, dass er sich mit der neuen Lehre zuerst an seine früheren Glaubensgenossen, die Juden, wandte. Die damalige Einrichtung des jüdischen Gottesdienstes kam ihm hierbei sehr zu statten. Wenn sich am Sabbath die Versammlung der Andächtigen in der Synagoge eingefunden und das gemeinsame Gebet verrichtet hatte, stand ein Priester oder ein Aeltester auf, um einen Abschnitt aus dem Alten Testament zu verlesen und in freiem Vortrage erbaulich auszulegen. Doch haftete dieses Amt nicht an einer bestimmten Person und jeder Gesetzeslehrer konnte, wenn er sich auf die deshalb an die Zuhörerschaft gerichtete Frage zum Worte gemeldet hatte, die Leitung der Andacht übernehmen. Alsdann konnten andere beistimmend oder widersprechend sich über den gehörten Vortrag äussern. Rede und Gegenrede war unbeschränkt. So fand Paulus keine Schwierigkeit, den Christenglauben vor einer grossen Anzahl seiner früheren Glaubensgenossen zu verkündigen. Die Apostelgeschichte trifft gewiss das Richtige, wenn sie in seinen Lehrvorträgen ihn beweisen lässt, dass Jesus der Messias sei[2]. Dies war der Satz, den die Predigt des Christenthums vor Juden an ihre Spitze zu stellen hatte und auf den sie sich damals meist noch beschränkte, und auch Paulus wird über diesen Satz und die

---

[1] Joseph. Alterthüm. XVIII, 5, 1—3.
[2] Apg. 9, 20.

sich aus ihm unmittelbar ergebenden Folgerungen noch
nicht hinausgegangen sein. Seine Beweise waren unzweifel-
haft ganz im Sinne der jüdischen Zeittheologie, deren Stärke
in der allegorischen Auslegung alttestamentlicher Abschnitte
beruhte. Wenn die Apostelgeschichte ferner berichtet, dass
er an Kraft zunahm und die damaskischen Juden in Verwirrung setzte, so entspricht auch dies völlig seinem Feuereifer und seiner geistigen Ueberlegenheit über die meisten
seiner Zeitgenossen. Die Erbitterung der Juden gegen ihn
erreichte eine solche Höhe, dass sie diesen gefährlichen
Gegner um jeden Preis unschädlich zu machen suchten. Es
gelang ihnen, den Statthalter des Königs Harit zu gewinnen,
der auf ihr Andringen die Thore von Damaskus besetzen
liess, so dass Paulus ohne Aussicht auf Rettung den Händen
seiner Todfeinde überliefert schien. Indessen die dortigen
Christen wussten Rath. Dicht an die Stadtmauer stiess ein
befreundetes Haus. Aus einem Fenster desselben wurde
Paulus bei Nacht in einem Korbe über die Mauer hinunter-
gelassen und entkam glücklich seinen Verfolgern[1].
So hatte seine Thätigkeit auf seinem ersten Arbeitsfelde
ein schnelles Ende gefunden und sie alsbald an derselben
Stelle wieder aufzunehmen, durfte er nicht wagen. Da richtete er sein Augenmerk auf den Sitz der Muttergemeinde,
Jerusalem. Jetzt, drei Jahre nach seiner Bekehrung, nachdem
er bereits als Lehrer des Evangeliums gewirkt, fürchtete er nicht
mehr, durch den Verkehr mit den Uraposteln die Selbständigkeit seiner religiösen Entwickelung in den Augen anderer
Christen zu · gefährden. Dagegen musste es ihm schon im
Ausblick auf sein ferneres Missionswerk wünschenswerth
erscheinen, mit dem Manne, der an der Spitze der Urgemeinde,
des damaligen Mittelpunktes der Christenheit, stand und dadurch auch auf auswärtige Gemeinden einen bedeutenden
Einfluss übte, ein persönliches Verhältniss anzuknüpfen,
"Petrus kennen zu lernen" war nach seinen eigenen Worten
der Wunsch, der ihn zur Reise nach Jerusalem bewog[2]. Die

[1] 9, 24 f. 2 Kor. 11, 32 f.
[2] Gal. 1, 18.

Apostelgeschichte berichtet, dass seine Versuche, sich den
dortigen Christen zu nähern, vergeblich gewesen seien, da
ihn alle gefürchtet und nicht für einen Jünger gehalten hätten,
bis Barnabas, ein für das Christenthum gewonnener Levit aus
Cypern, ihn zu den Aposteln geführt habe. Indessen die
Ungenauigkeit der letzteren Angabe erhellt aus Paulus' Betheuerung, dass er damals ausser Petrus keinen anderen Apostel als Jakobus, den Bruder des Herrn gesehen habe, und
jene misstrauische Zurückhaltung der jerusalemischen Christen
gehört wahrscheinlich nur der ausschmückenden Darstellung
einer späteren Zeit an, da Petrus bei dem engen Verbande
der ersten Christengemeinden längst von Paulus' Bekehrung
unterrichtet sein musste und letzterer überdies selbst erzählt,
dass auch zu den Gemeinden Judäa's, die ihn nicht von Angesicht kannten, die Kunde von seiner Umwandlung gedrungen
war[1]. Wohl aber mag sich Paulus' so folgenreiche Bekanntschaft mit Barnabas von diesem Aufenthalte in Jerusalem
herleiten.

Fünfzehn Tage verweilte Paulus für jetzt in Petrus'
Hause. Leider gibt er uns keinen Aufschluss über das, was
damals zwischen beiden Männern verhandelt wurde. Doch
ist es mehr als wahrscheinlich, dass er dieses Zusammensein
benutzte, um aus sicherster Quelle Nachrichten über das
irdische Leben Jesu einzuziehen, dessen Kenntniss er, so wenig
sie für seinen Glauben Bedeutung hatte, doch auf die Dauer
bei seiner Lehrthätigkeit nicht entbehren konnte, wie er sie
denn auch später an manchen Stellen seiner Briefe hin-
durchblicken lässt. Wenn er die Einsetzung des Abendmahls in wesentlicher Uebereinstimmung mit den evangelischen Berichten erzählt, und die Reihenfolge der Erscheinungen des Auferstandenen genau anzugeben weiss, so mag
er über diese Punkte damals aus dem Munde des Petrus
Kunde erhalten haben, auf dessen Mittheilungen auch so
manche Anklänge seiner Briefe an Reden Jesu zurückzuführen
sein werden, wie sie in dem bergeversetzenden Glauben, dem
Tage des Herrn, der wie ein Dieb in der Nacht kommt, dem

---

[1] Gal. 1, 19. 23.

Sauerteige, der den ganzen Teig durchsäuert, und ähnlichen Wortern vorliegen[1]. Andererseits ist sicher, dass die Frage nach der bedingungslosen Zulassung der Heiden, welche nachher eine unübersteigliche Scheidewand zwischen jerusalemischem und paulinischem Christenthum aufrichtete, zu jener Zeit noch nicht in den Gesichtskreis der beiden Männer getreten war, da Paulus eine spätere Reise nach Jerusalem allein deshalb unternahm, um den Häuptern der dortigen Gemeinde sein Heidenevangelium vorzulegen[2]. Dass er damals bloss zwei Apostel sah, beruht sicher nicht auf dem Bestreben, den Verkehr mit den übrigen zu vermeiden, was ihm bei dem innigen Zusammenleben der ersten Christen gar nicht möglich gewesen wäre, sondern darauf, dass andere Jünger Jesu zu jener Zeit gerade nicht in der Hauptstadt anwesend waren.

Nach der Apostelgeschichte trat Paulus in Jerusalem lehrend auf und wurde dadurch in Streitigkeiten mit den Hellenisten verwickelt, die ihn zu tödten suchten, worauf ihn die Christen nach der Hafenstadt Cäsarea brachten und nach Tarsus entsandten. Indessen ist diese jerusalemische Lehrthätigkeit nach des Apostels eigenen Andeutungen und den später von ihm befolgten Grundsätzen nicht wahrscheinlich[3] und der letzteren Angabe widerspricht ausdrücklich seine Aussage, dass er darauf in die Gegenden von Syrien und Cilicien gekommen sei, also den Landweg nach seiner Heimat eingeschlagen habe[4]. In Tarsus entschwindet uns seine Spur auf mehrere Jahre und nur die Vermuthung ist gestattet, dass er auch während dieser Zeit im Dienste des Evangeliums nicht müssig gewesen sein werde.

---

[1] I Kor. 11, 23 ff. 15, 3 ff. 13, 2. vgl. Matth. 21, 21. 1 Thess. 5, 2. vgl. Matth. 24, 43 f. 1 Kor. 5, 6. Gal. 5, 9. vgl. Matth. 13, 33. 16, 5 ff. vgl. ferner: 1 Kor 7, 10 mit Matth. 5, 31 ff. 1 Kor. 9, 14 mit Matth. 10, 10. Unsicherer ist die Vergleichung von Röm. 8, 15. Gal. 4, 6 u. Marc. 14, 36. — Röm. 12, 14. 1 Kor. 4, 12 u. Luc. 6, 27 f. — Röm. 13, 9. Gal. 5, 14 u. Matth. 22, 37 ff. — 1 Thess. 4, 15 u. Matth. 24, 31. Auf ein in den Evangelien nicht vorkommendes Wort beruft sich Paulus Apg. 20, 35. (Ob auch 1 Kor. 14, 37. 1 Thess. 5, 21??)

[2] Gal. 2, 2.

[3] Röm. 15, 20. 2 Kor. 10, 15 f. s. Zeller S. 205 ff.

[4] Gal. 1, 21.

Während er in seiner Heimath weilte, blühte in der Nähe
derselben, in Antiochia eine Gemeinde empor, welche bald die
fruchtbarste Pflanzstätte des Heidenchristenthums werden und
sich der Mutterkirche ebenbürtig an die Seite stellen sollte. Antiochia, von Seleucus Nikator, einem der Feldherren Alexanders
des Grossen, gegründet und nach seinem Vater Antiochus genannt, war zuerst die Residenz der griechisch-syrischen Könige
und nun nach dem Ende ihres Reiches der Sitz des römischen
Proconsuls von Syrien. In malerischer Lage zwischen dem
Flusse Orontes, dessen Thal sich westwärts nach dem Meere
öffnete, und den Abhängen des Berges Silpius, inmitten einer
wasserreichen und mit üppigem Pflanzenwuchs bedeckten
Ebene erhob sich die stolze Stadt, deren Mauern einen Um-
fang von 2^1,$_2$ Meilen hatten und 500,000 Einwohner umschlossen, so dass der Geschichtschreiber Josephus ihr im Hinblick
auf ihre Grösse und ihren Reichthum ohne Widerspruch den
dritten Rang unter den Städten des Römerreichs anweisen
konnte[1]. Herrliche Tempel, Wasserleitungen, Bäder, die
auserlesensten Werke griechischer Kunst waren lautredende
Zeugen von der Prachtliebe und dem Schönheitssinn ihrer
früheren Beherrscher und noch in jüngstverflossenen Tagen
hatte hier Herodes der Grosse eine Strasse in der Ausdehnung
von einer halben Meile mit Marmorplatten pflastern und längs
derselben einen Säulengang anlegen lassen. Alle Nationalitäten
des Abendlandes und Morgenlandes strömten in der üppigen
Weltstadt zusammen, die gastlich jeden Fremdling alsbald
unter ihre Bürgerschaft aufnahm. Den Kern der Bevölkerung bildeten Griechen, Syrer und Juden. Letztere erfreuten
sich hier einer uneingeschränkten Freiheit und eines gesicherten Wohlstandes, da der Gründer der Stadt ihnen gleiche
Rechte mit den Griechen gewährt hatte. Daher verwischte
sich hier mehr als anderwärts die starre Ausschliesslichkeit
des jüdischen Charakters und an ihre Stelle trat ein freund-
schaftliches Zusammenleben mit den Heiden, wenn auch die

---

[1] Jüd. Kr. III, 2. 4, 5. ferner I, 21. 11. II, 18. 5. VII, 3. 3 f. Alterth.
XII, 3. 1. XIV, 12. 6. Apion II, 4. 1. I Makk. 3, 37. 11, 13. Strabo 16
749. Justin. 15, 4. Eine glänzende Schilderung Antiochiens gibt Renan,
„les apôtres" S. 215 ff.

Juden an der Religion ihrer Väter festhielten, und derselben aus der Mitte ihrer griechischen und syrischen Mitbürger zahlreiche Bekenner zuführten.

Schon frühzeitig scheint der Same des Christenthums auf diesen empfänglichen Boden gefallen zu sein. Einer der sechs jerusalemischen Armenpfleger, die gleichzeitig mit Stephanus gewählt wurden, Nikolaus, war ein Proselyt aus Antiochia. Ein furchtbares Erdbeben, das am 23. März des Jahres 37 die Stadt heimsuchte, erfüllte die Gemüther der leichtblütigen Bewohner mit Schrecken und bereitete sie vor auf die Religion der Weltentsagung, die ihnen einige aus Cypern und Cyrene gebürtige Christen brachten, welche die Verfolgung, der Stephanus zum Opfer gefallen, aus Jerusalem vertrieben hatte[1]. Ein überraschender Erfolg lohnte ihre Verkündigung des Evangeliums, zahlreiche Bekehrungen fanden statt und schnell erwuchs auf heidnischem Boden ein blühendes christliches Gemeindeleben. In diesem Wirkungskreise finden wir Paulus und Barnabas wieder, und drei andere Männer stehen ihnen als Lehrer und Propheten zur Seite, Simon Niger, Lucius von Cyrene und Menachem, ein Jugendfreund und Spielgenosse des Vierfürsten Herodes, denn auch in den höheren Gesellschaftskreisen begann das Christenthum bereits seine Eroberungen zu machen[2]. Ein Jahr verging rasch in gemeinsamer Arbeit. Hier wurde der vom Christenthum aufgestellte Grundsatz brüderlicher Gleichheit zuerst verwirklicht, hier fielen am frühesten die Schranken, welche Judenchristen und Heidenchristen trennten, und die Anhänger beider Richtungen vereinigten sich unbedenklich zu täglicher Tischgemeinschaft. Und so schnell und kräftig wuchs die junge Pflanzung auch nach aussen, dass sie bald die rege Aufmerksamkeit ihrer heidnischen Umgebung auf sich lenkte und die in Antiochia wohnenden Römer für die zahlreichen Bekenner Christi die Bezeichnung Christiani erfanden, die bald in allgemeinen Gebrauch kam und den Namen Nazarener verdrängte.

---

[1] Apg. 11, 19 ff.
[2] 13, 1.

Wenn die Apostelgeschichte erzählt, dass die antiochische Gemeinde bei einer unter der Regierung des Kaisers
Claudius ausgebrochenen Hungersnoth eine Geldsammlung für
die Brüder in Judäa veranstaltet und den Ertrag derselben durch
Paulus und Barnabas an die dortigen Aeltesten gesandt habe[1],
so ist allerdings die erwähnte Plage für das Jahr 44 auch
anderweitig bezeugt[2], aber mindestens die leztere Angabe,
soweit sie Paulus betrifft, entschieden abzuweisen, da dieser
seiner eigenen Versicherung zufolge erst vierzehn Jahre nach
jener früheren Reise Jerusalem wieder betreten hat[3].

Aber grossartigere Unternehmungen beschäftigten bald
die täglich an Zahl der Bekenner und Energie ihres religiösen Lebens zunehmende Gemeinde. Der Gedanke, das
Missionswerk, das bisher nur auf der freien Thätigkeit Einzelner geruht hatte, zur Gemeindesache zu machen, trat hier
zuerst an's Licht und fand sofort eine thatkräftige Verwirk-
lichung. Paulus und Barnabas rüsteten sich, um als Glaubensboten der antiochischen Kirche in der heidnischen Fremde
das Evangelium zu verkündigen, und gesellten sich als Begleiter
einen Vetter des letzteren, Johannes Marcus aus Jerusalem,
denselben, dessen Namen das zweite Evangelium des neutestamentlichen Kanons trägt. Nachdem sie sich mit ihrer
Umgebung auf das grosse Werk, für das sie ausgesondert
waren, durch Fasten und Beten vorbereitet, brachen sie unter
den Segenswünschen der Christen von Antiochia auf[4].

---

[1] Apg. 11, 30.
[2] Joseph. Alterthüm. XX, 2. 6. — 5, 2. Eusebius K. G. 2, 11.
[3] Gal. 2, 1.
[4] Apg. 13, 2 ff.

III.

Mit dem Antritt der ersten Missionsreise beginnt für den Apostel Paulus ein neuer wichtiger Abschnitt seines öffentlichen Lebens, beginnt jene Reihe grossartiger Erfolge, denen er vornehmlich seine weltgeschichtliche Bedeutung zu verdanken hat. Wenn er sich begnügt hätte, als Leiter der Gemeinde zu Antiochia seine Thätigkeit dieser Stadt und ihrer näheren oder weiteren Umgegend zu widmen, so würde er aller Wahrscheinlichkeit nach wie die meisten Jünger Jesu spurlos im Strome der Geschichte versunken sein oder nur wie der greise Johannes zu Ephesus als eine ehrwürdige Erinnerung an die Jugendzeit des Christenthums im Gedächtniss späterer Jahrhunderte leben, eben so wahrscheinlich wäre aber auch der neuen Religion ein Element verloren gegangen, das sie als kräftigenden und läuternden Sauerteig in sich aufnehmen musste, um der Weltherrschaft und des endlichen Sieges über Judenthum und Heidenthum versichert sein zu können. Hier an der Schwelle, die uns bereits einen Ausblick auf das überreiche Feld der Thaten und Leiden des Heidenapostels eröffnet, ist der rechte Ort, die Frage aufzuwerfen und zu beantworten, wie der Mann, in dessen Hände seine eigene Wahl und das Vertrauen seiner Umgebung einen schweren und verantwortungsvollen Beruf gelegt hatte, körperlich und geistig für diesen Beruf ausgerüstet war.

Es waren sicherlich nicht blendende äussere Vorzüge, durch die Paulus über die andern Leiter der antiochischen Gemeinde emporragte. Wenn wir mehreren aus dem Alterthum überkommenen Schilderungen, deren Zusammenstellung wenigstens ein widerspruchsfreies Bild seiner Erscheinung gibt, Glauben beimessen dürfen, so brachte er für das apostolische Amt keineswegs eine glückliche leibliche Ausstattung mit. Eine kleine, nach vorn gebeugte Gestalt, das spärliche Haupthaar halb ergraut, gleich dem dichten das ganze Gesicht umgebenden Bart, durch den die weisse Hautfarbe noch mehr gehoben wurde, die Nase stark hervortretend unter den in hohen Bogen zusammenlaufenden Brauen der blaugrauen Augen — das sind die wesentlichsten Züge seiner Erscheinung nach jenen Angaben[1]. Lässt man auch die Richtigkeit derselben auf sich beruhen, so zeigen doch seine eigenen Andeutungen, dass sein Aeusseres den Gegnern willkommenen Anlass bot, das Missverhältniss zwischen der entschiedenen Sprache seiner Briefe und der unansehnlichen Persönlichkeit schonungslos auszubeuten[2]. Zudem war er von schwächlichem Körperbau und wiederholten heftigen Krankheitsanfällen unterworfen, die ihm öfter auf seinen Reisen trotz seines Widerstrebens Halt geboten[3]. Namentlich wurde er bisweilen von einem räthselhaften körperlichen Uebel heimgesucht, das er wegen seines schmerzhaften Charakters als einen "Dorn im Fleische" und "Faustschläge eines Satansengels" bezeichnet, aber endlich, da es nicht von ihm wich, mit Ergebung tragen und als eine heilsame Mahnung zur Demuth betrachten lernte[4]. Die Beziehung, in die er dieses Leiden zu den "Gesichten und Offenbarungen des Herrn" setzt, lässt am ehesten an epileptische Zufälle denken, wie sie häufig in Begleitung eines leicht erregbaren Seelenlebens auftreten. Aus dieser Leibesbeschaffenheit erklärt sich genugsam eine natürliche Zaghaftigkeit, die nur durch die Energie einer eisernen Willenskraft niedergehalten wurde und bei dem Eintritt in neue schwierige Verhältnisse sich immer wieder durch lauteres Herzklopfen, durch "Furcht und Zittern" bemerklich machte, die es auch nicht auffällig erscheinen lässt, dass der Eindruck seiner wenn gleich fliessen-

[1] S. Erl. 11.
[2] 2 Kor. 10, 10.
[3] Gal. 4, 13.
[4] 2 Kor. 12, 7 ff.

den Rede keineswegs ein zündender und hinreissender war, wie denn auch seine Gegner vornehmlich auf diesen Punkt ihre Angriffe richten und damit beweisen, dass er nicht aus blosser Bescheidenheit sich einen "Laien in der Rede" genannt hat[1].

Aber diesen unleugbaren Mängeln, welche Paulus' Befähigung zum Missionar in ein mindestens zweifelhaftes Licht stellen könnten, hielten bewundernswürdige Eigenschaften seines Geistes und Herzens reichlich die Wage. Diese unansehnliche Gestalt war der Sitz einer geistigen Schwungkraft und Zähigkeit, die in jedem Augenblicke des widerstrebenden Körpers völlig Meister war und ihn bis an die letzten Grenzen des natürlichen Vermögens, ja fast über dieselben hinaus, dem kühnen Fluge des Willens zu folgen zwang, die auch dem hinfälligen äusseren Menschen eine unverwüstliche Lebenskraft und Ausdauer mittheilte, so dass an ihm jede Waffe der Feinde sich abzustumpfen und selbst das Dräuen der empörten Elemente ohnmächtig abzuprallen schien. Wer läse nicht heute noch mit Erstaunen jenes in schlichten Worten so gewaltig redende Verzeichniss seiner Leiden, welches acht Geisselungen, eine Steinigung, drei Schiffbrüche und unzählige Anfechtungen jeder Art aufweist?[2] Aus solchem Bewusstsein der unbestrittenen Herrschaft über sich selbst, verbunden mit dem Vertrauen auf die höhere Hand, in deren Schutz er sich wusste, erwuchs ihm ein unbeugsamer Muth, der die angeborene Zaghaftigkeit mehr und mehr überwand, ihn vor keiner Gefahr zurückschrecken und getrost das Leben für seine Sache einsetzen liess. Es kam hinzu eine ausserordentliche Beweglichkeit seines Geistes, die es ihm ermöglichte, bei eifersüchtiger Wahrung seiner Selbständigkeit sich leicht in die widersprechendsten Verhältnisse zu schicken und die Fesseln seiner Nationalität so weit abzustreifen, dass er sich mühelos fremder Eigenart anbequemen und, wie den Juden ein Jude, so den Griechen ein Grieche werden konnte[3]. Erleichterte ihm diese

---

[1] 1 Kor. 2, 3. 2 Kor. 7, 5. 11, 6.
[2] 2 Kor. 11, 23 ff.
[3] 1 Kor. 9, 19 ff.

Seite seiner Individualität die Annäherung auch an schwer zugängliche Kreise, so gewann er sich alsbald Achtung und Vertrauen durch seine selbstlose Uneigennützigkeit, durch jenes
zarte und empfindliche Ehrgefühl, mit dem er oft auf das
ihm zustehende Recht leiblichen Unterhalts von Seiten derjenigen, denen er die geistliche Speise seines Evangeliums
darbot, freiwillig verzichtete, um nur sein eigenes Brod zu
essen[1]. Mehr aber als Achtung, die innige Liebe aller derer,
denen er Führer zu einem höheren Leben geworden war,
erwarb er sich durch seine ungetheilte Herzenshingabe,
durch die mit der Stärke väterlicher und mütterlicher Empfindung sich äussernde Liebe, mit der er alle seiner Sorge
Befohlenen auf dem Herzen trug, und jene gewissenhafte
Treue, die jedem Einzelnen nachging, um über den unschein-
barsten Keim des neuen Lebens, den sie in ihm entdeckte,
die schirmende und pflegende Hand zu breiten[2]. Was aber
vor allem seinem Missionswerke glückliche Erfolge gewähr-
leistete, das war der glühende Eifer für seinen Beruf, der ihn
selbst die von Krankheit ihm abgerungene Musse zur Verkündigung des Evangeliums auszunutzen trieb[3], das war die
felsenfeste, über alle Zweifel und Schwankungen erhabene
Ueberzeugung von der Wahrheit und Heiligkeit des in ihm lebenden Glaubens, die ihn sein Evangelium als den Maassstab betrachten lässt, nach dem sich das Gottesgericht des jüngsten
Tages vollziehen wird, und sich am stärksten in dem gewaltigen
Wort ausspricht: "Wenn ein Engel vom Himmel ein anderes
Evangelium verkündigt, als ich verkündigt habe, verflucht sei
er[4]!" Halten wir alle diese Vorzüge mit den früher geschilderten
Mängeln zusammen, so erhellt zur Genüge, wie unübertreff-
lich er selbst sein Bild gezeichnet hat, wenn er von sich
sagt, dass er einen reichen Schatz in irdenem Gefässe trage[5].

Rechnen wir noch einige nicht unerhebliche Aeusserlich-
keiten hinzu, wie die, dass er von Jugend auf an den Umgang mit

---

[1] 1 Thess. 2, 9. 2 Thess. 3, 7 ff. 2 Kor. 11, 7 ff.
[2] 1 Thess. 2, 7. 11. Gal. 4, 19. 1 Kor. 4, 15. Philem. 10.
[3] Gal. 4, 13.
[4] Röm. 2, 16. Gal. 1, 8 f.
[5] 2 Kor. 4, 7.

Griechen gewöhnt war und ihre Sprache mit Leichtigkeit
handhabte, dass seine Hingabe an den Beruf nicht durch
die Sorge um eine Familie beschränkt wurde und dass ihm
endlich vermöge seines römischen Bürgerrechtes an jedem
Orte der damals bekannten Welt ein sicherer Rechtsschutz
zur Seite stand[1], so dürfen wir, Alles zusammenfassend, als
Ergebniss unserer Betrachtung aussprechen, dass selten oder
nie im Dienste des Evangeliums ein Missionar ausgezogen
ist, der eine vollwichtigere Gewähr gedeihlichen Wirkens
in sich trug.

Nur spärliche Anhaltpunkte bieten sich uns für die Be-
urtheilung seines Reisegefährten Barnabas dar. Er scheint
eine ansehnliche Gestalt vor Paulus vorausgehabt zu haben[2],
während er an geistiger Bedeutung weit hinter diesem zurückblieb und ihm namentlich die feste Entschiedenheit und
durchgreifende Thatkraft des paulinischen Charakters abging, wie Vorkommnisse seines späteren Lebens beweisen.
So war es ganz natürlich, dass er, obwohl schon längere
Zeit als Prediger des Christenthums thätig, im Verlaufe der
gemeinsamen Wirksamkeit mehr und mehr von seinem überlegenen Gefährten verdunkelt wurde. Fast überall ist es
Paulus, der ausschliesslich das Wort führt, und gegen ihn
vorzugsweise entlädt sich die Wuth der erbitterten Feinde[3].
Die Apostelgeschichte hat dem Verhältniss der Unterord-
nung, in welches Barnabas von nun an zu stehen kommt,
den richtigen Ausdruck gegeben, wenn sie von hier ab da,
wo beide Namen zusammen zu nennen waren, gewöhnlich dem
des Paulus die erste Stelle anweist[4].

Die drei Missionsreisen, welche den grössten Theil der übrigen Lebenszeit des Apostels ausfüllen, haben in der Apostelgeschichte eine Darstellung gefunden, welche mehrfachem Bedauern Raum gibt. Dass die in dieser Schrift ihm beigelegten Reden
den Geist, der uns aus seinen Briefen entgegenweht, bis auf einige

---

[1] 1 Kor. 7, 7. 9, 5. Apg. 16, 37 ff. 22, 25 ff. 23, 27.
[2] Apg. 14, 12.
[3] Apg. 13, 9 ff. 16. 45. 14, 9. 19.
[4] Apg. 13, 43 (vgl. V. 13). 46. 50. 15, 2. 22. 35. (Ausnahmen nur
14. 14. 15, 12. 25).

dürftige Spuren ¡vermissen lassen, ist freilich bei ihrer anderwärts dargelegten Tendenz erklärlich genug. Aber auch,
was wir zu erwarten berechtigt wären, zusammenhängende
Nachrichten über die innern Verhältnisse, die Organisation
und Entwickelung der von Paulus gegründeten Gemeinden,
finden wir nur in spärlichem und unzureichendem Maasse und
wir sehen uns für diesen Mangel keineswegs entschädigt
durch die Freigebigkeit, mit welcher unwichtige Vorgänge
und legendenartige Züge, deren Geschichtlichkeit zum Theil
gewichtigen Bedenken unterliegt, ausführlicher Berichterstat-
tung gewürdigt werden. Trotzdem sind die Mittheilungen
dieser Schrift insoweit von hohem Werth, als ihr Verfasser
zuverlässige Unterlagen benutzt hat, die noch hie und da durch
die Darstellung seiner überarbeitenden Hand durchschimmern,
wie ihm denn für die Schilderung der ersten Missionsreise
wahrscheinlich Aufzeichnungen antiochischer Christen, für
die der späteren' sicher die Reiseerinnerungen eines Be-
gleiters des Paulus zu Gebote standen. Eine erschöpfende
Wiedererzählung des in der Apostelgeschichte von diesen
Reisen Berichteten, bei welcher zugleich alle Einzelheiten
auf ihren historischen Gehalt anzusehen wären, verbietet
einerseits die Kürze der uns zugemessenen Zeit, andererseits
lässt sie ¡der Zweck unseres Unternehmens entbehrlich
und wenig lohnend erscheinen. Nur das liegt uns ob, mit
Benutzung eines aus jenen Berichten herauszuhebenden geschichtlichen Kerns den Gang der Missionsthätigkeit des
Apostels im Ganzen und Grossen zu zeichnen und seine
Reisen nach ihren Hauptstationen zu verfolgen, wobei die
Möglichkeit, dass auch der nicht berücksichtigte Erzählungs-
stoff noch manche geschichtliche Elemente in sich schliesse,
selbstverständlich offen bleibt.

Die beiden Apostel Paulus und Barnabas und der ihnen
als apostolischer Gehilfe zugesellte Johannes Marcus begaben
sich zuerst nach der drei Meilen von Antiochia gelegenen
festen Seestadt Seleucia, in deren Hafen sie zu Schiffe
gingen. Ihr nächstes Reiseziel war das kaum zwölf Meilen
entfernte Cypern, das Vaterland des Barnabas, der hier in
seinen früheren Verbindungen und seiner Kenntniss der ört-

lichen Verhältnisse bedeutsame Stützpunkte für das Missionswerk besitzen mochte. Cypern, nach Sicilien die grösste Insel des Mittelmeeres mit einem Flächeninhalte von dreihundert Quadratmeilen, war von der Natur mit verschwenderischer Fruchtbarkeit und einem ungemeinen Reichthum edler Bodenerzeugnisse ausgestattet und deshalb, sowie vermöge seiner günstigen Lage in der Nähe dreier Erdtheile und seiner trefflichen Häfen schon im grauen Alterthum zu einem der ersten Stapelplätze des Welthandels geworden. Noch vor den Griechen hatten sich hier die Phönizier niedergelassen und eine Anzahl Colonien gegründet, deren Bewohner sich schon frühzeitig eines behaglichen Wohlstandes erfreuten, aber damit auch mehr und mehr in Verweichlichung und Unsittlichkeit versanken. Glänzender als an einem andern Orte der alten Welt entfaltete hier der Cultus der Venus, die von dieser Insel den Namen Cypria erhielt, alle seine verführerischen Reize. Prächtige Heiligthümer voll der kostbarsten Weihgeschenke erhoben sich zu Ehren der Göttin und die Namen der Städte Amathus und Paphos wecken sofort die Erinnerung an das ausgelassene Leben, welches die dortigen berühmten Tempel umspielte. Aber neben den Stätten, an welchen das Heidenthum der Göttin üppiger Sinnlichkeit huldigte, entstanden auch bald zahlreiche Synagogen, da die günstigen Handelsverhältnisse viele Juden nach der ihrem Vaterlande nahe gelegenen Insel lockten und diese auch hier treulich an dem Gesetz und den Ueberlieferungen ihrer Väter hielten[1].

Die Glaubensboten von Antiochia landeten an der Ostseite in dem bequemen Hafen der alten Königsstadt Salamis und durchwanderten von da predigend die ganze Insel, bis sie nach Neupaphos, der am meisten westlich, $1^1/_2$ Meile von dem alten hochgefeierten Paphos liegenden Stadt kamen, die, unter Augustus' Regierung von einem Erdbeben zerstört, sich durch die freigebige Unterstützung des Kaisers unlängst wieder aus ihren Trümmern erhoben hatte[2]. Von hier aus

---

[1] Strabo 14. 682 f. Tac. Hist. 2, 2—4. Joseph. Alterth. XIII, 10, 4. jud. Krieg II, 7, 2.

[2] Strabo 14. 683. Dio Cass. 54, 23.

gelangten sie zu Schiffe nach der Küste Pamphyliens und
gingen von der Mündung des Flusses Cestrus stromaufwärts
nach dem drei Stunden entfernten Perge mit seinem reichen
Dianatempel, wo Marcus Lust und Muth zu weiterer Be-
theiligung am Missionswerke verlor und sich wider Paulus'
Willen von ihm und Barnabas trennte, um nach Jerusalem
zurückzukehren. Die beiden Apostel schlugen sodann die
nördliche, nach Pisidien führende Strasse ein und machten
zuerst Halt in Antiochia, der auf dem Gebirge Taurus gelegenen Hauptstadt des Landes. Hier lehrten sie zwei Sabbathe hinter einander in den Synagogen und gewannen
eine nicht unbeträchtliche Anzahl von Juden und Griechen
für das Christenthum, so dass ihre Wirksamkeit unter der
vorwiegend heidnischen Bevölkerung Aufsehen zu erregen
begann. Um so heftiger war die Erbitterung der orthodoxen
Judenschaft, welche die Heiden dermaassen gegen die Verkündiger des neuen Glaubens aufreizte, dass diese die Stadt
verlassen mussten. Sie wandten sich nun südöstlich in die
Landschaft Lykaonien, deren Hauptstadt Ikonium am Fusse
des Taurus in einer fruchtbaren Ebene lag. Hier predigten
sie wieder in der Synagoge und zwar mit solchem Erfolge,
dass eine grössere Anzahl von Juden und Heiden zum
Christenthum übertrat. Aber von Neuem erhob sich gegen
sie der Sturm, der sie aus Antiochia vertrieben, und sie sahen
sich nach längerem Aufenthalt zur Flucht gezwungen. So
verlegten sie ihren Wirkungskreis in die kleinen Städte
Lystra und Derbe und deren Umgegend. In Derbe bekehrte Paulus wahrscheinlich jenen Gajus, der ihn auf
seiner letzten Reise nach Jerusalem begleitete[1]. Doch selbst
hierher verfolgte sie der Hass der Juden von Antiochia und
Ikonium, die in Lystra den Pöbel zu solcher Wuth gegen
Paulus aufstachelten, dass er gesteinigt wurde und für
todt liegen blieb. Indessen erholte er sich von den erlittenen
Misshandlungen bald wieder so weit, dass er sich mit
Barnabas nach Derbe zu begeben vermochte, von wo ihn
wenige Tagereisen über Tarsus nach Antiochia, dem Aus-
gangspunkte seiner Reise, bringen konnten. Aber der

[1] Apg. 20, 4.

Muth der beiden Missionare war noch nicht gebrochen und, ohne der Gefahr zu achten, die ihnen von ihren jüdischen und heidnischen Feinden drohte, beschlossen sie auf dem nämlichen Wege, den sie bereits durchmessen, in ihre Heimat zurückzukehren, um die jungen Früchte ihrer apostolischen Thätigkeit, so viel an ihnen lag, vor Verkümmerung zu bewahren. Wieder verweilten sie unter den Neubekehrten von Lystra, Ikonium und Antiochia, gestalteten ihre Gemeindeverhältnisse nach dem Muster der Mutterkirche und suchten sie durch den Hinweis, dass der Weg in das Gottesreich durch Leiden und Drangsal gehe, gegen die Gefahren des Abfalls zu schützen, mit denen sie die gehässigen Anfeindungen ihrer früheren Glaubensgenossen bedrohten. Nachdem sie Pisidien durchzogen, hielten sie sich predigend eine Zeit lang in Perge auf, das sie bei dem ersten Besuche dieser Gegend nur flüchtig berührt hatten und schifften sich alsdann in der nahen Seestadt Attalia ein, von wo sie eine ununterbrochene Fahrt längs der cilicischen Küste bald nach Antiochia führte, reich an trüben wie an freudigen Erfahrungen, aber gehoben durch das Bewusstsein, auf heidnischem Boden eine Riehe vielversprechender Gemeinden gestiftet und damit eine sichere Grundlage für die weitere Ausbreitung des Christenthums geschaffen zu haben.

Noch grösser fast war der persönliche Gewinn, welchen dem Paulus diese Reise eintrug. Denn erst mit ihr tritt er in die Stellung ein, die er seitdem mit solchem Nachdruck und Erfolg behauptet, erst durch sie wird er in der That und Wahrheit zum Heidenapostel.

Nach dem Berichte der Apostelgeschichte hatte er sich in den Städten, die er auf dieser Reise berührte, mit seiner Predigt zunächst immer an die Juden gewendet. Gewiss lag ihm nichts näher als diess. Auch abgesehen davon, dass die Einrichtung ihres Gottesdienstes die günstigste Gelegenheit zu einem ersten Meinungsaustausche bot, waren sie ja seine Volksgenossen, mit denselben Bildungselementen genährt wie er, mit dem Gesetze und den Propheten wohl vertraut und gleich ihm messianischen Hoffnungen hingegeben, und so konnte er von ihnen wohl am ehesten eine gläubige Annahme seines Evangeliums erwarten. Und doch hatte er sich in ihnen am meisten getäuscht. Sie gerade waren es, die ihm den schroffsten Widerspruch und die hartnäckigste Verstocktheit entgegensetzten, die seine Person und sein Werk mit dem tödtlichsten Hasse verfolgten, die selbst weite Wege nicht scheuten, um dem Prediger des Christenthums, den sie aus der ersten Stadt vertrieben, in der zweiten womöglich das Leben zu rauben. Dagegen hatte er unter den Heiden, wenn sie es auch nicht ganz an Aeusserungen einer feindseligen Gesinnung fehlen liessen, doch im Allgemeinen eine weit günstigere Aufnahme und ein viel bereitwilligeres Entgegenkommen gefunden, als er von ihnen voraussetzte. Die Gründe dieser auf den ersten Blick auffälligen Erscheinung sind nicht schwer zu entdecken. Die Juden brüsteten sich mit dem Vorrecht, das auserwählte Volk Gottes und im Besitze der allein wahren Religion zu sein, und dieser Stolz erhielt gerade damals neue Nahrung durch die grosse Menge von Proselyten, welche dem mosaischen Glauben aus dem Heidenthum zuströmten. Der von jeher in diesem Volke sich kundgebende Hang zur Unduldsamkeit gegen Andersdenkende musste in seiner ganzen Stärke da hervortreten, wo das Gesetz, dieses Palladium des Judenthums, für unvollkommen und unzulänglich erklärt wurde, wie diess von Paulus geschah. Ueberdiess nahmen sie an dem Stifter des Christenthums denselben Anstoss, den er einst genommen, da sich für den Kreuzestod innerhalb ihrer Messiasideen kein Raum fand. Ganz anders die Heiden jener Zeit. Längst schon hatten sich die heidnischen Religionen ausgelebt und nur die äusseren Cultusformen waren stehen geblieben als traurige Ruinen jenes stolzen Prachtbaues, in dem sich die Menschheit des homerischen Zeitalters heimisch gefühlt hatte. Wohl erhoben sich noch herrliche Göttertempel an altheiligen Stätten, aber nur die Macht jahrhundertlanger Gewohnheit führte ihnen Opfer und Weihgeschenke zu. Gedankenlos, dem Glauben der Väter auf immer entfremdet, lebte die grosse Menge dahin, bessere Köpfe geisselten mit bitterem Hohne Alles, was der Vorzeit ehrwürdig gewesen, tiefere Gemüther, in denen das religiöse Bedürfniss noch nicht erloschen war, suchten Be-

friedigung in den Schulen der Weltweisheit oder in den
zahlreichen Geheimbünden oder in den phantastischen Cul-
ten des Morgenlandes. Vorzüglich aber wandte sich dem
Judenthume das steigende Interesse der höheren Gesellschaftskreise zu und die spätere römische Literatur ist erfüllt von den Klagen patriotischer Männer, die im Hinblicke
auf die unwiederbringlich entschwundene alte Zeit die in
steter Zunahme begriffenen Erfolge jüdischer Proselyten-
macherei verwünschen. [1] Denjenigen Heiden aber, die durch
ihren Anschluss an eine Judengemeinde bereits in den Vorhof des Christenthums eingetreten waren, konnte eine Religion, die sich selbst als Vollendung der mosaischen gab
und so viele über den Standpunkt des Alten Testaments hin-
ausliegende Elemente der reinsten Sittlichkeit in sich schloss,
nicht unwillkommen sein, zumal da sie die lästigen Forderungen des jüdischen Gesetzes, denen sich die Heiden immer seufzend und mit Widerstreben unterwarfen, wenn auch
nicht sogleich aufhob, so doch in ihrem Werthe herabsetzte
und in ihrer Zahl verminderte. Aber auch solchen, die noch
kein Verhältniss zum Judenthum angeknüpft, konnte es bei
nur einigermassen unbefangener Betrachtung nicht verborgen bleiben, dass im Evangelium ihren nach dem Höheren
und Ewigen dürstenden Seelen ein Quell eröffnet sei, wie
ihn weder griechische Weltweisheit noch orientalische My-
stik in gleicher Frische und Ursprünglichkeit zu bieten vermochte. So kam es, dass der unter den Heiden ausgestreute
Same des Christenthums meist auf ein gutes Land fiel.

Diese Erfahrung mochte in Paulus wohl zuerst den Zweifel wachrufen, ob denn wirklich das auserwählte Volk des
Alten Testaments auch für den Neuen Bund vor allen andern
auserwählt sei. Von hier aus war es nicht mehr weit zu dem
Resultat, dass auch die Heiden schon als solche zum messianischen Heile berufen seien und sogleich vom Heidenthume
aus als vollberechtigte Bürger in das Gottesreich eingehen
könnten. Dass die Herrschaft des Gesetzes durch Christi
Tod gebrochen sei, war ihm bereits früher auf dem Wege

---

[1] Cic. pro Flacco 28. Juvenal. 14, 100 ff. Tac. Hist. 5, 4. 5. Plin.
ep. 10, 97. Dio Cass. 52, 36.

denkender Betrachtung zum Bewusstsein gekommen. Die
Consequenz verlangte gebieterisch, dass diese richtige Erkenntniss auch für die Praxis fruchtbar gemacht werde.
Wenn das Gesetz den Christen einmal nicht zum Heile ver-
helfen kann, warum dann noch die Gewissen beschweren
mit den mancherlei drückenden Vorschriften, die so viele
Schwache vom Judenthume zurückschreckten und ernstere
Gemüther durch die Unmöglichkeit ihrer Befolgung mit fortwährend er Angst erfüllen mussten?

So that Paulus den grossen Schritt, dessen Bedeutung
man nur dann vollständig ermisst, wenn man weiss, wie eng
dieses Gesetz mit der ganzen jüdischen Natur verwachsen
war und wie selbst die geringfügigste Forderung desselben
als ewig gültiges göttliches Gebot angesehen wurde. Welch
ein unerhörter und unsühnbarer Frevel in den Augen nicht
bloss der Juden, sondern auch der strengen Judenchristen,
das Gesetz für aufgehoben und unverbindlich zu erklären,
das einst Moses auf den Höhen des Sinai aus Gottes Hand
empfangen! Zwar hatte auch die frühere Zeit vereinzelte
Ansätze zu solcher Auflehnung gegen den Mittler des Alten
Bundes aufzuweisen und Paulus konnte sich für seine kühne,
aus der Selbstgewissheit eines lebendigen Glaubens fliessende
Handlungsweise auf gefeierte Vorgänger berufen, auf den
frommen König Hiskia, der ein altes Nationalheiligthum,
die von Moses zu einem Rettungszeichen geweihte eherne
Schlange, beseitigt, auf einen Jesaja, der einen wichtigen
Theil der Gesetzesforderungen, Opfer und Feste für werth-
los erklärt hatte, vor allen auf seinen auch von den Judenchristen als Messias anerkannten Meister, der unbekümmert
das Sabbathgesetz übertrat und für die seinem Beispiele folgenden Jünger Worte der Rechtfertigung anstatt des Tadels hatte[1]. So war die Mauer altjüdischer Gesetzlichkeit
schon an mehr als einer Stelle durchbrochen, aber sie völlig
in Trümmer zu legen, blieb Paulus vorbehalten. Ein so entschiedener Bruch mit der heiligen Ueberlieferung, wie er ihn
vollzog, war durchaus neu und unerhört. Fortan brauchte

---

[1] 2 Kön. 18, 4. Jes. 1, 13 f. Marc. 2, 23 ff.

kein Heide, der zum Christenthum übertreten wollte, sich
der Beschneidung zu unterwerfen, jeder Unterschied zwischen
reiner und unreiner Speise sollte verschwinden, die Feier des
Sabbaths so gut wie die des Neumonds für immer abgeschafft
sein. Gewiss sind diese gewaltigen Neuerungen nach ihrem
ganzen Umfange eine Frucht der Erfahrungen seiner ersten
grossen Missionsreise, wenn es auch in Antiochia schon früher an Vorbereitungsstufen für dieselben nicht gefehlt haben
mag. Aber erst jetzt müssen sie zum festen, allgemein gülti-
gen Brauch der dortigen Kirche erhoben worden sein, denn
erst jetzt beginnt eine nachdrückliche Gegenwirkung von
judenchristlicher Seite, die ihren Ausgang von Jerusalem
nimmt und dort ihren wichtigsten Stützpunkt hat.

Dort am Sitze des gesetzeseifrigen Judenchristenthums
konnte man die freie Kirche zu Antiochia nicht ohne weiteres gewähren lassen. Allerdings schloss die Urgemeinde zwei
Richtungen, eine strengere und eine mildere, in sich und Petrus zählte zu den Vertretern der letzteren. Aber gewiss ist,
dass die strenge Partei den grössern Einfluss übte und nicht
unwahrscheinlich, dass ehemalige Pharisäer den Kern derselben ausmachten. Einige dieser Gesetzesfreunde richteten
ihr Augenmerk auf Antiochia und begaben sich dorthin, um
dem nach ihrer Ueberzeugung unheilvollen Walten des Paulus einen Riegel vorzuschieben. Noch nach Jahren spricht
Paulus mit schneidender Schärfe von ihnen, andeutend, dass
ihre Wege nicht die geradesten waren, nennt er sie „einge-
drungene falsche Brüder, die sich eingeschlichen haben, um
unsere Freiheit in Christo auszukundschaften, damit sie uns
zu Knechten machten" [1]. Wirklich gingen, wie Paulus sofort
richtig erkannte, ihre Bestrebungen auf nichts Geringeres,
als auf völlige Vernichtung der evangelischen Freiheit, deren
sich die antiochische Gemeinde erfreute. Das ewige Heil
und die Theilnahme am Messiasreich, lehrten sie, sei abhängig von genauer Befolgung des mosaischen Gesetzes und
insbesondere sei die Beschneidung eine unerlässliche Vorbedingung. Es ist leicht zu ermessen, wie Paulus in den inner-

---

[1] Gal. 2, 4, vgl. Apg. 15, 1.

sten Tiefen seines Herzens von einem solchen Angriffe aufgeregt werden musste, der sein kaum gegründetes Geistes-
werk zu vernichten und die jüngst zerbrochenen Ketten aufs
Neue zu schmieden drohte. Was war in solcher Lage zu
thun? Durch sein Ansehen und den Eindruck seines bisherigen Wirkens konnte er möglicherweise in Antiochia den
heranziehenden Sturm beschwören, allein, was war damit
gewonnen, wenn derselbe Streit in Gemeinden, denen seine
persönliche Gegenwart nicht zu gute kam, immer wieder entbrannte, wenn die Berechtigung einer gesetzesfreien, von
Mosès unabhängigen Richtung des Christenthums beharrlich
verneint wurde und diejenigen, welche sie bekämpften, sich
mit der Auctorität der älteren Apostel deckten, um so mit
leichterer Mühe arglose Gemüther zu berücken? So fasste
Paulus den Entschluss, der seinem entschiedenen, überall die
Dinge bei der Wurzel erfassenden Charakter allein entsprach:
er beschloss, sich den Gegnern in ihrer eigenen Burg zu stellen und die Anerkennung seines Evangeliums von ihnen zu
erringen. Eine Vision, welche zeigt, wie angelegentlich diese
Streitfrage seinen Geist beschäftigte, brachte seinen Plan
vollends zur Reife. So zog er denn hinauf nach Jerusalem,
das er seit vierzehn Jahren nicht wieder gesehen hatte, ihm
zur Seite sein treuer Mitarbeiter am Missionswerk, Barnabas,
und ein nicht durch das Judenthum hindurchgegangener Heidenchrist, Titus, dessen Gegenwart den Judenchristen
recht handgreiflich vor Augen rücken konnte, wie wenig
Paulus gesonnen sei, seinem bisher vertretenen Standpunkte
untreu zu werden [1].

Wenn wir jetzt die einzelnen Momente einer Verhandlung in's Auge fassen, die in der Geschichte des Christenthums einen der denkwürdigsten Wendepunkte bildet, so
muss sich unsere Betrachtung, will sie anders den historischen Thatbestand richtig ermitteln, allein der Leitung des klaren und unzweideutigen Berichtes anvertrauen, den das zweite
Kapitel des Galaterbriefes bietet, und auf jeden Versuch verzichten, denselben mit der Darstellung des fünfzehnten Ka-

[1] Gal. 2, 1 ff.

pitels der Apostelgeschichte in Einklang zu setzen. Nirgends sonst tritt der Widerstreit zwischen dem entschiedenen Apostel und der vermittelnden Apostelgeschichte so scharf und überzeugend zu Tage wie hier. Jedes Unternehmen, die hier vorliegenden Widersprüche zu heben, bringt in Darstellungen, deren jede, für sich betrachtet, verständlich ist, Verwirrung und Unklarheit, gefährdet die Glaubwürdigkeit beider Berichte, während ausserdem bloss die des einen preisgegeben zu werden braucht, und lässt überdiess auf den sittlichen Charakter und die Wahrheitsliebe des Apostels Paulus dunkle Schatten fallen, die das leuchtende Bild, das uns aus seinen Briefen entgegentritt, nur trüben und verunstalten können.

Verfolgen wir also den Gang der Verhandlungen zu Jerusalem lediglich nach Paulus' Mittheilungen.

"Ich zog hinauf", erzählt er, "und legte ihnen das Evangelium vor, das ich verkündige unter den Heiden, insgeheim aber den Angesehenen, ob ich nicht etwa vergeblich laufe oder gelaufen sei:" Als diese "Angesehenen" nennt er unmittelbar darauf Jakobus, Petrus und Johannes, „die Säulen"'der jerusalemischen Gemeinde. Die Reihenfolge dieser Namen scheint keine ganz zufällige zu sein, sondern auf der verschiedenen Rangstufe ihrer Träger zu beruhen. Als Paulus zum ersten Mal nach seiner Bekehrung Jerusalem besuchte, geschah es, um Petrus kennen zu lernen, den wir sonach als die wichtigste Person, als das Haupt der dortigen Gemeinde zu jener Zeit werden voraussetzen müssen. Dieser war ein feuriger, für alles Gute rasch empfänglicher Charakter, den daher Jesus seines vertrauteren Umganges und der ersten Stelle im Jüngerkreise gewürdigt hatte, aber keineswegs der Mann felsenfester Entschiedenheit, auf den sein Name deutet, vielmehr zu übergrosser Nachgiebigkeit geneigt und von Menschenfurcht stark beeinflusst, wie diess schon seine Verleugnung Jesu gezeigt hatte und seine spätere Handlungsweise noch klarer zeigen sollte. So konnte es geschehen, dass in einer Zeit, wo sich der Gegensatz des Heidenchristenthums und Judenchristenthums zu schärfen begann und in der Urgemeinde die strengste Richtung des letzteren überwog, bald

der weit entschiedenere Jakobus ihm den Rang abgewann
und sich zum Haupte der Urgemeinde aufschwang. Dieser,
mit dem Beinamen "der Bruder des Herrn", erscheint auch
nach seiner Bekehrung als ein echter Israelit, in dem kein
Falsch war, aber auch kein Funke von dem Geiste seines
grossen Verwandten. Die Schilderung, die ein alter Kirchen-
schriftsteller von ihm entwirft, erinnert mehr an einen jüdischen Nasiräer oder mindestens an einen Schüler des Täufers Johannes, als an einen Jünger Jesu. "Dieser war von
Mutterleib an heilig. Wein und Cider trank er nicht. noch
ass er Belebtes. Ein Scheermesser kam nicht auf sein Haupt,
mit Oel salbte er sich nicht und Bäder nahm er nicht. Ihm
allein war es gestattet, in das Heilige hineinzugehen. Denn
er trug auch kein wollenes Kleid, sondern Linnen. Und allein
ging er in den Tempel und man fand ihn dort auf den Knieen
liegend und für das Volk um Vergebung flehend, so dass
·seine Kniee abgerieben wurden nach Art eines Kameels, weil
er immer im Gebete zu Gott die Kniee beugte und um Vergebung für das Volk flehte. Wegen seiner ausserordentlichen
Gerechtigkeit hiess er der Gerechte." [1] Neben diesen beiden
Männern steht als dritter Johannes, den Paulus nur einmal
flüchtig nennt, ohne uns Anhaltpunkte für seine Charakte-
ristik zu geben. Dass aber auch er keiner freieren Richtung
huldigte, das beweist sein Auftreten im Jüngerkreise Jesu,
in dem Engherzigkeit und Unduldsamkeit sich öfter verrathen [2], und wenn, wie sehr wahrscheinlich ist, das letzte
Buch des Neuen Testamentes, die Apokalypse, von seiner
Hand herrührt, so hat er noch am Abend seines Lebens dem
hochgespannten Selbstbewusstsein des Judenchristenthums
und seiner Hoffnung baldiger Weltherrschaft glühenden Ausdruck gegeben.

Das waren die Männer, vor welche Paulus mit seinem
Heidenevangelium trat. Wenn er den Titus in der Erwartung zu seinem Begleiter erwählt hatte, dass dessen Persönlichkeit den Judenchristen Anlass zur Geltendmachung ihrer

---

[1] Hegesippus bei Eusebius, K. G. 2, 23. s. Erl. 12.
[2] Marc. 9, 38. Luc. 9, 49. 51 ff.

Forderungen bieten würde, so hatte ihn diese Voraussicht nicht betrogen. Denn wirklich wurde die Zumuthung an Titus gestellt, dass er das bei seiner Bekehrung Versäumte nachholen und sich jetzt noch der Beschneidung unterziehen sollte. Aber mit aller Entschiedenheit wies Paulus dieses Ansinnen zurück, der nach seiner eigenen Versicherung den falschen Brüdern auch nicht auf eine Stunde nachgab, damit die Wahrheit des Evangeliums bei ihm bleibe. Man kam darauf zur Auseinandersetzung über dieses sein Evangelium. Zwar theilt er uns über den Inhalt seiner Reden nichts mit, doch können wir aus der Behandlung, welche dieser Gegenstand in seinen Briefen gefunden hat, den Schluss ziehen, dass er von dem beiden Parteien gemeinsamen Boden des Alten Testaments ausgegangen sein werde, um das gute Recht seiner Sache zu begründen. Er konnte ja so manche Schriftstelle für sich anführen, die über die Schranken jüdischer Ausschliesslichkeit hinausging; er konnte darauf hinweisen, dass das Prophetenwort: "Ich mache dich zum Lichte der Völker, dass mein Heil reiche bis an's Ende der Erde"[1], jetzt in seinem Wirken die endliche Erfüllung finde. Aber mehr als solche Stellen, denen sich von den Judenchristen immer wieder andere entgegenhalten liessen, fielen doch die bereits erzielten Früchte seiner apostolischen Thätigkeit in's Gewicht. Eine ganze Reihe blühender Gemeinden, die er gestiftet und organisirt hatte, legten ein lautredendes Zeugniss dafür ab, dass das Christenthum auch da, wo es nicht im Boden jüdischer Gesetzlichkeit wurzele, dennoch alle in ihm liegenden Kräfte zu bewahren und zur Entfaltung zu bringen vermöge. Konnten die Urapostel vor dieser Erscheinung ihre Augen verschliessen? Wenn es sie auch lieber gesehen hätten, dass die neuen Gemeinden auf dem Grunde des Judenthums erbaut worden wären, so viel mussten sie doch einräumen, dass der Uebergang vom Heidenthum zum Heidenchristenthum unter allen Umständen als ein Fortschritt zu betrachten sei.

Aber hier schieden sich auch ihre Wege von denen des Paulus. Ein Aufgeben des eigenen, so lange mit Beharr-

---

[1] Jes. 49, 6, vgl. Apg. 13, 47.

Krenkel, Paulus. 5

lichkeit vertretenen Standpunktes war von ihnen nicht zu erwarten und auf diesem Standpunkte war es schon ein bedeutendes Zugeständniss, wenn sie, jedenfalls die Erfolglosigkeit jedes derartigen Versuches voraussehend, sich der Forderung enthielten, dass Paulus judenchristliche Elemente in seine Verkündigung des Evangeliums aufnehmen solle. So muss es immerhin als ein Gewinn dieser Verhandlungen erscheinen, dass eine Einigung zu Stande kam, welche mindestens dem guten Willen beider Parteien, die nun einmal sich nicht innerlich verschmelzen konnten, zur Ehre gereichte. Paulus selbst erzählt, dass die Häupter der jerusalemischen Gemeinde die ihm verliehene Gnade erkannten und darin ihm zustimmten, dass es derselbe Gott gewesen sei, der dem Paulus zu seinen Erfolgen unter den Heiden und dem Petrus zu den seinigen unter den Juden verholfen habe. Daher gaben sie ihm und Barnabas den Handschlag zum Zeichen der christlichen Gemeinschaft und schlossen mit beiden die Vereinbarung, dass sie selbst ihre Thätigkeit auf die Kreise des Judenthums beschränken, jene aber unter heidnischer Bevölkerung das Evangelium verkündigen sollten. Somit erlangte Paulus von den Uraposteln eine förmliche Anerkennung seines Heidenevangeliums, an welche sich für ihn nur die eine Bedingung knüpfte, der zahlreichen armen Christen in Jerusalem eingedenk zu bleiben, eine Verpflichtung, der er auch stets gewissenhaft nachgekommen ist.

Mit diesem klaren und in der ganzen Sachlage gegründeten Verlaufe der Verhandlung steht die Darstellung der Apostelgeschichte in unvereinbarem Widerspruche. Es wird der Mühe lohnen, ihren Bericht etwas schärfer in's Auge zu fassen, da wir durch Paulus' ausführliche Mittheilungen in den Stand gesetzt sind, ihre Angaben hier einer genaueren Prüfung als anderwärts zu unterziehen. Nach der Apostelgeschichte werden von der Gemeinde zu Antiochia, nachdem die judenchristlichen Eiferer hier mit ihren Forderungen aufgetreten sind und heftige Zwistigkeiten hervorgerufen haben, Paulus, Barnabas und einige Andere nach Jerusalem abgeordnet, um aus dem Munde der dortigen Christen eine Entscheidung der angeregten Streitfrage einzuholen. Von

der jerusalemischen Gemeinde, den Aposteln und Presbytern
willkommen geheissen, erzählen die Abgesandten, was Gott
bisher durch sie ausgerichtet habe, worauf die judenchristliche Partei ihre frühere Forderung erneuert. Nun findet
im Beisein der zu diesem Zwecke berufenen Gemeinde eine
Verhandlung statt, deren Schilderung schon ganz an die
späteren zur Erörterung dogmatischer Fragen zusammentre-
tenden Kirchenversammlungen erinnert, daher man diese
Versammlung von jeher als das erste ökumenische Concil
betrachtet hat. Unter den Sprechern wird zuerst Petrus
namhaft gemacht, der auf die allbekannten Erfolge seiner
Missionsthätigkeit unter Heiden hinweist und mit der Mahnung schliesst, dass man das Joch des Gesetzes, welches
selbst die Juden nicht zu tragen vermochten, um so weniger
auf den Hals der Heiden legen dürfe, da ja beiden, Juden
wie Heiden, das Heil nur aus dem Glauben komme, eine
Rede, die so ganz im Sinne der paulinischen Richtung gehalten ist und das, was sich in der Kürze für dieselbe sagen
lässt, so klar ausspricht, dass Paulus und Barnabas für ihre
Sache nicht weiter einzustehen, sondern den Vorredner nur
durch die Erzählung der Wunderthaten zu ergänzen brauchen, die Gott ¹durch sie unter den Heiden gewirkt habe.
Hierauf erhebt sich Jakobus, der die Berechtigung seines
eben so freisinnigen Standpunktes mit alttestamentlichen
Schriftstellen erhärtet und zuletzt beantragt, dass die Heiden
nur zur Enthaltung vom Götzenopferfleisch, vom Erstickten
und Blut und von Hurerei, d. h. nach der wahrscheinlichsten
Erklärung, von den im mosaischen Gesetze verbotenen Ehe-
graden¹, verpflichtet werden sollen. Dieser Antrag wird sofort zum Beschluss erhoben und durch ein Decret, welches
Paulus und Barnabas und zwei Glieder der jerusalemischen
Gemeinde überbringen, den Christen in Antiochia, Syrien
und Cilicien mitgetheilt, die über diese Entscheidung ihre
volle Befriedigung zu erkennen geben.

Selbst wenn man den apostelgeschichtlichen Bericht
noch nicht mit dem des Paulus zusammenhält, muss er hinsichtlich seiner Glaubwürdigkeit gewichtige Bedenken

---

¹ 3 Mos. 18. S. Baur I. S. 162.

wecken. Es liegt nach demselben zuerst auf der Hand, dass
nicht Paulus und Barnabas den jerusalemischen Aposteln
gegenüberstehen, sondern erstere mit letzteren vereint die
Sache des Heidenchristenthums gegen die judenchristlichen
Eiferer vertreten. Hier erhebt sich sofort die Frage: Wenn
die Häupter der Judenchristen mit denen der Heidenchristen
so einig waren, wie konnte dann jemals ein Streit über die
Berechtigung des Heidenchristenthums ausbrechen? Und
wenn er ausbrach, wie konnte er so grosse Bedeutung gewinnen, da jene namenlosen Judenchristen, die in der Haupt-
versammlung nicht einmal das Wort zur Begründung ihrer
Forderungen ergreifen, der Auctorität sämmtlicher Apostel
jedenfalls nicht mit Erfolg Trotz zu bieten vermochten? Die
naheliegende Ausrede, dass erstere vielleicht an der jerusalemischen Gemeinde einen kräftigen Rückhalt gehabt haben mögen, schneidet die Apostelgeschichte selbst ab, indem
sie diese Gemeinde die Vorschläge des Jakobus, die doch
ganz und gar nicht im Sinne des strengen Judenchristenthums waren, ohne weitere Verhandlung alsbald annehmen
lässt. Und dieser Jakobus selbst — wie unverständlich ist
sein ganzes Benehmen! Dieser freisinnige Vertreter des Heidenchristenthums, der Petrus und Paulus für sich und die
ganze Gemeinde hinter sich hat, wird den so eben unumwunden ausgesprochenen Grundsätzen der evangelischen
Freiheit in demselben Athemzuge wieder untreu, indem er
den Heidenchristen eine Reihe von Verpflichtungen auferlegt, die für diese, wie wenig sie auch den Judenchristen
genugthaten, immerhin als eine beschwerliche Last gelten
konnten. Blicken wir aber von ihm auf Petrus, wie überflüssig erscheint dann die ganze mit so feierlichem Pomp
umgebene Verhandlung! Wenn dieser wirklich schon unter
Zustimmung der jerusalemischen Christen als Heidenapostel
thätig gewesen ist, so muss die verhandelte Frage ja längst
entschieden sein und kann nicht 'die Apostel und die Gemeinde völlig unvorbereitet als etwas Neues überraschen.
Und wirklich brauchen wir bloss einige Blätter der Apostelgeschichte zurückzuschlagen, so lesen wir, wie Petrus selbst
Heiden bekehrt, tauft und mit ihnen Tischgemeinschaft hält,

und, von den Judenchristen zur Rede gesetzt, sich so siegreich vertheidigt, dass sich ihre Anklagen in lauten Preis
und Dank gegen Gott auflösen[1]. Gehen wir aber in derselben Schrift einige Schritte vorwärts, so stösst uns ein Widerspruch entgegengesetzter Art auf, indem sie uns noch nicht
volle zehn Jahre nach dem Apostelconvent von einer unter
Jakobus' Leitung stehenden und nach Tausenden zählenden
Christengemeinde in Jerusalem zu berichten weiss, deren Anhänger sämmtlich Eiferer für das Gesetz sind[2]? Wie diese
Richtung an einem Orte herrschend werden konnte, wo kürzlich erst von den Häuptern der gesammten Christenheit die
freisinnigsten Grundsätze verkündigt worden waren, bleibt
nach der Apostelgeschichte ein ungelöstes Räthsel.

So viele nicht leicht zu hebende Schwierigkeiten lasten
auf dem apostelgeschichtlichen Berichte, wenn man von
Paulus' Briefen noch ganz absieht, aber sie verdoppeln und
verdreifachen sich, sobald man den Aussagen der letzteren
aufmerksames Gehör schenkt. Man mag es noch als minder
wesentlich betrachten, dass Paulus nach seinem eigenen
Zeugniss aus innerem Antriebe, nicht infolge des Beschlusses
der antiochischen Gemeinde, und dass er nicht, um die Entscheidung einer Frage zu veranlassen, die für ihn längst
entschieden war, sondern um sein ihm nicht mehr zweifelhaftes Evangelium den Uraposteln vorzulegen, die Reise
nach Jerusalem unternahm, dass ferner die mit einer Vereinbarung schliessende Verhandlung nicht in feierlichem Concil,
sondern im engen Kreise der Apostel stattfand: die Hauptsache ist, dass nach seiner Darstellung die Parteiverhältnisse
ganz anders liegen, als nach der Apostelgeschichte. Auf der
einen Seite Jakobus, Petrus, Johannes, auf der andern Paulus und Barnabas, dort das Judenchristenthum mit seiner
Geltendmachung des Gesetzes, hier das Heidenchristenthum
mit seiner evangelischen Freiheit, das ist der wirkliche Gegensatz. Weder die eine noch die andere Partei weiss etwas
von Petrus' Predigt unter den Heiden: beide kennen ihn nur
als Missionar unter den Juden und die Urapostel kommen

---

[1] Apg. 10. 11, 1—18.
[2] Apg. 21, 20.

erst jetzt durch Paulus zu der Einsicht, dass es auch ein von
Gott bestätigtes Heidenevangelium gibt.   Und die endliche
Vereinbarung — wie ist sie doch so ganz verschieden von
der in der Apostelgeschichte berichteten! Während nach
der letzteren Paulus von Jerusalem eine vierfache Verpflichtung für die Heidenchristen zurückbringt und derselben von
nun an in seiner Predigt den gebührenden Platz einräumt,
behauptet er selbst, dass die Urapostel seinem Evangelium
nichts zugefügt hätten, und bezeichnet deutlich die Sorge
um die Armen zu Jerusalem als die einzige Bedingung, an
welche die Anerkennung dieses Evangeliums von ihnen ge-
knüpft worden sei.

Muss man ferner schon aus sprachlichen Gründen es un-
wahrscheinlich finden, dass die von der Apostelgeschichte
mitgetheilte Fassung des angeblich an die Heiden erlassenen
Decretes die richtige und ursprüngliche sei, so wird bei Betrachtung der paulinischen Briefe die E x i s t e n z dieses
Schriftstückes selbst noch um Vieles unwahrscheinlicher.
Wie Paulus bloss von einer einzigen Verpflichtung gegen
die Urgemeinde weiss, so thut er auch des Decretes nirgends
Erwähnung und nimmt auf den Inhalt desselben so wenig
Rücksicht, dass, wenn es ihm bekannt gewesen wäre, diese
Sorglosigkeit nicht nur in grellem Gegensatze stünde zu der
gewissenhaften Treue, mit der er jener Verpflichtung nach-
kommt, sondern auch einen kaum glaublichen Mangel der
alltäglichsten Klugheit verrathen würde.   Als späterhin die
heidenchristlichen Gemeinden Galatiens nahe daran sind,
sich von den Judaisten das ganze Gesetz sammt der Beschneidung aufzwingen zu lassen, da setzt Paulus alle Mittel, Drohungen und Bitten, in Bewegung, um sie vor solchem
Abfall zu bewahren und nur das Eine, was am wirksamsten
gewesen wäre, vergisst er, die Hinweisung darauf, dass ja
die Urapostel selbst durch ihr bekanntes Decret das mosai-
·che Gesetz mit Ausnahme jener vier Stücke vom Halse der
Heidenchristen genommen haben.   Und als in der korinthischen Gemeinde Zweifel auftauchen, ob den Christen der
Genuss des Götzenopferfleisches gestattet sei, Zweifel, die
überhaupt, wenn ein solches für alle Heidenchristen gültiges

Decret bestand, nie hätten entstehen können, da verabsäumt er wieder, was er nicht verabsäumen durfte, nämlich das entschiedene Verbot jenes Genusses einzuschärfen, er erklärt denselben vielmehr für unbedenklich und will ihn bloss aus Schonung gegen schwache Christen gemieden wissen. Endlich findet sich nirgends eine Spur, dass die späteren judenchristlichen Gegner des Apostels, die jede an ihm zu entdeckende Blösse schonungslos ausbeuten, sich auf ein Decret berufen hätten, das ihren Bestrebungen eine willkommene Handhabe bieten musste, und wie heftige Angriffe sie auch gegen Paulus' Person richten, niemals rücken sie ihm vor, dass er durch Verletzung eines Beschlusses, zu dem er selbst mitgewirkt und dessen Befolgung er versprochen, sich eines Wortbruches schuldig gemacht habe, ein Vorwurf, der, wenn das Decret existirte, völlig berechtigt war.

So wenig aber Paulus und seine Gemeinden etwas von den ihnen angeblich durch Apostelbeschluss auferlegten Verpflichtungen wissen, so geläufig sind dieselben der späteren Zeit. Im zweiten Jahrhunderte bezeichnen sie die Position, in welche damals das Judenchristenthum zurückgedrängt war und in der es sich um so fester verschanzte, je mehr es von seinen früheren Forderungen hatte aufgeben müssen. Zahlreiche Aussprüche christlicher Schriftsteller beweisen, dass jene vier Punkte allmählich immer grössere Geltung in der Kirche erlangten und ihre Beobachtung bis in das dritte Jahrhundert hinein von Vielen geradezu als ein Hauptmerkmal wahrer Christlichkeit betrachtet wurde [1]. So erklärt sich die unhistorische Darstellung der geraume Zeit nach Paulus' Tode verfassten Apostelgeschichte leicht aus dem Bestreben ihres Verfassers, seinen Lesern die Beobachtung jener Verpflichtungen dadurch zu empfehlen, dass er dieselben auf einen von der ältesten Christengemeinde ausgegangenen Beschluss zurückführte, auf den die gefeiertsten judenchristlichen und heidenchristlichen Auctoritäten ihr Siegel gedrückt haben.

Sonach sehen wir uns für die Kenntniss des wirklichen

---

[1] S. Justin. dialogus cum Tryphone c. 25. Homil. Clement. VII, 4. 8. Canon. apost. 63. p. 249 ed. Ueltzen und andere Stellen in Suicer. Thesaur. I p. 113. Vgl. Baur I S. 163 f.

Hergangs bei diesem ersten Concil lediglich an den Bericht
des Apostels Paulus gewiesen, und wer in der Frage, um
die sich die Verhandlungen bewegten, auf seiner Seite
steht, hat keinen Grund zu bedauern, dass sich das Ergebniss so gestaltete, wie er es uns mittheilt. Es ist einer der
bedeutungsvollsten, wahrhaft weltgeschichtlichen Augenblicke im Leben des Apostels. Ohne seinem Standpunkte
das Geringste zu vergeben, hat er die Anerkennung dieses
Standpunktes, seine förmliche Bevollmächtigung zum Heidenapostel, die ausdrückliche Erklärung der Gleichberechtigung des Heidenchristenthums von den Uraposteln erlangt.
Aber auch die Häupter der jerusalemischen Gemeinde ver-
dienen Dank dafür, dass sie es über sich gewannen, eine
Anerkennung, die ihrem judenchristlichen Bewusstsein so
schwer fiel, dem Mann zu gewähren, der einst der bitterste
Feind ihres Glaubens gewesen, der keinen persönlichen Antheil an den grossen Erinnerungen des Jüngerkreises Jesu
hatte und der, mehr als alles diess, eine Neuerung gewagt,
die ihnen bis dahin nur als frevelhafte Auflehnung gegen
Gottes Ordnung erschienen war. Dennoch reichen sie ihm
die Hand zum Zeichen der Gemeinschaft, ohne von ihm etwas Anderes als die Erweisung christlicher Liebesdienste zu
verlangen. So offenbarte das Christenthum sogleich im Anfang seiner Geschichte einen der schönsten Züge seines Wesens: dass es, unbesorgt um sein Bestehen, gegensätzliche
Ueberzeugungen in seinem Schoosse zu ertragen und ihre
Bekenner durch die Bande thätiger Bruderliebe zu einigen
vermag.

Froh in der inneren Gewissheit, nicht "umsonst gelaufen zu
sein", mochte Paulus von Jerusalem scheiden. Indessen die
Hoffnungen, die er von dort zurückbrachte, erfüllten sich
nur zum geringsten Theile. Dem kaum geschlossenen Frieden folgte schnell der Ausbruch eines weit erbitterteren Kampfes, der die besten Kräfte seines ferneren Lebens in Anspruch nahm und noch lange nach seinem Tode die beiden
Parteien in feindlicher Spannung auseinanderhielt.

IV.

Bei aller Befriedigung über die jerusalemische Vereinbarung darf man sich nicht verhehlen, dass durch dieselbe
die Gegensätze, welche sich zum ersten Male mit einander
gemessen, keineswegs eine jedem ferneren Zusammenstoss
vorbeugende Ausgleichung gefunden hatten, da die Hauptfrage nicht in ihren letzten Wurzeln erfasst und endgültig
entschieden worden war. Dies lehrt schon ein schärferer
Blick auf die Stellung, die wir die Urapostel dem Paulus
gegenüber einnehmen sehen. "Wir unter die Juden, ihr unter
die Heiden", lautet das die Streitfrage für's Erste beschwichti-
gende Wort, mit welchem sie ihm und Barnabas die Hand
reichen, nachdem sie seine göttliche Bevollmächtigung zum
Heidenapostel erkannt haben. Von welcher Seite man auch
dieses Uebereinkommen betrachten mag, nimmermehr wird
man die Folgerichtigkeit desselben vom Standpunkte der
Urapostel aus einräumen können. Waren sie durch Paulus
von der Wahrheit seines Evangeliums überzeugt worden, so
durften sie sich nicht eine Beschränkung auferlegen, die für
sie in ihrem apostolischen Berufe einer Pflichtversäumniss
gleichgekommen wäre, sondern mussten sich wie er innerlich gedrungen fühlen, auch an der Bekehrung der Heiden
zu arbeiten. Hielten sie jedoch an der fortdauernden Verbindlichkeit des mosaischen Gesetzes fest, so konnten sie
auch nicht zugeben, dass ein vom Gesetze völlig unabhängi-
ges Heidenchristenthum sich gleichberechtigt neben das
Judenchristenthum stelle, da ein solches die thatsächliche
Widerlegung der Behauptung gewesen wäre, dass das mes-
sianisch Heile nur durch Beobachtung des Gesetzes erlangt

werden könne. Wenn zwischen ihnen und Paulus die bereits
eingehend erörterte Vereinbarung zu Stande kam, so war
diese nicht mehr als der Ausdruck des auf beiden Seiten
vorhandenen guten Willens, die andere Partei in ihrer doch
immer im Dienste des gemeinsamen Herrn stehenden Wirksamkeit ruhig gewähren zu lassen. So vermochte wohl die
jetzt herrschende versöhnliche Stimmung die Gegensätze
eine Zeitlang zu beschwichtigen, nicht aber, ihnen die endliche
Auseinandersetzung mittelst eines Kampfes auf Tod und
Leben zu ersparen, zu welchem schon der geringste äussere
Anlass das Zeichen geben konnte.

Dieser Anlass fand sich bald. Einige Zeit, nachdem
Paulus aus Jerusalem zurückgekehrt war, besuchte Petrus
die Gemeinde zu Antiochia. Unbedenklich schloss er sich den
hier herrschenden freien Bräuchen an, nahm an dem gemeinschaftlichen Mahl der Heidenchristen und Judenchristen
theil und bewies damit, dass es ihm für seine Person mit
der Einigung, zu deren Bekräftigung er Paulus die Hand
gereicht, voller Ernst gewesen sei. Dies änderte sich jedoch schnell, als einige Freunde des Jakobus von Jerusalem
eintrafen. Wenn Petrus vertraulichen Verkehr mit Heidenchristen unterhielt, so lange er nicht das beobachtende
Auge der Gesetzesfreunde auf sein Thun gerichtet sah, so
war er doch den Regungen der Menschenfurcht zu leicht
zugänglich, um nicht vor dem Gedanken zu erschrecken,
dass die jerusalemischen Sendlinge den Umschwung, den
sie in seiner Gesinnung und Lebensweise wahrgenommen,
daheim verkünden, dadurch die strenge Richtung gegen
ihn in die Waffen rufen und seinem Ansehen einen em-
pfindlichen Stoss versetzen könnten. Diese Besorgniss war
Grund genug für ihn, alsbald die Tischgemeinschaft mit
den Heiden abzubrechen und sich von ihnen zurückzuziehen.
Und so gross war der Einfluss, den das Beispiel dieses
hervorragenden Apostels äusserte, und so stark der Druck
den jene engherzige Partei selbst auf eine seit Jahren von
Paulus geleitete Gemeinde auszuüben vermochte, dass nicht
nur die antiochischen Judenchristen die Tischgemeinschaft
mit ihren heidenchristlichen Brüdern aufhoben, sondern so-

gar der mit Paulus geistesverwandte Barnabas, der unlängst
zu Jerusalem an seiner Seite die Sache der evangelischen
Freiheit vertreten hatte, seiner Ueberzeugung untreu
wurde und sich zu einem Verhalten bestimmen liess, welches
Paulus schonungslos als Heuchelei brandmarkt [1]. Zweier-
lei ergibt sich aus dieser Thatsache. War Petrus' Rückkehr zu dem Gesetzesstandpunkte wirklich keine aufrichtige,
sondern ihm nur von Menschenfurcht abgedrungen, wie
Paulus behauptet, so musste seine wahre Gesinnung mit
der in Antiochia vorherrschenden, wenn auch nicht völlig
zusammenfallen, doch nahe verwandt sein, so dass er als
der freisinnigste, am wenigsten im Judenthum befangene
der Urapostel und nur durch äussere Rücksichten auf einem
bereits innerlich überwundenen Standpunkt festgebannt erscheint. Ferner liegt am Tage, dass die strengen Judenchristen durch die jerusalemische Vereinbarung dem
Heidenchristenthum auch nicht um einen Schritt näher
gekommen waren und dass sie im Schoosse der Urgemeinde
die mächtigste Partei bildeten, der gegenüber die mildere
Richtung zu völliger Bedeutungslosigkeit herabgedrückt
wurde. In jenen Tagen war die grosse Sache des Heidenchristenthums und damit alles dessen, was das Christenthum
an Entwickelungsfähigkeit in sich schloss, allein auf Paulus'
Person gestellt. Und er erkannte sofort mit klarem Blicke,
was hier auf dem Spiele stand und wie nur rücksichtslose
Entschiedenheit die drohende Gefahr im Keime ersticken
könne. So trat er vor versammelter Gemeinde dem Petrus
entgegen, mit eindringlichen Worten seine Verirrung stra-
fend und die innere Unwahrheit und Haltlosigkeit seines
Thuns aufdeckend. "Wenn du, der du ein Jude bist, nach
heidnischer Sitte lebst und nicht nach jüdischer, wie magst
du die Heiden zwingen, jüdisch zu leben? Wir sind von Geburt Juden und nicht Sünder aus den Heiden, da wir aber
wissen, dass der Mensch nicht gerechtfertigt wird durch Gesetzeswerke, sondern durch den Glauben an Jesum Christum,
so haben auch wir an Christum geglaubt, auf dass wir ge-

---

[1] Gal. 2, 11—13.

rechtfertigt würden durch den Glauben an Christum und nicht durch Gesetzeswerke, weil durch Gesetzeswerke kein Fleisch gerechtfertigt wird. Wenn wir aber, die wir suchten gerechtfertigt zu werden in Christo, selbst noch als Sünder erfunden worden sind, ist dann nicht Christus der Sünde Diener? Das sei ferne! Denn wenn ich, was ich eingerissen habe, doch wieder aufbaue, so stelle ich mich als Uebertreter dar [1]." Den Erfolg der Rüge, die er mit diesen Worten uns mittheilt, berichtet zwar Paulus nicht, doch scheint gewiss, dass es ihm gelang, zwischen den verschiedenen Bestandtheilen der antiochischen Gemeinde den Frieden wiederherzustellen. Desto mehr steigerte sich die Spannung zwischen ihm und den Judenchristen und von hier ab nimmt der Gegensatz beider Parteien eine leidenschaftliche Bitterkeit und Gereiztheit an, die selbst nach Ablauf eines vollen Jahrhunderts noch gehässige Tendenzschriften hervorzurufen im Stande ist. Auch das Band, welches Barnabas mit Paulus verknüpfte, lockerte sich infolge dieses Vorganges so, dass seine völlige Lösung nur eines geringfügigen Anstosses bedurfte, der nicht lange ausblieb. Vielleicht war es die Befürchtung, dass ähnliche Spaltungen, wie die eben in Antiochia geschlichtete, die unlängst gestifteten und in den paulinischen Grundsätzen noch nicht allzufest gewurzelten Gemeinden beunruhigen könnten, die Paulus zu einer neuen Reise bewog, um die religiösen und sittlichen Zustände dieser jungen Pflanzungen des Christenthums mit eigenen Augen zu prüfen. Barnabas, von ihm zur Theilnahme aufgefordert, erklärte seine Bereitwilligkeit, verlangte aber zugleich, dass sein Vetter Marcus sie wiederum begleiten sollte. Als Paulus mit aller Entschiedenheit dem widersprach, weil Marcus auf der ersten Reise das in ihn gesetzte Vertrauen durch seine eigenmächtige Rückkehr nach Jerusalem getäuscht hatte, geriethen beide in einen heftigen Wortwechsel, infolge dessen sie sich trennten [2]. Da die antiochische Gemeinde auf Paulus' Seite stand, so löste sich auch Barnabas Verhältniss' zu seinem

---

[1] Gal. 2, 14 ff.
[2] Apg. 15, 36 ff.

bisherigen Wirkungskreise, den er ganz aufgegeben und
Paulus überlassen zu haben scheint. Vermuthlich blieb seine
fernere Thätigkeit auf seine Heimat Cypern beschränkt,
nach der er sich alsbald mit Marcus einschiffte. Die
von ihm und Paulus gestifteten Gemeinden hat er, so viel
bekannt, nicht wieder besucht. Ueberhaupt verliert sich jetzt
seine Spur aus der Apostelgeschichte und nur vereinzelte
Andeutungen paulinischer Briefe weisen darauf hin, dass er
um das Jahr 58 noch als Missionar thätig[1], 61 aber nicht
mehr am Leben war, da Paulus um diese Zeit der Gemeinde zu Kolossä Barnabas' früheren Reisegefährten Marcus zu gastlicher Aufnahme empfiehlt[2]. Zugleich berechtigt
Paulus'Sorge für den Mann, der die Ursache seiner Entzweiung
mit Barnabas gewesen, zu dem Schlusse, dass die Feindschaft, in welcher beide von einander schieden, später wieder
einem freundlicheren Verhältnisse Platz gemacht habe.

Fragen wir nach den Folgen der Trennung zweier
Männer, die Jahre hindurch einträchtig neben einander gewirkt, so müssen wir, was Barnabas betrifft, auf eine Antwort verzichten, da wir nicht wissen, wie er, der uns bisher
nur zur Seite des geistig überlegenen Paulus begegnete, auf
eigene Hand die Sache des Evangeliums fördern konnte,
und eben! so wenig, in wie weit er sie gefördert hat. Viel
eher vermögen wir die für Paulus aus dieser Trennung hervor-
gehenden Folgen zu übersehen. Einmal nimmt er erst jetzt
die Stellung, auf die ihm sein Geist und Charakter Anspruch
gaben, in unbestrittenen Besitz und tritt in die unbeschränkte
Machtvollkommenheit des apostolischen Hauptes aller Heidenchristen ein. Dann aber zerriss seine Trennung von Barnabas
das einzige persönliche Band, welches ihn bisher noch mit den
Judenchristen zusammenhielt. Unumwundener und rücksichtsloser konnten sie jetzt den Heidenapostel und sein
Werk bekämpfen, nachdem der Mann, dessen nahe Beziehungen zu der jerusalemischen Gemeinde ihnen bis jetzt noch

---

[1] 1 Kor. 9, 6.
[2] Kol. 4, 10.

eine gewisse Zurückhaltung auferlegten, sein Schicksal von
dem des Paulus gelösst hatte.

Letzterer gesellte sich nun als Reisegefährten einen gewissen Silas zu, der sich unter Heiden Silvanus nannte [1].
Auf dem kürzesten Wege durch Syrien und Cicilien gelangten beide nach Derbe und Lystra. In dieser Stadt
schloss sich ihnen der Heidenchrist Timotheus, der Sohn
eines Griechen und einer Jüdin, an und blieb seitdem einer
der treuesten und ergebensten Begleiter des Apostels. Von
da kamen sie nach Galatien, wo Paulus durch einen heftigen
Krankheitsanfall genöthigt wurde, Halt zu machen [2]. Er
fand hier einen Menschenschlag, der von dem ihm bisher
bekannten in mehr als einer Hinsicht abwich. Das Volk der
Galater war entstanden aus der Verschmelzung mehrerer
gallischer und germanischer Stämme, die im Jahre 278 vor
Chr. Geb. durch Griechenland, Macedonien und Thracien
nach Asien vordrangen, sich auf phrygischem Boden nieder-
liessen und ihr Gebiet durch glückliche Streifzüge erweiterten,
bis sie durch König Attalus von Pergamus in engere Grenzen
gewiesen (238 v. Chr.) und später (189 v. Chr.) von den Römern unterworfen wurden. Es waren kräftige, kluge und
kampflustige Menschen, die durch hohen Wuchs und langes
röthliches Haar an ihre germanischen, durch Leidenschaft-
lichkeit und Wankelmuth an ihre gallischen Vorfahren er-
innerten, auch in der Fremde die heimischen Bräuche zumeist
treu bewahrt hatten und eine Sprache redeten, die nach des
Kirchenvaters Hieronymus Zeugniss mit der um Trier herrschenden verwandt war [2]. Trotz der römischen Herrschaft
behielten sie noch längere Zeit ihre eigenen Fürsten, welche,
zwölf an der Zahl, inmitten eines Rathes von dreihundert
nach deutscher Sitte in einem Eichenhain zu Gericht sassen.
Der von ihnen bewohnte Landstrich, im Norden rauh und

---

[1] Apg. 15, 40 f. Der Name, den bei Josephus vier Orientalen führen
(Alterth. XIV, 3, 2. XVIII, 6, 7. XIX, 7, 1 u. 8, 3. jüd. Kr. II, 19, 2 u. 9. III,
2, 1. Leben 17), scheint nicht Abkürzung von Silvanus, sondern semitischen
Ursprungs zu sein.

[2] Apg. 16, 6. Gal. 4, 13.

[3] Hieron. ad Gal. I, 2. — Strabo 12. 567. Pausan. I, 4.

gebirgig, wies im Süden längs des Flusses Halys reiche
und fruchtbare Ebenen auf. Die Städte Pessinus, Ancyra
und Tavium waren durch Handel zu bedeutendem Wohlstand gelangt und zählten viele Juden unter ihren Bewohnern,
doch war der Kern der Bevölkerung Galatiens heidnisch,
dem Dienste der "nichtigen Götter" und den "Elementen der
Welt" hingegeben[1]. Es ist ungewiss, an welchem Orte
Paulus von seiner Krankheit, in welcher wir wohl jenes
schon früher angedeutete Uebel, diesmal mit einem schmerzhaften Augenleiden verbunden, erkennen dürfen[2], zu verweilen gezwungen wurde. Das aber wissen wir aus seinen
eigenen Worten, dass er bei den Galatern einen über-
raschend freundlichen Empfang fand. Nicht nur, dass die
zu Gewaltthätigkeit geneigten Menschen sich jeder Unbill
gegen die friedlichen Reisenden enthielten und auch die
abergläubische Scheu vor dem den Apostel heimsuchenden
Leiden überwanden, sie nahmen ihn wie einen Engel Gottes,
ja wie Jesum Christum selbst auf und legten den grössten
Eifer um sein Wohl an den Tag, so dass sie wo möglich
selbst ihre Augen für ihn dahingegeben hätten[3]. Er dagegen
schmiegte sich ganz ihrer Sinnesart und Lebensweise an und
sah in seiner leiblichen Schwäche kein Hinderniss, das Evangelium zu verkünden[4] und eine kräftige Wirksamkeit zu
entfalten. Die Galater priesen sich glücklich, dass er zu
ihnen gekommen war, und lauschten begierig seiner Rede,
wie er ihnen zuerst seinen früheren christenfeindlichen Wandel
und seine Bekehrung schilderte, dann ihnen Christi Kreuzestod mit seinem Segen vor Augen führte und sie ermahnte,
der fleischlichen Gesinnung des Heidenthums sammt ihren
vom Gottesreich ausschliessenden Werken zu entsagen[5]. Bald
hatten seine Zuhörer den wahren Gott erkannt und begannen einen edlen Wettlauf nach dem ihnen vom Apostel

---

[1] Gal. 4, 8. 9.
[2] V. 13—15.
[3] V. 12. 14. 15. 18.
[4] V. 12. 1, 11.
[5] 1, 13. 4, 15. 3, 1. 5, 19. 21.

vorgehaltenen Ziele, so dass er sich des in ihnen geweckten neuen Lebens als einer leichten Geburt freuen konnte[1]. Zahlreiche Jünger aus allen Ständen drängten sich zur Taufe auf den Namen Christi und schnell bildeten sich zumeist aus Heidenchristen bestehende Gemeinden, die sich unter des Apostels Leitung kirchliche Ordnungen schufen und Lehrer wählten, denen nach seinem Scheiden die Predigt des Evangeliums und der Unterricht der Unmündigen obliegen sollte[2]. Der glühende Eifer der Neubekehrten gab sich in jenen merkwürdigen Erscheinungen, welche im Jugendalter des Christenthums von einer hochgehenden religiösen Begeisterung untrennbar waren, in Zungenreden, Weissagen und wunderähnlichen Krankenheilungen auch dem Blicke des Uneingeweihten kund[3]. Paulus schied nach seiner Genesung von den ihm lieb gewordenen Stätten in der frohen Hoffnung, dass der hier ausgestreute Same reiche Früchte bringen werde, und lenkte seine Schritte an Mysien vorüber nach der Küstenstadt Troas hinab. Hier vermehrte sich die Reisegesellschaft um jenen Augenzeugen, dessen durch den häufigen Gebrauch der ersten Person leicht kenntliche Aufzeichnungen die Apostelgeschichte von nun an in ihre Darstellung verwebt und in dem man nicht ohne Wahrscheinlichkeit den Heidenchristen Lucas vermuthet, einen Arzt, der vielleicht durch seinen Beruf dem körperlich leidenden Apostel zugeführt wurde und sich ihm als Begleiter anschloss[3]. Paulus stand jetzt an der Grenze Asiens und liess sein Auge hinüberschweifen nach dem nahen Europa. Die Erwägung, ob er das Evangelium, das er bisher mit so grossem Erfolge verkündigt, in den andern Welttheil tragen solle, trat lebhafter als je vor seine Seele. Auch jetzt wurde seine Entscheidung durch eine Vision bestimmt. Er glaubte zur Nachtzeit einen Mann in macedonischer Kleidung vor sich zu sehen, der ihm zurief: "Komm herüber nach Macedonien und hilf uns!" Alsbald war sein Entschluss gefasst.

---

[1] 4, 9. 5, 7. 4, 19.
[2] 3, 27. 28. 1, 2. 1 Kor. 16, 1. 1 Petr. 1, 1. Gal. 6, 6.
[3] 3, 2. 5. 6. 4, 6.
[4] Apg. 16, 10.

Er bestieg mit seinen Gefährten ein im Hafen zu Troas ankerndes Schiff, das ihn nach der unweit der thracischen Küste gelegenen Insel Samothrace und schon am nächsten Tage nach der Seestadt Neapolis brachte, von wo er nach dem nur 5 Stunden entfernten Philippi wanderte, das ihm als günstiger Ausgangspunkt für seine Thätigkeit in einem noch völlig unbekannten Lande erscheinen musste. Philippi, früher nach den Quellen der Umgegend Krenides geheissen, war von dem macedonischen Könige Philipp, dem es seinen späteren Namen verdankte, aus einem unbedeutenden Flecken zu einer ansehnlichen, stark befestigten Stadt umgeschaffen worden, der aus den Goldgruben der benachbarten Berge von Tag zu Tage grösserer Wohlstand zufloss. Die wasserreiche Ebene, welche sich im Westen nach dem Flusse Strymon ausdehnte, war der Schauplatz jener denkwüdigen Schlacht, welche der römischen Republik die Todeswunde schlug (42 v. Chr.) Später hatte die Stadt infolge einer Uebersiedelung römischer Bürger den Ehrennamen einer Colonie und das italische Bürgerrecht erhalten [1]. Unter ihren Einwohnern waren die Juden nur spärlich vertreten, daher sie hier keine Synagoge, sondern bloss einen Betplatz hatten, welcher ausserhalb der Mauern an dem Flüsschen Gangas lag. Hierhin begab sich Paulus mit seinen Begleitern am Sabbath. Er fand einen zumeist aus Frauen bestehenden Hörerkreis, unter ihnen auch griechische Proselytinnen. Eine Purpurhändlerin Lydia aus Thyatira in Kleinasien wurde für das Evangelium gewonnen, liess sich sogleich taufen und nöthigte dann die Missionare, in ihrem Hause Wohnung zu nehmen. Bald krönten weitere Erfolge die erste Verkündigung des Christenthums auf europäischem Boden. Eine Gemeinde sammelte sich und wählte aus ihrer Mitte Bischöfe und Diakonen [2]. Als einen seiner theuersten philippischen Jünger nennt Paulus später den Epaphroditus, mit Auszeichnung gedenkt er auch neben Synzygos, Clemens und Anderen, deren Namen im Buche des Lebens geschrieben stehen, der beiden Frauen Euodia und Syntyche, welche ihre

---

[1] Strabo 7. 331. Dio Cass. 51, 4. Plin. N. H. 4, 11.
[2] Phil. 1, 1.

ganze Thätigkeit in den Dienst des Evangeliums stellten und in den Drangsalen, die bald über den Apostel hereinbrachen, getreulich an seiner Seite ausharrten [1]. Hier entwickelte sich schnell ein so reges und von aller trübenden Beimischung so freies Gemeindeleben, dass Paulus in Erinnerung an diese schöne Zeit den dortigen Christen immer mit der herzlichsten Liebe zugethan blieb, wie auch sie mit kindlicher Zärtlichkeit an dem verehrten Lehrer hingen. Und wenn er nachmals auch hier vor Einzelnen warnen musste, die sich durch Sinn und Wandel als Feinde des Kreuzes Christi zu erkennen gaben, so konnte er doch mit Wahrheit von der grossen Mehrzahl seiner dortigen Jünger bezeugen, dass sie von dem ersten Tage an die Gemeinschaft mit dem Evangelium festgehalten und ihm allezeit gehorcht hätten, ja sie als hellleuchtende Sterne in der Nacht heidnischer Gottvergessenheit und Lasterhaftigkeit preisen [2]. Wie keine zweite Gemeinde neben der philippischen sich eines in gleich rührendem Tone und mit gleicher Wärme väterlicher Empfindung geschriebenen Briefes von seiner Hand rühmen kann, so ist sie auch mit nur wenigen anderen von dem Apostel dadurch bevorzugt worden, dass er sich von ihrer Liebe Geldunterstützungen gefallen liess, die er ausserdem grundsätzlich ablehnte [3].

Aber nicht allzulange konnte er für jetzt in ihrer Mitte verweilen, denn schon zog sich über seinem Haupte der Sturm zusammen, der ihn aus der Stadt vertreiben sollte. Der Augenzeuge, dessen Spur wir bis Philippi verfolgen können, berichtet noch, dass eine Sklavin, die als Wahrsagerin galt und ihren Herren grossen Gewinn einbrachte, dem Apostel und seinen Begleitern auf ihrem Wege zum Betplatze nachgegangen sei und sie mit lauter Stimme für Diener des höchsten Gottes erklärt habe [4]. Nun aber reisst der Faden seiner Aufzeichnungen plötzlich ab und es folgt eine sichtlich aus anderer Quelle geflossene Erzählung [5], die

---

[1] Phil. 2, 25 ff. 4, 2. 3.
[2] Phil. 3, 18. 1, 5. 2, 12. 15.
[3] Phil. 2, 25. 4, 10 ff. vgl. 2 Kor. 11, 8 f.
[4] Apg. 16, 16. 17.
[5] V. 18—40. s. Erl. 10.

so viel Bedenken gegen sich und so wenig innere Wahrscheinlichkeit hat, dass es sich empfiehlt, von ihr völlig abzusehen und bei den eigenen Worten des Apostels stehen zu
bleiben, dessen nach Thessalonich und Philippi gerichtete
Schreiben in allgemeinen Ausdrücken an die Drangsale und
Misshandlungen erinnern, die in letzterer Stadt über ihn
und seine Begleiter ergangen seien [1]. Aus Philippi vertrieben, begab er sich mit Silas und Timotheus nach Amphi-
polis und von da brachten ihn wenige Tagereisen über
Apollonia nach dem 13 Meilen entfernten Thessalonich, das am
thermäischen Meerbusen halbkreisförmig auf dem Abhange
eines Berges emporstieg. Früher unter dem Namen Therme
bekannt, war die Stadt von dem macedonischen Fürsten
Kassander, der sich durch prächtige Bauten und theilweise
Uebersiedelung der ländlichen Bevölkerung um sie verdient
gemacht hatte, zu Ehren seiner Gemahlin Thessalonike genannt worden. Dank ihrer Lage an der Strasse, die von
Dyrrhachium am adriatischen Meere aus durch ganz Macedonien bis zur Mündung des Hebrus in Thracien lief und
so die wichtigste Verbindungslinie zwischen Italien und
Asien bildete, hatte sie sich zu einer bedeutenden Handelsstadt entwickelt, die viel Glanz und Reichthum, aber auch
viel Elend und Sittenlosigkeit in ihrem Schoosse barg. Ihre
Bewohnerschaft war der Hauptmasse nach griechisch, doch
mit zahlreichen römischen Colonisten und Juden untermischt.
In einem jüdischen Hause, bei einem gewissen Jason, nahm
Paulus Herberge und in der Synagoge trat er zuerst mit der
Predigt des Evangeliums auf, indem er drei Sabbathe hinter
einander an der Hand des Alten Testaments Jesus als den
von den Propheten geweissagten Messias verkündigte [2].
Zwar gewann er nur wenige von den Anhängern des Gesetzes, aber dafür war unter den Bekehrten ein Aristarchus,
der später dem Apostel mit hingebender Treue nicht nur auf
seinen Missionsreisen, sondern selbst in die Gefangenschaft
zu Cäsarea und Rom folgte [3]. Weit mehr als die Juden

---

[1] 1 Thess. 2, 2. Phil. 1, 30. 4, 3.
[2] Apg. 17, 1 ff.
[3] Apg. 19, 29. 20, 4. 27, 2. Kol. 4, 10 f. Philem. 24.

zeigten sich die Griechen seinen Worten zugänglich und schnell entstand vorzugsweise aus heidnischen Elementen[1] eine Gemeinde, die zu schönen Hoffnungen berechtigte. Ausser einer nicht geringen Anzahl vornehmer Frauen, waren es meist schlichte Handwerker, die sich um den Apostel schaarten, der ihnen auch für ihre irdische Berufsthätigkeit mit gutem Beispiele voranging, indem er trotz der zweimaligen Geldsendungen, welche ihm innerhalb weniger Wochen von der philippischen Gemeinde zukamen, durch angestrengte Arbeit seinen Lebensunterhalt erwarb[2]. Bei alledem liess er sich nicht an der öffentlichen Verkündigung des Evangeliums genügen, sondern trat auch den einzelnen Gemeindegliedern als treuer, väterlicher Berather und Seelsorger nahe[3]. Er unterwies sie, wie sie wandeln und Gott gefallen sollten, warnte sie namentlich vor der heidnischen Sittenlosigkeit, die sie allenthalben umgab, und vor habgieriger Uebervortheilung des Nächsten, zu welcher der lebhafte Handelsverkehr vielfache Versuchung bot, er lehrte sie Leiden und Drangsale als die gottgewollte Bestimmung des Christen erkennen, der auch sie sich weder entziehen könnten noch dürften, tröstete sie aber zugleich durch den Hinweis auf die Nähe des Tages, an dem Christus zum Weltgerichte erscheinen und seine Gläubigen in die ewige Herrlichkeit einführen werde[4]. Der Blick in die Zukunft, den Paulus eröffnete, übte einen so mächtigen Zauber auf die Gemüther aus, dass das nahe Weltende in der Gemeinde bald Gegenstand eifriger Erörterung wurde. Auf die Frage nach dem Wann? antwortete er, der Tag des Herrn werde unvermuthet wie ein Dieb in der Nacht kommen, vorher jedoch müsse sich erst der grosse Abfall vollziehen, dessen Verkörperung der Antichrist sein werde[5]. Er sprach damit nur eine Erwartung aus, welche die gesammte religiöse Speculation des damaligen Judenthums be-

---

[1] 1 Thess. 1, 9.
[2] 1 Thess. 4, 11. Phil. 4, 16. 1 Thess. 2, 9. 2 Thess. 3, 8.
[3] 1 Thess. 2, 11.
[4] 1 Thess. 4, 1—6. 3, 3 f. 2 Thess. 1, 5 ff.
[5] 1 Thess. 5, 2. 2 Thess. 2, 2, 3.

herrschte. Auf Grund alttestamentlicher Schriftstellen,
namentlich der Weissagungen Ezechiels und des Daniel-
buches[1], hatte sich der Glaube gebildet, dass der Ankunft
des Messias eine Zeit der Gräuel und der Drangsale voraus-
gehen müsse, in welcher Alles, was die Welt an widergöttlichen Elementen in sich trage, sich in e i n e r menschlichen
Person, dem satanischen Gegenbilde des von Gott gesandten
Messias, zusammenfassen werde. Aus der Schilderung,
welche das Danielbuch von dem judenfeindlichen König
Antiochus Epiphanes entworfen hat, entlehnte Paulus die
Züge zu dem farbenreichen Bilde, das er den Neubekehrten
zu Thessalonich vor Augen stellte. Der Mensch der Sünde,
der Sohn des Verderbens wird sich erheben wider Alles, was
Gott und Heiligthum heisst, im Tempel zu Jerusalem seinen
Thron aufschlagen, sich für einen Gott ausgeben und durch
Lügenkünste und Wunder, die er vermöge der ihm inne-
wohnenden Macht des Satans vollbringt, einen grossen Theil
der Menschen verführen. Dann aber kommt Christus vom
Himmel und schon seine Erscheinung, schon der Hauch
seines Mundes wird hinreichen, den gewaltigen Feind zu ver-
nichten. Jetzt regt sich die Bosheit nur heimlich, weil ein
Hemmniss sie noch aufhält, sobald aber der Hemmende
hinweggeräumt ist, wird sie sich ungescheut Angesichts aller
Welt offenbaren[2]. Was Paulus mit diesen räthselhaften
Andeutungen meinte, ergibt sich aus der gleichfalls im
Buche Daniel vorliegenden Erwartung, dass sich die Geschicke der Menschheit in vier grossen, auf einander folgenden
Weltmonarchien vollenden werden. Drei Reiche, das per-
sische, macedonische und syrische, waren bereits vom Strome
der Geschichte hinweggespült worden, das vierte, das
römische, beherrschte jetzt die Welt. Aus den Zeichen der
Zeit glaubte Paulus den baldigen Untergang dieses äusserlich mächtigen, innerlich morschen Reiches erschliessen zu
dürfen, dessen Krone damals der elende Schwächling Claudius trug, welcher das nahende Verhängniss nicht lange
mehr abwenden zu können schien. Wir sehen hier den

---

[1] Ezech. 38. 39. Dan. 8, 23 ff. 11, 36 ff.
[2] 2 Thess. 2, 3—12.

Heidenapostel noch ganz in den Banden einer jüdischen Zeit-
vorstellung befangen, deren er sich später völlig entschlagen
hat, als er nach Claudius' Tod das erwartete Weltende nicht
anbrechen und die Wahrscheinlichkeit eines schleunigen Zer-
falles des Römerreichs wieder zurücktreten sah. Wie fest er
auch später noch überzeugt ist, dass er den Tag des Herrn
erleben werde, und wie eingehend er sich über die letzten
Dinge verbreitet, der Antichrist ist bis auf die letzte Spur
aus seinem Gesichtskreis verschwunden [1]. Indessen hatten
seine Eröffnungen doch die Gemeinde in nicht geringe Erregung und Spannung versetzt, deren bedenkliche Folgen
noch während seiner Anwesenheit fühlbar wurden. Ein
schwärmerisches, unordentliches Wesen nahm überhand,
einzelne Christen hielten es in der ihnen noch zugemessenen
Spanne Zeit nicht mehr der Mühe werth, den Geschäften
ihres Berufes nachzugehen, trieben sich müssig umher und
fielen der unbemittelten Gemeinde zur Last [2]. Obwohl Paulus nachdrücklich zu einem ruhigen und thätigen Leben ermahnte und die eingerissene Unsitte mit dem jüdischen
Sprichworte strafte: "Wer nicht arbeiten will, der soll auch
nicht essen" [3], so vermochte er doch diesen und andere
Schäden nicht mit der Wurzel auszurotten, da seine Thätigkeit ein ungeahnt schnelles Ende fand. Die Juden, welche
über den wachsenden Erfolg seiner Wirksamkeit auf das
äusserste erbittert waren und ihn mit fortwährenden Anfeindungen beunruhigten, wiegelten endlich den Pöbel von
Thessalonich gegen ihn auf und überfielen das Haus seines
Gastfreundes Jason, wo sie seiner am sichersten habhaft zu
werden dachten. Da jedoch die Missionare Zeit gefunden,
sich zu verbergen, schleppten die Wüthenden den Jason und
einige andere Christen vor den Richterstuhl des Prätors, indem sie gegen dieselben die Anklage erhoben, mit der sie
vor einer römischen Obrigkeit noch am leichtesten durchzu-
dringen hofften, dass jene durch Aufnahme von Fremdlingen,
welche anstatt des römischen Kaisers Jesus von Nazareth

---

[1] S. 1 Kor. 15.
[2] 1 Thess. 5, 14.
[3] 1 Thess. 4, 11. 2 Thess. 3, 6. 10.

als ihren alleinigen Herrn erkennen wollten, sich der Theilnahme am Hochverrath schuldig gemacht hätten. Zu ihrem Verdrusse wurde von der römischen Behörde, welche schon mehr solche Ausbrüche jüdischer Unduldsamkeit erlebt haben mochte, der Anklage keine weitere Folge gegeben, als dass sie dem Jason und seinen Angehörigen eine Bürgschaft abforderte, nach deren Leistung diese sofort in Freiheit gesetzt wurden. Dennoch glaubten die Christen, dass Paulus und seine Gefährten bei längerem Bleiben Schlimmes besorgen müssten und brachten die Missionare unter sicherem Geleit nach dem 12 Meilen entfernten Beröa. In dieser Stadt fand Paulus eine sehr günstige Aufnahme und gewann nicht nur griechische Frauen, sondern auch eine grössere Anzahl Juden für das Christenthum, bis einige Sendlinge der Judenschaft zu Thessalonich auch hier das Volk in dem Grade gegen ihn aufregten, dass ein längeres Verweilen seinem Leben Gefahr gedroht hätte. So verliess er, von Timotheus und einigen Christen begleitet, auch diese Stadt, während Silas, dessen untergeordnete Stellung den Hass der Feinde nicht in gleichem Masse auf ihn gelenkt hatte, bei der dortigen Gemeinde zurückblieb [1]. Ein Weg von wenigen Stunden führte ihn an das Meer und eine kurze Seereise nach Athen. Aber diese hohe Schule hellenischer Weltweisheit, wo Sophisten und Rhetoren den Ton angaben, war damals kein Platz mehr für einen ernsten, die Wahrheit nicht an der Oberfläche der Dinge suchenden Geist. Die Apostelgeschichte stellt den Prediger des Kreuzes in wirkungsvollen Gegensatz zu den Vertretern der stoischen und epikureischen Philosophie, von denen die einen ihn verhöhnen, die anderen ihm mit einer höflichen Redewendung das Wort abschneiden. Wie viel oder wenig an dieser ersten Begegnung des Christenthums mit der griechischen Weisheit und den gleichfalls von der Apostelgeschichte mitgetheilten Bekehrungen historisch sein mag, gewiss ist, dass die Erfolge, die Paulus hier errang, ihm kein Antrieb zu längerer Thätigkeit waren. Um so mehr musste sich ihm die Sorge

---

[1] Apg. 17, 14 s. Erl. 14.

nahe legen, das bereits anderwärts Gewonnene nicht 'wieder
zu verlieren und namentlich die Gemeinde in Thessalonich,
über die er bei seinem Scheiden Verfolgungen hatte herein-
brechen sehen, in ihrer vielversprechenden Entwickelung
nach Kräften zu erhalten und zu fördern. Zweimal entschloss
er sich mit Verachtung der ihm persönlich drohenden Gefahren dorthin zurückzukehren, indessen Hindernisse, die
uns unbekannt sind, verwehrten ihm die Ausführung dieses
Planes [1]. Endlich gewann er es über sich, allein in Athen zu
bleiben und seinen treuen Timotheus nach Thessalonich
zu senden, der die ihm so sehr am Herzen liegende Gemeinde
durch tröstliche Zusprache stärken und ihm über ihre
christliche Verfassung aus eigener Auffassung berichten
sollte [2]. Doch wartete er die Rückkehr seines Boten nicht in
Athen ab, das seinem Evangelium so geringe Theilnahme
entgegenbrachte, und als ob er mit prophetischem Geiste ein
Arbeitsfeld erspäht hätte, welches ihn für die dürftigen Erfolge seiner dortigen Wirksamkeit reichlich entschädigen
sollte, wandte er sich nach der Stadt, die in Europa für ihn
werden sollte, was in Asien Antiochia für ihn gewesen, nach
Korinth [3].

Korinth, "die Sonne Griechenlands" [4], war im Jahre 146
vor Chr. Geb. von dem römischen Feldherrn Mummius er-
obert und zerstört, aber 100 Jahre später von Cäsar wieder
aufgebaut und mit Freigelassenen bevölkert worden und
hatte sich durch die Gunst der ersten Kaiser, unter denen
es die Hauptstadt Achaja's und Sitz eines Proconsuls wurde,
bald wieder zu seinem früheren Glanze emporgeschwungen.
Auf dem Isthmus, jener schmalen Landenge, welche das
ionische von dem ägäischen Meere trennt, 600 Stadien von
jedem Ufer entfernt, lag die herrliche Stadt wie zur Augen-
weide am Fusse eines Berges ausgebreitet, dessen Gipfel
die weithin schimmernde Veste Akrokorinth trug [5]. Stand

---

[1] 1 Thess. 2, 17 ff.
[2] 3, 1—5.
[3] Apg. 18, 1.
[4] Cicero pro lege Manil. c. 5.
[5] Florus 2, 16 s. ferner Mela 2, 3, 7. Livius 45, 28. Plinius 4, 4, 5.
Pausanias Corinthiaca. Strabo 8. 379.

man oben auf der tempelgeschmückten Höhe, so hörte man
unter sich die sagenberühmte, nie versiegende Quelle Pirene
rauschen, aus deren durchsichtiger Fluth einst der Pegasus
getrunken haben sollte, und konnte das entzückte Auge zugleich über beide Meere hinaus schweifen lassen. Vor der
Stadt in dem lieblichen Cypressenhain Kranion erhoben sich
die Tempel der Aphrodite und des Bellerophon, aber die auserlesensten Schöpfungen griechischer Baukunst und Bildnerei
drängten sich im Innern, besonders um den Markt, zusammen.
Prachtvolle Heiligthümer mit hunderten von Statuen, ein
Theater und eine Rennbahn aus weissem Marmor, geräumige
Säulenhallen, glänzende Bäder bezeugten den schon zu Homers
Zeiten sprichwörtlichen Reichthum der vielgeschäftigen
Handelsstadt, die mit Stolz sich die Erbauung des ersten
Dreiruderers zuschrieb und jährlich hunderte ihrer Söhne
über das Meer ziehen sah. um in der Fremde Schätze zu
sammeln[1]. Zwei Häfen, Lechäon im Westen und Kenchreä
im Osten, vermittelten den Verkehr, jener mit Italien und
Spanien, dieser mit den Ländern des Orients, und täglich
liefen hier die Schiffe aller Nationen aus und ein, denn nirgends sonst waren kostbare Gefässe, Teppiche, Malereien und
andere Erzeugnisse menschlicher Kunstfertigkeit, mit denen
die höheren Gesellschaftskreise des Alterthums ihr häusliches
Leben auszuschmücken liebten, in gleicher Vortrefflichkeit
zu finden[2]. Auch der Wissenschaft hatte diese Weltstadt
an ihrem gastlichen Heerde einen Ehrenplatz eingeräumt und
die Philosophie erfreute sich in dem neuen Korinth einer so
emsigen Pflege, wie sie ihr in den alten nie zu Theil geworden
war[3]. Aber die blendende Hülle üppigen Wohlstandes und
feiner Geistesbildung konnte keinem schärferen Blicke den
trüben Pfuhl der Verworfenheit verbergen, in welchen hier alle
Laster der Heidenwelt zusammenflossen, und die zahlreichen,
von tausend Hierodulen bedienten Tempel der Aphrodite
waren eben so viel lautredende Denkmäler des sittlichen

---

[1] Ilias 2, 570. Thuc. 1, 13. Cicero de republ. 2, 4.
[2] Cic. in Verr. II, 2, 19. Athen. 1 p. 29. 5 p. 199. Stephan. v. Byz.
u. d. W.
[3] Aristides in Neptun. ed. Dindorf. Vol. I. p. 40.

Verfalls, der die Enkel der Sieger von Marathon und Salamis als leichte Beute den Römern überliefert hatte.

Mit welchen Empfindungen mochte ein Paulus sich in solcher Umgebung bewegen! Sicherlich gingen nicht alle die überraschenden und grossartigen Erscheinungen spurlos an seinem Geist vorüber und zumal die isthmischen Spiele mit ihrem bunten Völkergewühl und ihrer reichen Entfaltung von körperlicher Kraft und Gewandtheit hinterliessen bei ihm einen bleibenden Eindruck[1]. Aber trotzdem überwog der Ekel vor der sittlichen Fäulniss eines Geschlechtes, welches ihm das bittere Wort erpresste, dass man, um die Hurer völlig zu meiden, aus der Welt auswandern müsse, und ihm zu dem Bilde heidnischer Verkommenheit, das er mit so starken Pinselstrichen im Römerbriefe entworfen hat, mit jedem Tage neue, abstossende Züge lieferte[2].

Noch ehe Paulus in Korinth mit der Verkündigung des Evangeliums auftrat, suchte er sich für die Dauer seines Aufenthaltes eine Erwerbsquelle zu sichern und fand sie in der Werkstätte eines seiner Landsleute Namens Aquila, der infolge eines kaiserlichen Edicts, welches sämmtliche Juden wegen aufrührerischer Bewegungen aus der Hauptstadt verwies, kürzlich mit seiner Frau Priscilla von Rom nach Korinth übergesiedelt war[3]. Paulus gewann beide für das Christenthum, zu dessen treuesten und eifrigsten Bekennern sie nachmals zählten.

Bald nach des Apostels Ankunft in Korinth stiess Silas wieder zu ihm und auch Timotheus kehrte von Thessalonich zurück mit Nachrichten, die zum grössten Theil günstig für die dortige Gemeinde und erfreulich für Paulus lauteten. Allerdings hatte sich das Unwetter, welches er schon während seines Aufenthalts in Thessalonich heranziehen sah, seitdem über der Gemeinde entladen, aber trotz der Verfolgung die sie erlitten, war sie nicht nur dem Evangelium treu geblieben, sondern hatte auch demselben in andern Städten Macedoniens

---

[1] 1 Kor. 9, 24 ff.
[2] 5, 10. Röm. 1, 21 ff.
[3] Apg. 18, 2 f. vgl. Sueton. Claud. 25.

und Achaja's Bekenner gewonnen und ihre christliche Bruderliebe bei jeder Gelegenheit auf das Glänzendste bewährt, so
dass ihr Lob in Aller Munde war[1]. Ihre Glieder bestrebten
sich wetteifernd einander in jeder Art sittlicher Thätigkeit zu
fördern[2]. Das gesteigerte religiöse Leben gab sich in
Weissagungen und geisterfüllten Reden kund[3]. Endlich
war die Gemeinde noch mit gleicher Liebe dem Apostel
zugethan, wie damals, als er persönlich in ihrer Mitte
weilte, und äusserte lebhafte Sehnsucht nach seiner baldigen
Wiederkehr[4]. Allerdings fehlten diesem lichten Bilde auch
die Schattenseiten nicht ganz. Die Gemeinde hatte sich von
den sittlichen Verirrungen, mit denen sie von der heidnischen
Umgebung angesteckt wurde, noch nicht völlig zu befreien
vermocht, wie denn auch jener Hang zu schwärmerischem
Müssiggange, den der Apostel schon früher hatte rügen
müssen, sich nicht nur nicht verloren, sondern sogar noch
gesteigert hatte[5]. Auch darüber klagte Timotheus, dass
den Vorstehern nicht immer die geziemende Ehrerbietung
von Seiten der Gemeindeglieder erwiesen werde[6]. Endlich
versetzte eine neuaufgetauchte Besorgniss einen Theil der
Gemeindeglieder in Unruhe, da seit des Apostels Abschied
einige Christen gestorben waren und nun ängstliche Zweifel
sich regten, ob nicht diese, die den Tag des Herrn nicht erlebt, ihres Antheils an dem künftigen Gottesreiche verlustig
gehen würden[7]. Diese Nachrichten schienen dem Apostel
wichtig genug, um die Gemeinde brieflich zu beharrlicher
Treue wie zur Beseitigung der ihr anhaftenden Makel zu
ermuntern und sie durch eingehende Belehrung über das
Loos ihrer verstorbenen Angehörigen zu trösten. Daher
richtete er (etwa im Jahre 53 unserer Zeitrechnung) jenes
Schreiben an sie, welches sich unter dem Namen des ersten

---

[1] 1 Thess. 1, 3. 6 ff. 2, 14. 4, 9 ff.
[2] 5, 11.
[3] 4, 8. 5, 19 f.
[4] 3, 6.
[5] 4, 3 ff. 11 f.
[6] 5, 12 f.
[7] 4, 13 ff.

Thessalonicherbriefes im neutestamentlichen Kanon findet.
Nachdem er im Eingange desselben zunächst seine Befriedigung über den sittlichen Fortschritt der Gemeinde ausgesprochen, weist er darauf hin, wie sowohl in seiner nach-
drücklichen Verkündigung als in ihrer freudigen Annahme
des Evangeliums Gottes Gnade sichtbar gewesen sei, wie
dieses Evangelium sich unter ihnen bereits als wirksame
Macht bewährt habe, so dass sie allen Gläubigen in Macedonien und Achaja zum Vorbilde geworden seien, und ergeht
sich sodann in den Erinnerungen seines Zusammenlebens mit
der von ihm zärtlich geliebten Gemeinde, der er nicht nur das
Evangelium, sondern auch sein eigenes Leben gern hingegeben
hätte. Mit Dank gegen Gott bezeugt er ihnen, dass sie seine
Lehre als Gottes Wort aufgenommen und unter allen Drangsalen treulich bewahrt haben. Die Erwähnung der Anfechtungen, welche sie von ihrer heidnischen Umgebung erdulden,
und der Hinblick auf die Christengemeinden Judäa's, denen ein
Gleiches von ihren Volksgenossen widerfährt, ruft in ihm
das Andenken an die Feindseligkeiten der Judenschaft zu
Thessalonich wach, die seinem Wirken dort ein schnelles
Ende bereitet hat, und mit bittern Worten wie nirgends
sonst, geisselt er die Juden, "die Gott nicht gefallen und
allen Menschen zuwider sind, die uns wehren, den Heiden zu
predigen, um das Mass ihrer Sünden allezeit vollzumachen,"
die, wie ihm feststeht, bald dem göttlichen Strafgerichte verfallen sein werden. Um so weicher und beweglicher wird sein
Ton, wenn er unter dem Ausdrucke seines sehnsüchtigen
Verlangens, nach Thessalonich zu kommen, sich wieder an
die Gemeinde wendet, die seine Ehre und Freude ist und
ihm, dess ist er gewiss, am Tage des Herrn ein Ruhmeskranz sein wird, deren christliche Verfassung ihm auch
unter der Noth der Gegenwart zum kräftigsten Troste gereicht, "denn dann leben wir, wenn ihr im Herrn steht."
Nachdem er den sehnlichen Wunsch geäussert, dass Gott
ihm recht bald den Weg zu der Gemeinde bereiten möge,
erinnert er an seine mündlich gegebenen Vorschriften und
schärft nochmals die Ablegung der sittlichen Schwächen
ein, "denn Gott hat uns nicht berufen zur Unreinigkeit,

sondern in Heiligung." Unter freudiger Anerkennung ihrer
werkthätigen Bruderliebe fordert er seine Leser zu noch
kräftigerem Wachsthum in derselben auf und ermahnt sie
zugleich, ihre Ehre in ein ruhiges und arbeitsames Leben zu
setzen und so den Heiden gegenüber ihre Unabhängigkeit
zu wahren. Dann zu der Frage übergehend, die so schwere
Besorgnisse hervorgerufen hat, spricht er seine Ueberzeugung dahin aus, dass, so gewiss Christus gestorben und auferstanden sei, auch die Entschlafenen durch die Auferstehung
in die Gemeinschaft mit ihm eintreten und keinerlei Einbusse an der künftigen Herrlichkeit erleiden werden. Der
Herr selbst wird unter dem Rufe des Erzengels und unter
der Posaune Gottes herniederkommen vom Himmel und die
Todten in Christo werden zuerst auferstehen. "Alsdann
werden wir, die Ueberlebenden, zugleich mit ihnen hingerückt
werden auf Wolken dem Herrn entgegen in die Luft und
also allezeit bei dem Herrn sein." Mit diesen Worten sollen
sie sich unter einander trösten und im Hinblick auf die Ungewissheit der Zeit und Stunde als Kinder des Lichtes und
des Tages wachen und nüchtern sein. Nach verschiedenar-
tigen Ermahnungen, unter denen die zur Ehrerbietung gegen
die Vorsteher die erste Stelle einnimmt, schliesst er mit Gruss
und Segenswunsch, indem er zugleich die nächsten Empfänger des Briefes beschwört, denselben allen Gemeindegliedern
vorzulesen.

So trefflich auch Ton und Haltung dieses Sendschreibens
den Verhältnissen und dem Geiste der Gemeinde angepasst
waren, so erreichte es dennoch seinen Zweck nicht in dem
von Paulus gehofften Masse, wie sich aus Nachrichten ergab,
die ihm nicht lange nachher aus Thessalonich zukamen. Dieselben bestätigten allerdings durchaus die erfreuliche Kunde,
die Timotheus überbracht hatte. Die Gemeinde hatte sich
in gleicher Weise weiter entwickelt und unter Drangsalen
und Verfolgungen würdige Proben ihres Glaubens und ihrer
Liebe abgelegt[1]. Allein neue Besorgnisse waren in ihrer
Mitte hervorgetreten, vermehrte Unordnungen störten ihren

---

[1] 2 Thess. 1, 3 ff.

Frieden. Wenn die Befürchtungen wegen des Schicksals der Verstorbenen den beschwichtigenden Worten des Apostels gewichen waren, so hatte jetzt der Glaube sich vieler Christen bemächtigt, dass der jüngste Tag bereits vor der Thür sei, und in seinem Gefolge hatte theils Angst und Unruhe, theils überspannte Sehnsucht nach der Wiederkunft des Herrn die Gemüther erfüllt und jene krankhafte Erregung, welche schon früher durch die Gemeinde ging, auf die Spitze getrieben. Es fehlte nicht an solchen, welche über diesen Punkt im Besitz höherer Erleuchtung zu sein vorgaben und mündliche Belehrungen des Apostels für sich ausbeuteten, ja, man hatte sich nicht gescheut, einen ihm untergeschobenen Brief in Umlauf zu setzen [1]. Dies Alles war für Paulus Veranlassung genug zu einem zweiten Sendschreiben, welches er etwa ein halbes Jahr nach dem ersten an die Gemeinde in Thessalonich abgehen liess. Auch diesen Brief beginnt er mit Dank gegen Gott und mit Anerkennung des in der Gemeinde lebenden guten Geistes und seiner sichtbaren Früchte und bekämpft sodann den Wahn, als ob der Tag des Herrn schon im Eintreten begriffen sei. Nicht eher kann er ja kommen, als bis ihm der Abfall vorausgegangen, und nun ruft er seinen Lesern jene fast vergessenen Belehrungen zurück, die sie aus seinem Munde über den Antichrist und seine Offenbarung empfangen haben. Nachdem er sie sodann zur treuen Beobachtung der früher gegebenen Vorschriften ermahnt und seine Missionsthätigkeit ihrer Fürbitte empfohlen hat, wendet er sich in strengen Worten gegen die schon mehrmals gerügte Unsitte und gebietet ihnen, den Verkehr mit jedem Christen abzubrechen, der sich einem unsteten müssiggängerischen Treiben überlasse, welches in so grellem Gegensatze stehe zu dem arbeitsamen Leben, das er in ihrer Mitte geführt habe. Wer seinem Worte nicht gehorche, dessen Umgang solle die Gemeinde meiden, um Scham und Reue in ihm zu erwecken, aber nicht als Feind, sondern als irrender, durch ernste Zusprache wiederzugewinnender Bruder möge er ihr gelten.

---

[1] 2 Thess. 2, 2. 3. 6 ff.

Zuletzt fügt er dem Schreiben, das er einem seiner Begleiter
dictirt, einen eigenhändigen Gruss bei, als Merkmal der Echtheit, das auch seine späteren Briefe an die Gemeinde zu
Thessalonich tragen sollen, um einem Betrug, wie er dort
unlängst vorgekommen, für die Zukunft vorzubeugen. Ein
Segenswunsch beschliesst auch diesen Brief.

Während Paulus so mit gespannter Aufmerksamkeit die
Entwickelung einer fernen Gemeinde überwachte, war er auch
in Korinth nicht müssig. Zunächst wandte er sich an seine in
grösserer Zahl hier angesessenen Landsleute[1] und trat mehrere
Sabbathe hintereinander in ihrer Synagoge lehrend auf. Er
mochte um so mehr auf Erfolge unter ihnen rechnen, als nicht
nur Aquila, sondern auch einige in Korinth wohnhafte Verwandte, Lucius, Jason und Sopatros[2] ihm einen Anhalt gewähr-
ten, indessen die Erfahrung, die er bereits an vielen Orten
hatte machen müssen, blieb ihm auch hiernicht erspart. Als
er, nachdem Silas und Timotheus wieder bei ihm eingetroffen
waren, mit steigendem Eifer an der Seite dieser erprobten Gefährten das Evangelium verkündete, stiess er auf einen so
heftigen Widerstand der Juden, dass er die Hoffnung, aus
ihrer Mitte dem Christenthum eine grössere Zahl von Bekennern zu gewinnen, bald aufgab und ihrer Gemeinschaft
den Rücken wandte. In dem der Synagoge benachbarten
Hause eines Proselyten Justus fand er bereitwillige Aufnahme und hatte sogar die Genugthuung, dass der Synagogenvorsteher Crispus ihm dahin folgte und mit seiner
ganzen Familie zum Christenthum übertrat. Da jetzt auch
Heiden, welche in das jüdische Gotteshaus keinen Zutritt
hatten, den Hörerkreis des Apostels vermehrten, so liessen
weitere Bekehrungen nicht lange auf sich warten. Der Erstling Achaja's wurde Stephanas, der gleichfalls seine Angehörigen nach sich zog und sich mit ihnen späterhin um die
korinthische Gemeinde bedeutende Verdienste erwarb[3]. Ihm
schloss sich würdig Gajus an, dessen Haus nachmals der

---

[1] 1 Kor. 10, 18. 32.
[2] Röm. 16, 21.
[3] 1 Kor. 16, 15 ff.

Gemeinde einen Versammlungsort und dem Apostel, als er Korinth wieder besuchte, eine gastliche Stätte bot[1]. Erfreut über diese ersten Erfolge, vollzog Paulus selbst die Taufe an den drei Neubekehrten, während er diese Handlung sonst einem untergeordneten Begleiter zu übertragen pflegte[2]. Eine nächtliche Vision bestärkte ihn in der Ueberzeugung, dass der Herr ein grosses Volk in dieser Stadt habe, und in dem Entschlusse, derselben eine längere Missionsthätigkeit zu widmen. Seine Zuversicht wurde nicht zu Schanden, und bald schaarte sich eine ansehnliche Gemeinde um ihn, in welcher die Heiden weit überwogen, die Juden aber keineswegs ganz fehlten[3]. Unter den korinthischen Christen, deren Namen wir noch durch Paulus kennen, lebten mindestens zwei. Chloë und der städtische Schatzmeister Erast, in äusserlich günstigen Verhältnissen[4]. Aber weit mehr, als in den höheren Gesellschaftskreisen, die in hellenischem Weisheitsdünkel das Wort vom Kreuz als eine Thorheit verlachten, fand Paulus unter den Armen und Elenden eifrige Jünger seines Evangeliums. Sophisten und Schriftgelehrte suchte man vergeblich, Handwerker, Krämer, Sklaven bildeten den Kern der Gemeinde, von der Paulus mit Wahrheit bezeugen konnte: „Nicht viel Weise nach dem Fleische, nicht viel Mächtige, nicht viel Edle, sondern das Schwache, Unedle und Verachtete hat Gott erwählt, um das Geltende zu nichte zu machen[5]." Auch waren es keineswegs die lautersten und unverdorbensten Gemüther, die sich dem Christenthum zuwandten, sondern zum grossen Theil solche, die Paulus, wenn er die heidnischen Gräuel aufzählt, welche vom Gottesreiche ausschliessen, daran erinnern darf, dass sie selbst vormals im Dienste dieser Sünden gestanden haben, und die auch nach ihrer Bekehrung mit manchen Schlacken des alten Menschen behaftet blieben[6]. Dieser Gemeinde gegenüber konnte

---

[1] Röm. 16, 23.
[2] 1 Kor. 1, 14 ff.
[3] 12, 2. 7, 18.
[4] Röm. 16, 23. 1 Kor. 1, 11.
[5] 1 Kor. 1, 20. 26—28. 7, 21. 30.
[6] 1 Kor. 6, 10 f. 7, 2. 5.

auch seine Verkündigung des Evangeliums keinen allzuhohen
Flug nehmen, sondern musste sich dem niedrigen Durch-
schnittstandpunkte der geistigen und sittlichen Bildung seiner
Hörer anbequemen. "Ich konnte", schreibt er ihnen später,
"nicht zu euch reden als Geistlichen, sondern als Fleischlichen,
als Kindern in Christo. Milch gab ich euch zu trinken und
nicht Speise, denn ihr vermochtet es noch nicht"[1]. Daher be-
fleissigte sich der Apostel einer schlichten und einfachen
Lehrweise, überzeugt, dass seine kräftige und nachdrückliche
Verkündigung der Wahrheit nicht des Erfolgs entbehren
werde[2]. Zunächst brandmarkte er die heidnische Unsittlichkeit, welche alle, die sie beherrsche, dem ewigen Verderben
überliefere, während den Heiligen die himmlische Seligkeit
und selbst die Theilnahme am Weltgericht über Menschen
und Engel aufbehalten sei[3]. Er lehrte seine Jünger sich als
Glieder am Leibe Christi, ihren eigenen Leib als einen Tempel Gottes zu betrachten, der, wenn er auch vom Tode abgebrochen werde, doch bestimmt sei, am jüngsten Tage in
neuer Herrlichkeit zu erstehen[4]. Glückliche Krankenheilungen, die allgemein als Wunder angesehen wurden, unterstützten den Eindruck seiner Predigt[5], aber die bedeutend-
sten Wirkungen gingen auch hier, wie anderwärts, von seiner
Persönlichkeit aus. Sein unsträflicher Wandel inmitten einer
lasterhaften Umgebung und die ängstliche Sorgfalt, mit der
er selbst den Schein der Selbstsucht und des Eigennutzes
mied, musste ihm schnell Hochachtung und Liebe erwerben,
zumal da er seinem Grundsatze, der Gemeinde nicht lästig zu
fallen, auch dann treu blieb, als er in Mangel gerieth, dem
erst durch Geldsendungen, die ihm unerbeten aus macedonischen Gemeinden zuflossen, abgeholfen wurde[6].

So konnte denn der Bestand einer korinthischen Gemeinde bald als gesichert gelten und Paulus traf die zu ihrer

---

[1] 1 Kor. 3, 1 f.
[2] 1, 17. 2, 1 ff. 2 Kor. 1, 18. 7, 14.
[3] 1 Kor. 6, 2 f. 9 f.
[4] 6, 15. 19. 15, 1. 21.
[5] 2 Kor. 12, 12.
[6] 2 Kor. 1, 12. 11, 7—9. 12, 13.

Krenkel, Paulus. 7

gedeihlichen Weiterentwickelung nöthigen Anordnungen[1].
Mit Freuden sah er schnell ein reges Leben sich entfalten.
Täglich versammelte das Liebesmahl die in der grossen Stadt
zerstreuten Bekenner Jesu, Zungenreden und Weissagungen
bezeugten ihre frische religiöse Begeisterung, Psalmen und
geistliche Lieder erklangen da, wo früher nur die ausgelassenen
Weisen weltlicher Poesie vernommen wurden, und lockten
selbst einzelne Heiden zu den Stätten des christlichen Gottesdienstes[2]. Auch die häusliche Andacht wurde gepflegt und
der Sonntag, obwohl noch ohne kirchliche Ehren, gern durch
christliche Liebeswerke geheiligt[3]. Stolz auf ihren hohen
Beruf blickten die Neubekehrten mit Verachtung auf ihre
früheren Glaubensgenossen herab und suchten sich mehr und
mehr von den Banden des Heidenthums loszuringen[4]. Manche
bereits getaufte Christen unterzogen sich aus Besorgniss
um das Schicksal ihrer verstorbenen Lieben an ihrer Statt
nochmals der Taufe, um ihnen Vergebung der Sünden und
Theilnahme am Messiasreich zu sichern[5]. Allmählich, aber
unverkennbar schritt die Gemeinde auf der Bahn vorwärts,
welche ihr das Evangelium des Apostels vorgezeichnet hatte.

Inzwischen blieb Paulus von der Unduldsamkeit der
korinthischen Juden nicht unbehelligt. Schon als er seine
Sendschreiben nach Thessalonich richtete, sah er sich von
Noth und Drangsal umgeben und hatte Grund genug zu
bitteren Klagen über seine Volksgenossen und zu dem
Wunsche, dass er von den bösen Menschen errettet werden
möge, „denn nicht jedermanns Sache ist der Glaube[6]." Angesichts der Schwierigkeiten, die sie ihm in den Weg legten,
befiel ihn oft Furcht und Zittern und er musste seine ganze
Standhaftigkeit aufbieten, um sein Evangelium durch die
Erweisung des Geistes und der Kraft zu vertreten[7].

---

[1] 1 Kor. 11, 2.
[2] 11, 17. 6, 19. 14, 23. 26.
[3] 7, 5. 16, 2.
[4] 6, 4.
[5] 15, 29.
[6] 1 Thess. 2, 14 ff. 3, 7. 2 Thess. 1, 7. 3, 2.
[7] 1 Kor. 2, 3. 4. 2 Kor. 12, 12.

Die Anfechtungen von jüdischer Seite nahmen an Heftigkeit zu, je mehr die in der Stille gereiften Früchte seiner Wirksamkeit sichtbar wurden. Eines Tages überfiel der neue Synagogenvorsteher Sosthenes, der den Platz 'des abtrünnigen Crispus eingenommen hatte, mit einer Anzahl seiner 'Glaubensgenossen die Versammlung der Christen, schleppte Paulus vor das römische Gericht und klagte ihn der Verbreitung einer unerlaubten Religion an. Der damalige Proconsul Junius Gallio, ein Bruder des bekannten Philosophen Seneca, war ein duldsamer und menschenfreundlicher Mann[1], der auch hier seinen Charakter nicht verleugnete. Mit ruhiger Entschiedenheit wies er das Ansinnen zurück, in religiösen Fragen eine richterliche Entscheidung zu treffen, und stellte den Anklägern selbst alles Weitere anheim. Als diese mit der ihrer Nation eigenen Zudringlichkeit den Richterstuhl umlagerten, liess er sie hinwegtreiben und gab hierdurch dem heidnischen Pöbel die willkommene Gelegenheit, den Synagogenvorsteher thätlich zu misshandeln[2]. Der üble Erfolg dieses Angriffs scheint der korinthischen Judenschaft den Muth genommen zu haben, der Verkündigung des Christenthums weitere Hemmnisse zu bereiten. Ungehindert konnte sich jetzt das Evangelium ausbreiten und in der Umgegend der Stadt bildeten sich eine Anzahl Filialgemeinden, die mit der Muttergemeinde und dem an ihrer Spitze stehenden Apostel einen regen Verkehr unterhielten[3]. Gern 'erinnerte er sich später seines Aufenthalts in dem drei Stunden von Korinth entfernten Kenchreä, wo die Diakonisse Phöbe eine eifrige, von ihm dankbar anerkannte Berufsthätigkeit entfaltete[4].

Nahezu zwei Jahre verweilte Paulus in Korinth[5]. Als er nach Ablauf dieser Zeit das dortige Gemeindeleben für hinreichend gekräftigt hielt, um seiner persönlichen Lei-

---

[1] Seneca quaest. nat. IV praef. Statius silv. II, 7, 32.
[2] Apg. 18, 12—17.
[3] 1 Kor 1, 2. 2 Kor. 1, 1. 2 Thess. 1, 4.
[4] Röm. 16, 1 f.
[5] 1¹/₂ Jahr und "viele Tage". (Apg. 18, 11. 18.)

tung entrathen zu können, lenkte er seinen Blick wieder
nach Asien und fand Aquila und dessen Gattin bereit, ihn
dahin zu begleiten. So nahm er von der korinthischen Gemeinde Abschied und schiffte sich mit jenem ihm treu ergebenen Paare und den beiden Macedoniern Gajus und
Aristarchus im Hafen zu Kenchreä ein[1].

---

[1] Apg. 18, 18. 19, 29.

V.

Als Paulus nach zweijähriger Abwesenheit den Boden
Asiens wieder betrat, sah er "eine grosse und starke Thür"
vor sich aufgethan[1] in einer Stadt, die bisher noch keine
Christengemeinde in ihren Mauern beherbergt hatte, aber wie
wenig andere geeignet war, ein fruchtbares Saatfeld für das
Evangelium und Mittelpunkt einer ausgedehnten Missionsthätigkeit zu werden. Es war die Hauptstadt des proconsu-
larischen Asien's, Ephesus, die den Apostel mit seinen Begleitern aufnahm. Unfern des ikarischen Meeres am Abhange
des Berges Koressus lag die der Sage nach von den Amazonen
gegründete Stadt in einer vom Flusse Kayster durchströmten
und mit allen Gaben der Natur verschwenderisch ausgestatteten Gegend, die besonders im Süden um den anmuthigen
Hain Ortygia ihre lieblichsten Reize entfaltete[2]. Schon zur
Zeit der Perserkriege ein bedeutender Stapelplatz, war
Ephesus seitdem vermöge seines schwunghaften Zwischen-
handels zu einer der reichsten und glänzendsten Grossstädte
emporgeblüht. Seinen weltberühmten Namen verdankte es
vorzüglich dem prachtvollen, in der Nähe des Hafens Panor-
mus und der beiden selenusischen Seen aufsteigenden Dianatempel. Nachdem das Heiligthum in der Geburtsnacht
Alexanders des Grossen (355 v. Chr.) von dem wahnwitzigen
Herostrat eingeäschert worden war[3], erhob es sich durch
den Wetteifer aller kleinasiatischen Griechen um so herrlicher
wieder aus den Trümmern und nahm seitdem einen unbe-

---

[1] 1 Kor. 16, 9.
[2] Plin. 5, 29, 31. 16, 40, 79. Strabo 14. 632 ff.
[3] Cicero de natura deorum 2, 27.

strittenen Rang unter den sieben Wunderwerken des Alterthums ein. 127 Säulen, jede 60 Fuss hoch, trugen das stolze mit
Cedernbalken eingedachte Gebäude, welches in seinem Innern
das heilige Bild der Göttin barg, das nach dem Volksglauben
einst vom Himmel gefallen war und trotz der Jahrhunderte,
die an ihm vorübergegangen, sich unverändert erhalten
hatte. "Tempelhüterin" (νεωκόρος) war der Ehrentitel, den
die Stadt sich mit Vorliebe auf ihren Münzen beilegte, und
zahllose aus Silber gefertigte, kleine Nachbildungen des
Heiligthums gingen aus ihren Werkstätten hervor, um den
Ruhm desselben und der seinem Dienste eifrig ergebenen
Stadt allenthalben zu verbreiten. Weniger glänzend, aber
nicht minder gewinnbringend entwickelte sich hier eine andere
charakteristische Seite des heidnischen Wesens, jener ängstliche und vielgeschäftige Aberglaube, der in Zauberformeln
und Geheimschriften Schutz gegen dämonische Einwirkungen
und Herrschaft über die Natur zu besitzen überzeugt war
und den ephesischen Büchern einen etwas zweideutigen Welt-
ruf verschafft hatte[1].

Wie in allen Handelsstädten lebte auch hier eine zahlreiche Judenschaft, welche dem Apostel schon deshalb als
ein nicht unempfänglicher Boden für den Samen des Evangeliums erscheinen musste, weil sich in ihrer Mitte Johannes-
jünger befanden, die mit der Predigt des Täufers bereits ein
dem Christenthum verwandtes Element in sich aufgenommen
hatten[2]. Auch einzelne Judenchristen fand er dort schon
vor und unter ihnen zwei Verwandte, Andronicus und Junias,
die noch vor ihm sich dem Evangelium zugewandt hatten
und bei den jerusalemischen Aposteln in Ansehen standen[3].
Es war nach der Apostelgeschichte zuerst die Synagoge,
dann, als er hier auf entschiedenen Widerstand traf, der
Hörsaal eines jüdischen Lehrers Tyrannus, in welchen
Paulus mit der Verkündigung des Christenthums auftrat,

---

[1] Menandri et Philem. reliq. ed. Grot. et Cler. p. 140. Plut. sympos.
quaest. VII. quaest. 5.

[2] Apg. 19, 1 ff.

[3] Röm. 16, 7. vgl. V. 11.

der er nicht ohne mehrfache Unterbrechungen ziemlich drei Jahre gewidmet hat. Es beginnt hier ein neuer Abschnitt seiner Apostellaufbahn und zwar der bei weitem bewegteste und an Drangsalen reichste. Erst jetzt tritt der unversöhnlichste Feind des Apostels, das gesetzeseifrige Judenchristenthum zu einem Kampf auf Tod und Leben gegen ihn in die Schranken. Wenn er damals, als die beiden Parteien zum ersten Male sich mit einander massen, durch seine geistige Ueberlegenheit den drohenden Sturm beschworen, wenn er dann seinen Widersachern, wie diese es auffassen mochten, das Feld geräumt und Europa zu seinem Arbeitsgebiete erwählt hatte, so musste doch jetzt, da sie den gefährlichen Nebenbuhler noch ungebrochen an Geist und Körper und mit fast jugendlicher Thatenlust von Neuem in Asien auftauchen und Erfolge erringen sahen, welche die gefeierten Häupter der jerusalemischen Gemeinde in Schatten stellten, sich unabweisbarer als je die Ueberzeugung ihrer bemächtigen, dass die Zeit des Handelns für sie gekommen sei. Der Wiederausbruch des Kampfes war unvermeidlich.

Wie hitzig er entbrannte, bis zu welcher leidenschaftlichen Erbitterung sich die Gegensätze der paulinischen und judenchristlichen Richtung steigerten, das liegt in den aus diesen Jahren stammenden Briefen des Apostels für jeden, der nicht absichtlich die Augen verschliesst, klar und unzweideutig am Tage. Wie ist hier Alles Sturm und Drang! Ein Feldherr, der mit Adlerblick das ganze Schlachtfeld beherrscht, auf jeden bedrohten Punkt alsbald einen seiner Getreuen wirft, den Lässigen mit dem Beispiele des Tapfern anfeuert und selbst eine erlittene Niederlage im Interesse des künftigen Sieges auszunutzen weiss, der, während sein Geist an entfernten Punkten den Gang des Treffens verfolgt, zugleich mit kräftiger Hand den Seinen die Fahne voranträgt und Mann gegen Mann kämpft, so erscheint uns der grosse Apostel, dessen Heldengestalt nie in reinerem Lichte strahlt, als in den Tagen der Anfechtung und Bedrängniss. Wenn wir sehen, wie in die Gemeinden, die er mühsam erst gegründet, sofort judenchristliche Sendlinge eindringen, um sein Werk zu zerstören, wie von ihnen nicht nur seine apostolische Auctorität angetastet, sondern auch sein sittlicher Charakter schonungslos verunglimpft wird, wie er allein mit dem guten Schwerte seines Geistes die Sache der evangelischen Freiheit verficht, wie er, unablässig bemüht, das Gewonnene zu erhalten, das Schwankende zu stützen, dennoch Zeit und Kraft findet, auf anstrengenden Reisen in weiter Ferne neue Gemeinden zu pflanzen, wie er mitten im Gewühle des Kampfes mit flüchtigen Federzügen jene gewaltigen Sendschreiben hinwirft, die noch nach Jahrhunderten lautredende Zeugen seiner Grösse sind, und wie er endlich, obwohl oft von der Schärfe des Gegensatzes zu leidenschaftlichem Ungestüm entflammt, doch der christlichen Gemeinschaft mit dem Gegner so wenig vergisst, dass er während des heftigsten Parteihaders in seinen Gemeinden Liebesgaben für Jerusalem sammelt, dasselbe Jerusalem, auf dessen Heerd die schärfsten Waffen gegen ihn und sein Werk geschmiedet werden — wahrlich dann muss uns ehrfurchtsvolle Bewunderung ergreifen vor einer Geistesmacht und einer Hoheit des Charakters, wie sie, jede für sich nur wenigen auserwählten Sterblichen, vereinigt wohl kaum einer Persönlichkeit seit Paulus' Tagen innegewohnt haben.

Leider sind wir über des Apostels äussere Erlebnisse in dieser Zeit und ihre Aufeinanderfolge sehr spärlich unterrichtet. Die Apostelgeschichte erzählt aus seinem Aufenthalt in Ephesus nur einige Vorgänge von untergeordneter Bedeutung und theilweise zweifelhafter Geschichtlichkeit, während sie über die Kämpfe, in welche uns Paulus' Briefe einen tiefen Blick eröffnen, mit beharrlichem Stillschweigen hinweggeht, das bei ihrer Tendenz, unliebsame Erinnerungen an abgethane Parteistreitigkeiten auszulöschen, nicht mehr befremden kann[1]. Wenn sie den Apostel bald nach seiner Ankunft in Ephesus von hier aus Jerusalem besuchen lässt[2], so muss die Richtigkeit dieser Angabe, die in seinen Briefen keine Stütze findet, dahingestellt bleiben. Dagegen

---

[1] Dass diese Kämpfe dem Apostelgeschichtschreiber nicht völlig unbekannt waren, zeigt 20, 19 vgl. V. 29 f.

[2] 18, 22.

wird die in der Apostelgeschichte berichtete Wanderung durch Galatien auch von Paulus bezeugt[1], dessen Andeutungen uns überhaupt so viel erkennen lassen, dass er von Ephesus aus mehrfache grössere und kleinere Reisen unternommen hat, um neue Gemeinden zu gründen und die schon bestehenden in ihrem Glauben zu stärken. So finden wir ihn wiederum in Korinth und können seine Spur bis nach Epirus und dem fernen Illyrien verfolgen[2]. Die zahlreichen Drangsale, welche er im zweiten Korintherbriefe verzeichnet, die häufigen Einkerkerungen, acht Geisselungen, drei Schiffbrüche, Gefahren auf dem Meere und auf Flüssen, in Städten und in der Wüste[3], sind mit Wahrscheinlichkeit zum grössten Theile in diese sturmerfüllten Jahre zu verlegen.

In Ephesus betrieb Paulus, wie in Korinth, das Zeltmacherhandwerk[4]. Vermuthlich arbeitete er auch hier in der Werkstatt seines Freundes Aquila, welcher bereitwillig seine Wohnung für die gottesdienstlichen Versammlungen der jungen Gemeinde öffnete[5]. Vornehmlich waren es Heiden, die das Gefühl der inneren Hilflosigkeit und Gottverlassenheit zum Anschluss an den neuen Religionsverband trieb[6]. Epänetus hiess der erste von Paulus bekehrte Ephesier, weitere Uebertritte folgten schnell und das reichhaltige Namensverzeichniss eines von Paulus später an diese Gemeinde gerichteten Schreibens spricht für eine beträchtliche Zahl von Bekennern Christi in der heidnischen Weltstadt[7]. Die ganze Mannichfaltigkeit des grossstädtischen Lebens spiegelte sich in der Gemeinde ab, welche Griechen, Römer und Juden, Arme und Reiche, Sklaven und Sklavenbesitzer zu brüderlicher Gleichheit vereinigte[8]. Freilich wuchs damit auch für den Apostel die Schwierigkeit, das ihm vorschwebende Ideal einer christlichen Gemeinde zu verwirklichen. Nicht nur, dass die

---

[1] V. 23. 19, 1. Gal. 4, 13.
[2] Tit. 3, 12. Röm. 15, 19.
[3] 2 Kor. 11, 23 ff.
[4] 1 Kor. 4, 12. 9, 6. Apg. 20, 34.
[5] 1 Kor. 16, 19. Röm. 16, 5.
[6] Eph. 2, 1 ff. 11. 12. 4, 17.
[7] Röm. 16, 3—15.
[8] V. 10. 11. Eph. 6, 5. 9.

überall wiederkehrenden Laster der Heidenwelt auch den
ephesischen Christen noch anhafteten, es traten hier noch
ganz besondere Lieblingssünden in greller Weise hervor.
Es gab keine Art von Ausgelassenheit und Frivolität,
die nicht unter dem leichtlebigen Volke im Schwange ging,
und die bekannte ephesische Schlagfertigkeit und Redege-
wandtheit stand oft genug im Dienste der Lüge und gehässi-
ger Streitsucht[1]. Die üppige Natur lockte zum Müssiggange
und bei dem Weinreichthum der Umgegend war es nicht zu
verwundern, dass die Trunksucht manches Opfer forderte[2].
Der gewaltige Handelsverkehr stachelte die Geldgier mächtig
an, Betrügereien und Diebstähle waren nichts Seltenes[3]. So
fand Paulus ein schwer zu bestellendes Feld und musste mit
allem Nachdruck einschärfen, dass das Evangelium Christi
sich nicht mit heidnischem Wandel vertrage und einen völlig
neuen Menschen fordere, dass die Habsucht um nichts besser
als Götzendienst sei und kein Lasterhafter in das Reich Gottes
und Christi eingehen werde, ja er durfte seinen ephesischen
Jüngern selbst die keineswegs makellose korinthische
Gemeinde als nachahmenswerthes Muster vorhalten[4] Seine
Bemühungen blieben nicht ohne Erfolg, so dass er bald
einer grösseren Zahl Gemeindeglieder warme Anerkennung
spenden konnte. Amplias und Stachys besassen seine Liebe,
Urbanus war ihm ein treuer Mitarbeiter, Apelles bewährte
sein Christenthum rühmlich, Rufus schien einer besonderen
Auswahl Gottes gewürdigt und gegen die Mutter dieses
Mannes hegte Paulus die Gesinnung eines dankbaren Sohnes.
Drei andere Frauen, Tryphäna, Tryphosa und Persis wetteiferten mit einander in Erweisungen christlicher Liebes-
thätigkeit, während Maria die Person des verehrten Apostels zum Gegenstande ihrer emsigen Fürsorge machte[5].
Doch übertraf alle ephesischen Christen an geistiger Be-
gabung und glühendem Eifer ein Fremdling, der, erst vor

---

[1] Eph. 4, 25 f. 29. 31. 5, 4 vgl. Plaut. mil. glorios. III. 1, 42 ff.
[2] 4, 28. 5, 18.
[3] 4. 19. 28. 5, 5.
[4] 4, 20 ff. 5, 5. 1 Kor. 15, 31.
[5] Röm. 16, 6. 8 ff. 12 f.

Kurzem hier angekommen, durch Aquila der Gemeinde zugeführt worden war, Apollos, ein Judenchrist aus Alexandrien,
welcher die eigenthümliche religiöse Speculation, die, aus einer
Vermählung der Lehre des Alten Testamentes mit griechischer Philosophie hervorgegangen, in seiner durch Pflege der
Wissenschaft ausgezeichneten Vaterstadt blühte, mit warmer
Begeisterung in sich aufgenommen und in den Dienst des
neuen Glaubens gestellt hatte, dessen Sache zu fördern er
durch seine Schriftkenntniss und Beredsamkeit vorzugsweise
berufen schien[1]. Es ist eine ansprechende Vermuthung
Luthers, dass der dem neutestamentlichen Kanon einverleibte,
vielfach an Paulus erinnernde, aber sicher nicht aus seiner
Feder geflossene Hebräerbrief diesen in nahezu apostoli-
schem Ansehen stehenden Lehrer zum Verfasser habe[2].

Im Anfang seiner Lehrthätigkeit zu Ephesus scheint die
judenchristliche Partei noch nicht gewagt zu haben, in dieser
Stadt selbst ihr Haupt gegen Paulus zu erheben. Mit um so
grösserer Rührigkeit warf sie sich dafür auf solche Punkte,
denen seine persönliche Gegenwart nicht zum Schutze gereichte,
um ihm hier die Früchte seines Wirkens zu entreissen. Wie
wohlberechnet diese Kampfesart war, musste Paulus bald
genug zu seinem Schmerze inne werden, als er die galatischen Gemeinden, in deren Mitte er einst so glückliche Tage
verlebt hatte, von Neuem besuchte. Er fand ihre Stimmung
verändert und nicht zum Bessern. Schon waren judenchristliche Elemente eingedrungen, ohne auf ernstlichen
Widerstand zu stossen, und den Galatern schien der Gedanke,
sich dieser und jener Forderung des Gesetzes anzubequemen,
nicht mehr unerträglich. Paulus trat solchen Neigungen
mit rückhaltloser Entschiedenheit entgegen. Ungescheut
sagte er den Wankelmüthigen die Wahrheit in's Gesicht und
suchte sie durch den warnenden Hinweis zu schrecken, dass,
wer sich einmal der vom Getetze verlangten Beschneidung
unterwerfe, damit folgerichtig zur Erfüllung des ganzen Gesetzes
verbunden sei; er betheuerte, dass das Evangelium, welches

---

[1] Apg. 18, 24 ff. 1 Kor. 16, 12.
[2] S. Luthers Werke, Ausg. v. Walch Th. XII. S. 1996.

sie von ihm empfangen, das echte sei, und schleuderte seinen
Bann gegen jeden, wäre es selbst ein Engel vom Himmel,
der sich ein anderes zu verkünden unterfange, er strafte die
Unbeständigkeit der Galater mit so strengen Worten, dass
er sich manche seiner früheren Anhänger zu Feinden machte
und später selbst wünschte, einen milderen Ton angeschlagen
zu haben[1]. Doch vergass er auch hier nicht sein den Uraposteln gegebenes Versprechen und ordnete eine Collecte
zum Besten der jerusalemischen Christen an, von der er hoffen
mochte, dass sie sich als ein heilsames Vereinigungsmittel
der getrennten Parteien erweisen werde. Regelmässig am
Sonntage, der zwar noch nicht kirchlich gefeiert wurde, aber
doch bereits dem christlichen Bewusstsein als bevorzugter
Tag galt, sollte jeder Hausvater eine freiwillige Gabe zurück-
legen und schliesslich der Gesammtertrag durch einige Ver-
trauensmänner nach Jerusalem überbracht werden[2]. Er verliess
Galatien in dem Glauben, der judenchristlichen Strömung rechtzeitig Einhalt gethan zu haben, und kehrte nach Ephesus zurück.

Allein seine Abwesenheit erfüllte die Gegenpartei mit
neuem Muthe. Judaistische Prediger durchzogen die galatischen Gemeinden und entfalteten, durch die Künste ein-
schmeichelnder Beredsamkeit unterstützt, einen ausserordentlichen Eifer, der seine Wirkung auf das arglose, jedem
neuen Eindruck leicht zugängliche Volk nicht verfehlte[3]. Es
waren theilweise unlautere Triebfedern, wie Eitelkeit und
Sucht nach weltlicher Ehre, von denen ihr Auftreten geleitet wurde[4]. Sie selbst beobachteten das Gesetz nicht nach
seinem vollen Umfange und vertuschten daher sorgfältig
die von Paulus stets hervorgehobene Consequenz, dass die
Annahme einer einzigen gesetzlichen Vorschrift die Anerkennung aller übrigen in sich schliesse[5]. Da sie ausserdem
mit den Juden auf vertrautem Fusse standen und so gegen
jede Verfolgung von dieser Seite gesichert waren, so konnten

---

[1] Gal. 4, 16. 5, 3. 1, 9. 4, 20.
[2] 1 Kor. 16, 1 ff.
[3] Gal. 5, 8. 4, 17.
[4] 6, 12 f.
[5] 6 13. 5, 3.

sie desto ungehinderter Paulus' Werk unterwühlen und das Evangelium Christi verkehren[1]. Dass das Heil nur den Messiasgläubigen zu Theil werde, leugneten sie zwar nicht, wollten es aber auch bei diesen nur als Frucht der Gesetzeserfüllung, nicht des Glaubens angesehen wissen, wie sie auch die Gabe des heiligen Geistes allein aus dieser Quelle ableiteten[2]. Um ihren Forderungen mehr Nachdruck zu geben, verbreiteten sie die Lüge, dass Paulus selbst in andern Gemeinden die Nothwendigkeit der Beschneidung predige[3]. Bald gingen sie noch einen Schritt weiter und griffen schonungslos selbst seine apostolische Würde an. Welches Recht habe er denn, sich den Apostelnamen beizulegen, der nur den Häuptern der jerusalemischen Gemeinde zukomme, die aus Jesu eigenem Munde ihr Evangelium empfangen hätten? Nur mit ihrer Vollmacht verwalte er sein Lehramt, nur von ihnen habe er lernen können, was er von Christi Persönlichkeit und Wirken wisse. So langten sie schliesslich bei dem willkommenen Resultate an, dass Paulus ja auch nur, wie sie, ein Schüler der Urapostel sei, vor dem sie noch den gewichtigen Vorzug der grösseren Treue gegen ihre Meister und deren Wort voraus hätten, daher sie auch weit mehr als er befähigt seien, ihre Jünger zur wahren Vollendung zu bringen[4].

Die Galater gaben solchen verführerischen Einflüsterungen in ihrer Mehrzahl nur zu leicht Gehör[5]. Bald befreundeten sich die ehemaligen Heiden mit den mosaischen Bräuchen, mit denen sie schon durch die unter ihnen wohnenden Juden nothdürftig bekannt geworden waren. Zunächst wurde die Sabbathfeier eingeführt und regelmässig an den heiligen Tagen, wie in den Synagogen, das Gesetz vorgelesen[6]. Die übrigen Festzeiten folgten nach und bald hatte selbst der Gedanke, sich der Beschneidung zu unterwerfen, für die

---

[1] Gal. 1, 7. 5, 10. 12.
[2] 3, 2. 5. 21. 5, 4.
[3] 5, 11.
[4] 3, 3.
[5] 1, 6. 4, 9.
[6] 4, 10. 21.

Galater nichts Abschreckendes mehr[1]. Natürlich ging diess
Alles nicht ohne Zwistigkeiten ab, die den Frieden der Gemeinden störten.   Spaltungen rissen ein, Ehrsucht und
Prahlerei machten sich bemerklich, die gegenseitige Liebe
erkaltete, das Verhältniss zwischen Lehrer und Schüler
trübte sich, sogar fleischliche Sünden nahmen wieder überhand[2].   Erst als die Judaisten ihr letztes Ziel, die allgemeine Einführung der Beschneidung, beinahe erreicht hatten,
erfuhr Paulus von dem Erfolge ihrer Bestrebungen, diese Gemeinden, in denen er der evangelischen Freiheit eine bleibende
Stätte gegründet zu haben meinte, unter das knechtische
Joch zu fangen.   Die unerwartete Kunde wirkte im Innersten
aufregend und erschütternd auf ihn.   Da sein nächster
Wunsch, selbst in die Mitte seiner geliebten Galater zu
eilen und sie durch väterliche Zusprache wiederzugewinnen,
sich nicht verwirklichen liess[3], so richtete er an sie jenes
denkwürdige Sendschreiben, welches, auch wenn es allein
von seinen Briefen auf unsere Tage gekommen wäre, dem
Geiste und Charakter seines Verfassers unsere dauernde
Bewunderung sichern würde.   Aus jedem Satze hören wir
den lauten Schlag seines bewegten Herzens heraus, das ihm
auch in einer Stimmung, die jede Absicht, ein vollendetes
schriftstellerisches Erzeugniss zu schaffen, ausschliessen
musste, Worte voll niederschmetternder Wucht und voll ein-
schmeichelnder Zärtlichkeit eingab und seiner Rede feierlichen
Schwung verlieh.   Wer sich unbefangen dem Eindrucke
dieses Briefes überlässt, dem ist es etwa zu Muthe, wie bei
einem luftreinigenden Gewitter, das die unheimliche Schwüle
eines heissen Sommertages hinwegfegt: Donner auf Donner,
immer majestätischer, Blitz auf Blitz, ein jeder zündend, bis
endlich der Himmel, der erst nur vereinzelte Lichtblicke
durch die dunkle Umhüllung senden konnte, sein wolkenloses
Antlitz zeigt und nichts mehr an den gewaltigen Kampf der

[1] Gal. 5, 2.
[2] 5, 15. 26. 6. 6, 6. 5, 19 f.
[3] 4, 20.

Elemente erinnert, aus dem dieser heitere Friede hervorgegangen.

Sogleich an den Anfang, in die Grussformel, stellt
Paulus das, was von den Gegnern' am nachdrücklichsten bestritten wurde, die Behauptung seiner Apostelwürde.
"Paulus, Apostel, nicht von Menschen, noch durch einen
Menschen, sondern' durch Jesum Christum und Gott den
Vater, der ihn auferweckt hat von den Todten." Nachdem
er alsdann im Tone der Verwunderung den Wankelmuth
der Galater getadelt, die sich so schnell von seinem Evangelium.
ab und den Irrlehrern zuwenden, und ihnen die ernsten Worte
in's Gedächtniss zurückgerufen hat, die er bei seiner letzten
Anwesenheit gegen solche Verirrung gesprochen, legt er
in einem geschichtlichen Nachweise die Grundlosigkeit des
Vorgebens dar, dass er mit seiner Lehre von denen abhängig
sei, die vor ihm Apostel waren. Nicht von Menschen, sondern
durch Offenbarung Jesu Christi habe er sein Evangelium
empfangen und den "Vielgeltenden", den "Säulen" der jerusalemischen Gemeinde gegenüber zu jeder Zeit seine Selbständigkeit auf das Entschiedenste gewahrt. Ja, so wenig
sei er in ein Abhängigkeitsverhältniss zu ihnen getreten,
dass er selbst Petrus' charakterlose Handlungsweise zu
Antiochia vor versammelter Gemeinde mit aller Schärfe
gerügt habe. Nun wiederholt er jene einschneidende Rede,
die, wie sie einst Petrus im innersten Herzen getroffen hatte,
so auch jetzt als ein strenger und gerechter Richterspruch
auf das Gewissen seiner Leser fallen musste. An ihre eigene
religiöse Erfahrung wendet er sich hierauf, die ihnen be-
zeuge, dass sie den Geist, der sich in augenfälligen Krafterweisungen unter ihnen offenbare, empfangen haben, da sie
den Glauben an das Evangelium annahmen, ohne noch etwas
von dem Gesetze zu wissen, gleichwie Abraham lange Jahrhunderte vor Aufrichtung des sinaitischen Gottesbundes die
Verheissung, dass von ihm das Heil über alle Völker ausgehen sollte, allein als Frucht seines Glaubens davontrug.
Allerdings liegt das Gesetz in Gottes Weltplan, insofern es
uns zur evangelischen Freiheit erziehen, unser Zuchtmeister
auf Christum sein solle, nun aber, nachdem der Glaube ge-

kommen, stehen wir nicht mehr unter seiner Herrschaft,
Christus hat uns losgekauft vom Gesetze, dass wir die Kind-
schaft empfingen. Mitten in der ruhigen Auseinandersetzung seiner Lehre übermannt ihn aber das beängstigende
Gefühl, dass er an den ihm theuren Gemeinden vergeblich
gearbeitet haben könne, da sie, wie sie einst den nichtigen
heidnischen Göttern gedient, sich jetzt den kraftlosen und
bettelhaften Anfangsgründen des Judenthums zuwenden.
Und nun drängt er sein volles Herz nicht länger zurück,
wehmüthig erinnert er sie an die schönen Tage seines ersten
Verweilens unter ihnen und bittet sie, ihm gleich zu werden,
wie er ihnen gleich geworden in jener glücklichen Zeit, als
sie ihn wie einen Engel Gottes, ja wie Jesum Christum selbst auf-
nahmen und sich in der Innigkeit der ersten Liebe nicht
selig genug preisen konnten. Aber schnell weicht die ge-
rührte Stimmung dem frisch auflodernden Kampfesmuth,
noch einen Schlag hat er auf seine Gegner zu führen und
die Schrift selbst, die das von ihnen verkündigte Gesetz
enthält, muss ihm die Waffen liefern. Durch allegorische
Ausdeutung der Geschichte von Abraham's beiden Frauen
Hagar und Sara gewinnt er einen Schriftbeweis für die Unverbindlichkeit des mosaischen Gesetzes, ein Meisterstück
rabbinischer Auslegungskunst, das seinen Eindruck auf
Judenchristen schwerlich verfehlte, aber für uns lediglich
historisches Interesse haben kann als ein Stück der jüdischen
Schale, die noch hie und da die Perlen seiner christlichen
Weisheit umschlossen hält. Endlich, noch einmal Alles
zusammenfassend, warnt er mit ernsten Worten vor dem
letzten Schritte, der den Galatern zu thun übrig war. "Siehe,
ich Paulus sage euch, dass, wenn ihr euch beschneiden lasst,
Christus euch nichts helfen wird. Abgetrennt seid ihr von
Christo, die ihr im Gesetze gerechtfertigt werden wollt, von
der Gnade seid ihr gefallen. Ihr waret in schönem Laufe,
wer hat euch aufgehalten, dass ihr der Wahrheit nicht gehorcht? Ein wenig Sauerteig durchsäuert den ganzen Teig.
Ich vertraue auf euch in dem Herrn, dass ihr nicht anders
denken werdet; wer euch aber irre macht, wird seine Strafe
tragen, wer es auch sei. Denn ihr seid zur Freiheit be-

rufen." Mit diesem Hinweis auf die Berufung zur evange-
lischen Freiheit hat sich der Apostel durch Kampf zum
Frieden hindurchgerungen und der Leser theilt mit ihm das
Gefühl der Siegesgewissheit, in der er schliesslich an die-
selben Gemeinden, vor denen er anfangs erst seine aposto-
lische Autorität sicher stellen musste, kraft eben dieser
Autorität eindringliche Mahnungen zu einem christlichen
Leben richtet und sie dann der Gnade ihres Herrn befiehlt.

Allein bald erwuchsen ihm noch angelegentlichere
Sorgen aus den Zuständen der korinthischen Christengemeinde. Schon früher hatte er von dorther hören müssen,
dass manche Christen den Lockungen zur Unsittlichkeit, mit
denen sie die heidnische Stadt umgab, ihr Ohr zu leihen geneigt waren, und infolge dessen der Gemeinde brieflich ein-
geschärft, dass sie den Verkehr mit solchen Brüdern, die
den Christennamen durch ein lasterhaftes Leben schändeten,
völlig abbrechen und insbesondere keine Tischgemeinschaft mit ihnen pflegen solle[1]. Ungefähr um dieselbe
Zeit hatte der gefeierte Lehrer Apollos in Korinth einen
vorübergehenden Aufenthalt genommen und hier dasselbe
Evangelium wie Paulus, jedoch in den Formen alexandri-
nischer Speculation verkündet, die von der schlichten Lehrweise des Apostels gewaltig abstach, aber bei den durch
Rhetoren und Sophisten verwöhnten und auf den alten
Ruhm der hellenischen Philosophie stolzen Korinthern
grossen Anklang fand und ihm eine nicht unbeträchtliche
Zahl begeisterter Jünger gewann[2]. Nachdem er wieder
nach Ephesus zurückgekehrt, empfing Paulus neue Nachrichten aus Korinth durch die Angehörigen der Chloë und
durch drei Abgesandte der dortigen Gemeinde, Stephanas,
Fortunatus und Achaicus, die mit einen verschiedene Anfragen
enthaltenden Briefe bei ihm eintrafen. Das Gesammtbild,
welches diese Mittheilungen vor dem Apostel aufrollten,
war allerdings kein erfreuliches, vielmehr ganz geeignet,
Kummer und Besorgnisse in ihm hervorzurufen. Er, der so

---

[1] 1 Kor. 5, 9 ff.
[2] Apg. 18, 27 f. 19, 1. 1 Kor. 1, 12. 3, 4 ff.

viel Gewicht darauf legte, dass die jungen Christengemeinden durch fleckenlosen Wandel die erneuernde und reinigende Kraft ihres Glaubens bezeugten, musste hören, dass manche Glieder der korinthischen Gemeinde sich, auf den Grundsatz der evangelischen Freiheit pochend, von den strengeren Forderungen des Sittengesetzes lossprechen zu dürfen glaubten, ja die Gemeinde durch die ihr anhaftenden Makel sogar bei den Heiden Anstoss erregte. Namentlich gab ein kürzlich erst vorgekommenes Aergerniss allen bösen Zungen reichlichen Stoff zur Verdächtigung und Lästerung des christlichen Namens. Ein korinthischer Christ hatte noch bei Lebzeiten seines Vaters seine Stiefmutter geheirathet, eine Ehe, die selbst in den Augen der heidnischen Umgebung keine Entschuldigung fand, aber von der Gemeinde nichtsdestoweniger geduldet wurde. Auch die fortwährenden Rechtsstreitigkeiten der Christen, die sie ohne Bedenken vor der römischen Obrigkeit zum Austrage brachten, dienten nicht dazu, die Achtung der Ungläubigen vor der neuen Religionsgesellschaft zu erhöhen. Es war kein erbaulicher Anblick, diese „Heiligen", die sich mit dem Brudernamen grüssten, und Liebe als die erste Tugend priesen, vor Gericht in leidenschaftlichster Weise das Mein und Dein erörtern zu sehen. Andere Schäden, die sich dem Blicke der Welt mehr entzogen, zehrten darum nicht minder an dem Marke des Gemeindelebens, so in erster Linie das Parteiwesen, welches die korinthische Christenheit nach vier verschiedenen Richtungen spaltete. Die Anhänger des Apollos scheinen zuerst sich enger zusammengeschlossen und damit das Signal gegeben zu haben, dass sich auch die treu zu Paulus' Predigtweise haltenden Gemeindeglieder fester verbanden. Nachdem so einmal die Gegensätze einen Anstoss empfangen, sich auseinanderzulegen, trat auch eine judenchristliche Partei hervor, welche Petrus als denjenigen der Urapostel, dessen Name unter Heidenchristen den besten Klang hatte, zu ihrem Haupte erkor. Gegenüber diesen drei Parteien wollten Andere sich aller menschlichen Auctorität entschlagen und allein Christus als ihren Meister anerkennen, machten aber diesen löblichen Grundsatz mit solcher Einseitigkeit und Ausschliesslichkeit geltend, dass sie selbst zur Partei herabsanken und die Uneinigkeit und Verwirrung nur vermehrten. Ein Theil that es dem andern an dünkelhafter Ueberhebung hervor, und die Pauliner mussten sogar von den Gegnern hören, dass ihr geistlicher Vater gar kein Apostel sei und unter den obwaltenden Umständen schwerlich den Muth haben werde, wieder nach Korinth zu kommen[1]. Zwar war das Uebel noch nicht so weit vorgeschritten, dass die Gemeinde sich äusserlich und räumlich getrennt hätte[2], aber die Gefahr hierzu lag um so näher, als ausser der Autorität der apostolischen Lehrer auch ein wichtiger Glaubenssatz in Frage stand, indem einige wahrscheinlich der apollonischen Partei angehörige Christen, von heidnischem Skepticismus angestekt, die von Paulus so nachdrücklich verkündete Auferstehung der Todten geradezu leugneten[3]. Ferner waren bei dem gemeinschaftlichen Gottesdienst Anlässe zu Unfrieden und Erbitterung keineswegs selten. Wie in anderen Gemeinden regte sich auch zu Korinth jene der Jugendzeit des Christenthums eigenthümliche Begeisterung, bei welcher das volle Herz sich in unverständlichem, an keine irdische Sprache anklingenden Stammeln Luft machte, das dem Begeisterten als entsprechender Ausdruck seiner Empfindungen erscheinen und auf ihn erbaulich wirken, Andern aber eher zum Anstoss gereichen konnte, wenn sich nicht ein Dolmetscher fand, der die Seelenstimmung, welche die lallende Zunge bewegte, in klaren Worten zu deuten wusste. Diese merkwürdige Geistesgabe wurde von den korinthischen Christen als Gradmesser des religiösen Lebens betrachtet, so dass jeder darin den andern zu übertreffen suchte[4]. So artete das Zungenreden rasch in einen wüsten Lärm aus, der zu dem feierlichen Charakter des christlichen Gottesdienstes in grellem Widerspruche stand. Die einmal gelockerten Bande der Ordnung zerrissen bald völlig, indem sich auch Frauen in der Versammlung erhoben, um an die Vor-

---

[1] 1 Kor. 9, 1. 4, 18.
[2] 1 Kor. 11, 20.
[3] 1 Kor. 15, 12. 33 f.
[4] Kap. 14.

8*

tragenden Fragen zu richten oder gar selbst Lehrvorträge
zu halten und so sehr alle Sittsamkeit vergassen, dass sie den
Schleier, mit dem jede ehrbare Frau Griechenlands das Haupt
zu verhüllen pflegte, von sich warfen, während umgekehrt
manche Männer es nicht der Mühe werth hielten, während
des Gottesdienstes das Haupt zu entblössen, und Männer wie
Weiber in leidenschaftlichen Gefühlsausbrüchen dermassen
mit einander wetteiferten, dass die Heiden, welche zufällig
in eine Gemeindeversammlung kamen, sich in die unheimliche
Gesellschaft von Tobsüchtigen versetzt glaubten[1].

Derselbe lieblose Wetteifer, der um jeden Preis den
Nächsten zu übertreffen suchte, äusserte sich auch anderwärts. Es war den Christen nicht möglich, sich sofort dem
Umgang mit Heiden völlig zu entziehen, und der Fall nicht
selten, dass sie von heidnischen Freunden und Verwandten
zur Mahlzeit geladen wurden und hier Fleisch von Thieren
vorgesetzt erhielten, die den griechischen Göttern geopfert
worden waren[2]. Aber auch ohnediess konnten sie leicht in
dieselbe Verlegenheit kommen, da das Fleisch, welches bei
Opfermahlzeiten übrig blieb, auf den Markt gebracht, und,
ohne dass ein Kennzeichen seine ursprüngliche Bestimmung
verrieth, mit anderen Nahrungsmitteln verkauft wurde[3]. In
dem Genusse dieses Fleisches sahen ängstliche Gemüther
schon eine Art Rückfall in heidnischen Götzendienst und
machten den Stärkeren einen schweren Vorwurf daraus, dass
sie solche Speise nicht mieden[4]. Diese hingegen benutzten
ihre christliche Freiheit, vermöge deren sie solcher Bedenken
überhoben waren, in unchristlicher Weise, indem sie den
Schwachen zum Trotz vor ihren Augen recht geflissentlich
Götzenopferfleisch assen, ja sogar in den heidnischen Tempeln
an den Opfermahlen theilnahmen[5]. War hiermit eine neue
Veranlassung zu Zerwürfnissen und Anfeindungen gegeben,
so erreichte diese gehässige, den Grundsätzen des Evan-

---

[1] 11, 4 f. 14, 23. 34 f.
[2] 10, 27 f.
[3] V. 25.
[4] 8, 7. 9.
[5] V. 10.

geliums Hohn sprechende Gesinnung ihren Gipfel in den gemeinschaftlichen Agapen oder Liebesmahlen. Diese, bestimmt,
dem Bewusstsein der Zusammengehörigkeit in Christo lebendigen Ausdruck zu geben, waren verbunden mit dem Genusse
des Abendmahls, so dass während der Mahlzeit das Brod aus-
getheilt wurde und zum Schlusse der Kelch herumging. Aber
welcher heillose Missbrauch wurde in Korinth mit dieser
frommen Sitte getrieben! Da die Theilnehmer die Speise-
vorräthe selbst mitzubringen hatten, so suchten die wohl-
habenderen Gemeindeglieder ihre Ehre darin, möglichst viel
aufzutischen, ohne den Armen, die mit leeren Händen erschienen,
etwas von ihrem Ueberflusse zu Gute kommen zu lassen, so dass
das gemeinsame Mahl für die einen zu einer üppigen
Schwelgerei ausartete, für die andern zu einem unfreiwilligen
Fasten wurde, bei dem sie voll Neid und Erbitterung auf
ihre glücklicheren Mitchristen blickten. "Der eine ist
hungrig, der andere ist trunken", so kennzeichnet Paulus
das angebliche Liebesmahl[1].

Ein so umfängliches Verzeichniss von Schäden, an
denen die Gemeinde krankte, musste sich Paulus von seinen
Gewährsmännern entwerfen lassen. Der korinthische Brief
scheint an den schwersten von diesen Missständen schwei-
gend vorübergegangen zu sein und nur den Genuss des Opferfleisches berührt zu haben, über welchen die Gemeinde eben
so wie über einige minder erhebliche Gegenstände das Urtheil des Apostels zu vernehmen wünschte[2]. Ferner bat dieselbe um eine nähere Erklärung über die Collecte und eine
der Missdeutung fähige Stelle seines ersten Briefes, aus welcher manche ein unbedingtes Verbot alles Umgangs mit lasterhaften Menschen herausgelesen hatten[3]. Endlich legte sie
ihm die Bedenken und Zweifel vor, welche neuerdings in
Korinth durch die Frage nach der Zulässigkeit der gemischten
Ehen und des ehelichen Lebens überhaupt wachgerufen
worden waren[4]. Wenn nämlich, wie diess nicht selten vor-

[1] 11, 20 ff.
[2] 8, 1. 11, 34.
[3] 16, 1. 5, 9 ff.
[4] 7, 1. 25.

kam, von zwei Gatten der eine zum Christenthum übertrat,
der andere heidnisch blieb, so hielten manche Christen den
erstern für verpflichtet, das eheliche Band zu lösen, und
wirklich hatten bereits in mehr als einem solchen Falle
christliche Frauen das Haus ihres Mannes verlassen[1]. Noch
weiter gingen Andere, die im Hinblick auf das nahe Weltende
von jeder Verheirathung abmahnten oder, auf Paulus'
eigenes Beispiel gestützt, die Ehelosigkeit als den allein des
Christen würdigen Stand priesen[2]. Diesen gleichfalls den
Unfrieden mehrenden Meinungsstreit wünschten die Briefsteller
durch Paulus' apostolisches Wort geschlichtet zu sehen.

In der Antwort, die er den korinthischen Abgesandten
auf den Heimweg mitgab, dem kurz vor Ostern des Jahres 58 geschriebenen sogenannten ersten Korintherbriefe,
erledigt Paulus die ihm vorgelegten Fragen und ordnet mit
umsichtigem Blicke und fester Hand die in so grosse Verwirrung gerathenen Verhältnisse dieser Gemeinde. Nach
einem Grusse, der das Schreiben nicht nur für die Korinther,
sondern für alle Gläubigen in Achaja bestimmt, äussert er
zunächst seinen Dank gegen Gott für die trotz aller Mängel
unverkennbar unter ihnen wirksame Gnade und wendet sich
dann gegen das Parteiwesen, indem er an erster Stelle seine
eigenen Anhänger und die seines Freundes Apollos tadelt.
"Ist Christus getheilt? Es ist doch nicht Paulus für euch
gekreuzigt worden? oder seid ihr auf Paulus' Namen getauft?"
Die Bemerkung, dass er nur Wenige in Korinth getauft, da
Christus ihn nicht gesandt habe, zu taufen, sondern das Evangelium zu verkünden, führt ihn darauf, sich eingehender
über seine Lehrart zu verbreiten, wie er den Wunder for-
dernden Juden und den Weisheit suchenden Griechen nicht
in hohen Worten menschlicher Weisheit gepredigt, sondern
nichts Anderes unter ihnen habe wissen wollen, als Jesum
Christum, den Gekreuzigten, den Juden ein Aergerniss, den
Heiden eine Thorheit. Allerdings verkünde er Weisheit
unter den Vollkommenen, aber nicht die Weisheit dieser Welt,

---

[1] V. 10 ff.
[2] V. 1 ff.

und zu ihnen habe er nicht als zu Geistlichen, sondern als
zu Fleischlichen und Kindern in Christo geredet, die auch
jetzt nur Milch, nicht Speise vertragen. "Denn da in euch
Zorn und Streit und Spaltungen herrschen, seid ihr nicht
fleischlich und wandelt nach Menschenweise? Denn wenn jemand sagt: Ich bin des Paulus, ein anderer: Ich des Apollos,
seid ihr nicht fleischlich? Wer nun ist Paulus und wer Apollos? Diener sind sie, durch welche ihr gläubig geworden seid.
— Ich habe gepflanzt, Apollos hat begossen, Gott aber hat
das Gedeihen gegeben. Daher ist weder der pflanzt, etwas,
noch der begiesst, sondern Gott, der das Gedeihen gibt." Paulus weiss, dass der eine Grund, den er mit der Predigt von
Christo gelegt, für den Weiterbau verschiedener Meister
Raum hat; wie das Werk eines jeden beschaffen, das kann
erst der jüngste Tag offenbaren, an dem es die Feuerprobe
aushalten muss. "Darum rühme sich niemand eines Menschen."
Wenn er aber für sich und seine Mitapostel nur die be-
scheidene Stellung von Haushaltern Gottes in Anspruch
nimmt, von denen allein Treue im Berufe erfordert werde,
so muss ihn die Selbstüberhebung der erst von ihm bekehrten Gemeinde um so mehr erbittern und mit beissender Ironie
führt er ihnen diesen Gegensatz zu Gemüthe. "Schon seid
ihr gesättigt, schon reich geworden, ohne uns seid ihr zur
Herrschaft gelangt und möchtet ihr doch zur Herrschaft gelangt sein, auf dass auch wir mit euch herrschen könnten. —
Wir sind Thoren um Christi willen, ihr aber weise in Christo,
wir sind schwach, ihr aber stark, ihr seid geehrt, wir aber
verachtet." Doch indem er in einem Ergusse, dem man den
lautern Schlag seines Herzens abfühlt, die Gefahren und
Drangsale seines Apostelamtes schildert, bricht unwiderstehr-
lich bei ihm das Bewusstsein durch, dass diejenigen, an welche
er so scharfe Worte richtet, trotz alledem seine geliebten
Kinder sind, die, wenn auch tausend Zuchtmeister, doch nur
einen Vater haben, und er bittet sie, seinem Vorbilde nach-
zuwandeln, und droht nur denen, die sich in dem Wahn, dass
er nicht kommen werde, übermüthig gegen ihn aufgebläht
haben und die er bei seiner baldigen Hinkunft zu züchti-
gen denkt. Sodann rügt er die der Gemeinde noch ankle-

bende Unsittlichkeit, die sich am grellsten in jener, selbst
den Heiden missfälligen ehelichen Verbindung darstellt. Unter strengem Tadel der korinthischen Lauheit, die es nicht
einmal bis zur Betrübniss über diese Schandthat gebracht
hat, verlangt er, dass die Gemeinde das Versäumte nachhole
und in feierlicher Versammlung den Frevler ausstosse, über
den er kraft seiner apostolischen Gewalt körperliche Leiden
verhängen will, welche die Uebermacht seiner sinnlichen
Natur brechen und ihn zur reuigen Einkehr in sein Inneres
bewegen sollen. Nachdem er darauf das von der Gemeinde
unrichtig verstandene Verbot seines früheren Briefes dahin
erläutert hat, dass er nur den Umgang und die Tischgemeinschaft mit lasterhaften Christen gemieden sehen wolle, tadelt
er mit herben Worten die Unsitte der Korinther, vor heidnischen Obrigkeiten Rechtsstreitigkeiten gegen Glaubensgenossen anhängig zu machen. "Zu eurer Beschämung muss
ich sagen: Also ist unter euch auch nicht ein Weiser, der
schlichten konnte zwischen seinen Brüdern? Nein, Bruder
rechtet mit Bruder und das vor Ungläubigen. Es ist überhaupt schon ein Nachtheil für euch, dass ihr Streitigkeiten
unter einander habt. Warum lasset ihr euch nicht lieber
beeinträchtigen? Warum lasset ihr euch nicht lieber Unrecht
thun? Aber ihr selbst thut Unrecht und beeinträchtigt und
zwar Brüder." Die warnende Hindeutung darauf, dass Ungerechte das Reich Gottes nicht erben werden, führt ihn
auf diejenigen, welche den Grundsatz: "Alles ist erlaubt!"
in widerchristlicher Weise zur Beschönigung eines sünd-
lichen Lebens zu missbrauchen geneigt waren, und er ruft
ihnen das ernste Wort in's Gewissen, dass sie Christo und
nicht sich selbst angehören und ihr Leib ein Tempel des in
ihnen wohnenden heiligen Geistes sei. Sodann erledigt er
in längerer Auseinandersetzung die bezüglich der ehelichen
Verhältnisse an ihn gerichteten Fragen. Die Bedenken hinsichtlich der früher geschlossenen Ehen waren für Paulus um
so leichter zu heben, als er ihnen ein Wort des Herrn ent-
gegenstellen konnte, welches, ohne auf die einzelnen Fragen
unmittelbare Antwort zu geben, doch den leitenden Gesichtspunkt für ihre Entscheidung deutlich genug bezeichnete.

Alle bestehenden Ehen, lehrt Paulus, sollen ganz wie bisher
fortgeführt werden; Frauen, die sich von ihrem Gatten getrennt haben, müssen sich wieder aussöhnen oder ledig bleiben. Auch die gemischten Ehebündnisse dürfen von Christen
nicht wider den Willen des heidnischen Theils zerrissen werden, geht jedoch von dem letzteren die Scheidung aus, so ist
auch der christliche Theil aller weiteren Verpflichtungen
überhoben[1]. Weit schwieriger war für Paulus die andere
Frage, ob innerhalb des Christenthums der Abschluss neuer
Ehen zulässig sei und insbesondere Väter in die Verheirathung ihrer Töchter willigen dürften, eine Frage, die ebenso
wie die von Paulus getroffene Entscheidung eine gerechte
Würdigung nur findet bei Berücksichtigung des damals in
der ganzen Christenheit herrschenden Glaubens an die Nähe
des jüngsten Tages und eine ihm vorangehende Drangsalszeit, ein Glaube, welcher dringend von der Anknüpfung neuer
irdischer Verhältnisse abrathen musste[2]. Aber selbst so kann
ein unbefangenes Urtheil nur dahin lauten, dass Paulus eine
befriedigende Antwort auf jene Frage schuldig geblieben ist,
dass der im Uebrigen so consequente und aller Halbheit abholde Charakter hier noch keinen festen Standpunkt gefunden hat, von dem aus er die Lösung der ihm vorgelegten
Aufgabe mit sicherem Griffe unternehmen könnte. Seine
gewundene, schon durch ihre Breite von der sonstigen ge-
drungenen Ausdrucksweise des Apostels abstechende Erklärung ist von hohem psychologischen Interesse, weil sie uns
tief hineinschauen lässt in das mühsame Arbeiten und Ringen seines Geistes, das den schwierigen Gegenstand doch
nicht völlig zu bemeistern vermag. So kommt es, dass er
bald auf die eine, bald auf die andere Seite tritt, das, was er
eben zugestanden, sofort zur Hälfte oder ganz zurücknimmt
und von dem Gebrauch der christlichen Freiheit, die er auch
hier nicht verleugnet wissen will, doch sofort, nachdem er
ihr Recht anerkannt, durch Hervorhebung ihrer bedenklichen
Seiten und Anpreisung ihres Gegentheils abzuschrecken sucht.

---

[1] 7, 2—5. 10—16.
[2] 7, 26. 28—32.

Nach seiner Ueberzeugung ist die Ehelosigkeit allerdings ein
sittlicher Vorzug und eine Gnadengabe, daher er auch wünscht
dass alle Menschen wären wie er [1], und er lässt sich bloss
aus Rücksicht auf die ihm wohlbekannte Schwäche der menschlichen Natur herbei, Ausnahmen von dem zu verstatten, was
eigentlich für alle Christen Regel sein sollte [2]. Es heisst gewiss der Ehe wenig eingeräumt, wenn er sie nur nicht für
Sünde und für etwas Besseres als leidenschaftliche Begierde erklärt [3], aber selbst dieses geringe Zugeständniss
macht er sofort wieder zweifelhaft durch den ohne alle Ein-
schränkung ausgesprochenen Satz, dass der Unverheirathete
für die Sache des Herrn, der Verheirathete für die Dinge
dieser Welt sorge [4], und so ergibt sich aus der langen Verhandlung als das Zuverlässigste doch immer wieder der Rath:
"Bist du eines Weibes ledig, so suche kein Weib [5]". Dass jene
gemüthvolle Auffassung der Ehe, wie sie aus christlichem
Boden entsprossen, im Leben der germanischen Völker Gestalt gewonnen hat, dem Apostel völlig fremd war, zeigt sich
besonders in dem Widerstreben, mit dem er seine Einwil-
ligung zur Verheirathung einer überreifen Tochter für den
Fall gibt, dass nur so Schlimmeres zu verhüten sei, und in
dem unbedingten Lob, das er im Gegensatze hierzu dem Vater ertheilt, der seine Tochter, ohne nach ihrem eigenen
Willen zu fragen, zur Ehelosigkeit bestimmt [6]. So hat er,
wie wenig es auch seine Absicht war, der Christenheit auf
langehin eine Schlinge übergeworfen [7] und jener weltscheuen,
ihr Ideal hinter Klostermauern suchenden Frömmigkeit, die
im Uebrigen mit Paulus' Geist so wenig gemein hat, eine
willkommene und oft gebrauchte Waffe zu ihrer Vertheidigung geliefert. Eine verwandte Ansicht begegnet uns bei
ihm auf einem andern Gebiete, wenn er nach der allgemeinen

---

[1] S. Erl. 11.
[2] 7, 2. 9. 36.
[3] V. 28. 36. 9.
[4] V. 32—34.
[5] V. 27. 28—40.
[6] V. 37.
[7] V. 35.

Mahnung, dass jeder in dem Stande verbleiben solle, in welchem der Ruf zum Gottesreiche an ihn ergangen ist, die
Sklaven ermahnt, auch wenn sich ihnen ein Weg zur Freiheit
darbiete, nicht aus ihrem Sklavenverhältnisse herauszutre-
ten [1]. Wenn späterhin eine andere Auffassung zur Herrschaft
gelangt ist, wenn einerseits die Ehe in der christlichen Weltanschauung ihre Stelle eingenommen hat, andererseits das
Unwesen der Sklaverei von dem Christenthum mit endlich
siegreichem Erfolge gerichtet worden ist, so liegen die Grundsätze, welche in dem einen, wie in dem andern Falle den Umschwung herbeiführten, allerdings schon in Paulus' Geiste,
aber ihre Tragweite ist dem Apostel selbst noch verhüllt
geblieben und so zeigt sich hier an einem schlagenden Beispiele, wie weit das christliche Bewusstsein in seiner geschichtlichen Entwickelung über den Standpunkt eines seiner
ersten Vertreter und über den Buchstaben der Bibel hinausgeschritten ist.

Nachdem Paulus die wichtigste Anfrage der korinthischen Gemeinde beantwortet hat, wendet er sich jener andern über das Götzenopferfleisch zu und erledigt sie gemäss
dem Satze: "Die Erkenntniss bläht auf, die Liebe erbaut."
Erleuchtete Christen wissen wohl, dass es keine Götzen in
der Welt giebt und dass kein anderer Gott ausser dem einen
wahren ist, aber nicht alle können jene, ihnen von Kindheit
an geläufige Vorstellung mit einem Worte abstreifen, daher
geniessen sie das Opferfleisch unter ängstlichen Bedenken
und fühlen sich dann innerlich beunruhigt. Da nun die Speise
etwas sittlich Gleichgiltiges ist und in den Augen Gottes
weder ihr Nichtgenuss zum Nachtheil, noch ihr Genuss zum
Vortheil gereicht, so ist es Pflicht der Starken, nicht durch
rücksichtslosen Gebrauch ihrer Freiheit die Schwächern zu
verletzen und namentlich nicht durch ihr Beispiel sie zu
einer Handlung zu verleiten, über welche jenen nachher ihr
Gewissen Vorwürfe macht. "Wenn eine Speise meinem Bruder Anstoss giebt, so werde ich nimmermehr Fleisch essen,
auf dass ich meinem Bruder keinen Anstoss gebe." So ein-

_____
[1] V. 21.

mal auf seine Grundsätze gebracht, hält Paulus seinen Lesern
vor, wie er auch freiwillig auf sein apostolisches Recht, sich
durch die Gemeinden ernähren zu lassen, verzichtet habe.
Wollen Andere seine Apostelwürde nicht anerkennen, so weiss
er, dass er wenigstens der korinthischen Gemeinde ein Apostel
ist, die er ohne Scheu das Siegel seines Apostelamtes nennen
darf. Nicht nur auf die Ordnung des gewöhnlichen Lebens,
sondern auch auf Aussprüche des Gesetzes und auf das Gebot des Herrn kann er sich berufen, wenn er von denen
Fleischliches ernten will, denen er Geistliches gesäet hat,
aber freudig begibt er sich seines guten Rechtes, um nur
dem Evangelium kein Hemmniss zu bereiten, gleichwie er
eben deshalb sich Juden und Heiden anbequemt hat und ein
Knecht Aller geworden ist, um die Mehrzahl zu gewinnen.
Durch das Beispiel der griechischen Wettkämpfer, die sich
um einen verwelklichen Kranz leibliche Entbehrungen auferlegen, sucht er die Korinther zur sittlichen Vervollkommnung anzureizen, in der er selbst mit seinem steten Ringen
gegen Fleisch und Blut ihnen vorangeht. Die der Gemeinde
anhaftenden Mängel und die sie von allen Seiten bedrohen-
den Gefahren wecken in dem Apostel die Erinnerung an den
Wüstenzug der Israeliten, in welchem er das an Versuchungen
nicht minder reiche Christenleben inmitten der heidnischen
Welt vorgebildet sieht. Indem er darauf hinweist, dass, wenn
die Väter auch insgesammt die göttlichen Wohlthaten genossen, doch die grosse Mehrzahl Gottes Wohlgefallen ver-
scherzte und in der Wüste umkam, warnt er vor den Sünden,
die nach dem Zeugnisse der Schrift an ihnen gestraft wurden,
und vor allzusicherem Selbstvertrauen, wiewohl er der Hoffnung lebt, dass Gott die Gemeinde vor Prüfungen, die ihre
Kraft übersteigen, gnädig bewahren werde. Durch die Erwähnung des Götzendienstes auf den Punkt zurückgeführt, von
dem er vorhin abgeschweift war, glaubt er bei seinen Lesern
die Anerkennung der Thatsache voraussetzen zu dürfen, dass,
wie im Abendmahle die Gemeinschaft der Christen mit ihrem
Herrn, im jüdischen Opfer die Gemeinschaft der Juden mit
ihrem Heiligthum, so im heidnischen Opfer die Gemeinschaft
der Heiden mit den Götzen ihren Ausdruck finde, Grund

genug für die Christen, um die heidnischen Opfermahle zu meiden. Allerdings gehören nach Paulus' Ueberzeugung die heidnischen Götter nur der Phantasie, nicht der Wirklichkeit an, aber auch er bekennt sich zu der Meinung des damaligen Judenthums, nach welcher böse Dämonen die Heiden überlistet haben und sich fort und fort die Ehre aneignen, welche jene ihren vermeintlichen Göttern erweisen, so dass die Opfer zwar den Götzen gelten, deren Nichtigkeit dem Christen ausgemacht ist, in Wahrheit aber den Dämonen zukommen, welche keineswegs bloss Phantasiegebilde, sondern übermenschliche, widergöttliche Wesen sind. So muss sich sein christliches Bewusstsein lebhaft gegen den Genuss des Opferfleisches als solchen sträuben: "Ich will nicht, dass ihr Gemeinschaft mit den Dämonen habt." Sobald jedoch das Opferfleisch nicht mehr seiner ursprünglichen Bestimmung dient, also ausserhalb des Tempels, fällt der angegebene Grund hinweg, weil es sich dann von anderer Speise nicht mehr unterscheidet. Daher sollen die Christen ohne peinliche Nachfrage ihren Bedarf einkaufen, eben so, wenn sie von Heiden zur Mahlzeit geladen werden, alle Speisen unbedenklich geniessen und bloss, wenn ein ängstlicher Mitchrist sie aufmerksam macht, dass sich unter den Gerichten auf dem Tische Opferfleisch befinde, aus schonender Rücksicht auf den Schwachen sich des Genusses enthalten. Wie er nicht suche, was ihm fromme, sonder Vielen, damit sie gerettet werden, so sollen sie durch unanstössigen Wandel vor Juden, Griechen und der Gemeinde Gottes seinem Vorbilde nacheifern. Darauf wendet er sich den in den Gemeindeversammlungen hervorgetretenen Missbräuchen zu und rügt zunächst die Unsitte, dass Männer mit verhülltem, Weiber mit unverhülltem Haupte beim Gottesdienst erscheinen. "Jeder Mann," so lautet sein Urtheil, "der mit bedecktem Haupte betet oder weissagt, schändet sein Haupt, und jede Frau, die mit unbedecktem Haupte betet oder weissagt, schändet ihr Haupt, denn sie ist so gut als die Geschorene"; abgeschnittenes Haar aber galt dem griechischen Weibe als der höchste Schimpf. Die Vorschrift für den Mann begründet er damit, dass dieser Gottes Ebenbild sei, gegen die Frauen aber macht er gel-

tend, dass sich ihre Unterwürfigkeit unter den Mann auch
äusserlich in dem Schleier als einem Zeichen der Abhängigkeit
darstelle, dass die Scheu vor den missbilligenden Blicken
der Engel, die er als Zuschauer bei den christlichen Gemeindeversammlungen gegenwärtig denkt, nicht minder als die Rücksicht auf die Ordnung der Natur, welche dem Weibe bereits
in dem langen Haar einen Schleier gegeben, sie von Ent-
blössung des Hauptes abhalten müsse. Seine Sprache wird
erregter, indem er zu der Ausartung des Liebesmahls über-
geht und die tadelnden Fragen aufwirft: "Habt ihr denn nicht
Häuser, um zu essen und zu trinken? Oder verachtet ihr die
Gemeinde Gottes und beschämet die, so nichts haben?" Unter
nachdrücklicher Erinnerung an die Stiftung des Abendmahls
weist er warnend darauf hin, dass, wer die Symbole des Leibes und Blutes Christi wie gewöhnliche Speisen und Getränke
behandele, sich selbst das Gericht esse und trinke, das er in
zahlreichen Krankheiten und Sterbefällen schon über die
korinthische Gemeinde hereingebrochen sieht. Das Liebesmahl soll nicht zur Stillung leiblicher Bedürfnisse gemissbraucht werden, "wer hungrig ist, der esse zu Hause, damit
ihr nicht zum Schlimmeren zusammenkommt." Während er
die Erledigung anderer Fragen für seine bevorstehende persönliche Anwesenheit in Korinth aufspart, kann er doch nicht
umhin, noch Anweisung über den rechten Gebrauch der
Geistesgaben zu ertheilen. Die Verschiedenheit der Gaben,
belehrt er seine Leser, ist kein Grund zur Unzufriedenheit
und erläutert dieses sofort durch das Beispiel des menschlichen
Leibes, der mancherlei Glieder von verschiedener Bedeutung
habe, die jedoch alle erst im einheitlichen Zusammenwirken
zum Besten des Ganzen ihren wahren Werth erhalten. Insbesondere warnt er vor Ueberschätzung des Zungenredens
im Vergleich mit dem Weissagen, da doch letzteres in höherem Maasse die Gemeinde erbaue und den Ungläubigen zum
Zeichen dienen könne, dass Gott in den Christen sei. "Alles
geschehe zur Erbauung." Nur für den Fall gestattet er
das Zungenreden vor der Gemeinde, wenn der Redende
selbst oder einer der Zuhörer den unverständlichen Herzens-
erguss auslegen könne, und mehr als zwei oder höchstens

drei Redner will er in einer Versammlung nicht auftreten
lassen. In gleicher Weise beschränkt er die Zahl der Propheten und wahrt dem ersten frischen Ausbruch der religiösen Begeisterung sein Recht durch die Bestimmung, dass
jeder prophetische Sprecher sofort schweigen solle, wenn
während seiner Ansprache sich ein Zuhörer vom Geiste ergriffen fühle. "Die Geister der Propheten sind den Propheten unterthan, denn Gott ist nicht ein Gott der Unord-
nung, sondern des Friedens." Endlich verfügt er, dass, wie
in allen andern Gemeinden, die Frauen ausgeschlossen sein
und das ihnen geziemende Stillschweigen auch nicht durch
wissbegierige Fragen, mit denen sie vielmehr an ihre Gatten
zu weisen sind, unterbrechen sollen. Es ist ein schönes Zeugniss seines klaren und massvollen Geistes, dass er, der inmitten einer in der Geschichte des Christenthums beispiel-
losen religiösen Erregung stand, der von sich selbst sagen
konnte, dass er im Zungenreden mehr vermöge als die ganze
korinthische Gemeinde, doch nirgends Besonnenheit und Nüchternheit vermissen lässt und von der Ueberschätzung jener
Geistesgaben soweit entfernt ist, dass er noch während der
Belehrung über ihren rechten Gebrauch sich bemüht, seinen
Lesern einen weit köstlicheren Weg zu zeigen. So führt er sie
von dem Vergänglichen zu dem Bleibenden, von dem tönenden
Erz und der klingenden Schelle des Zungenredens und Weis-
sagens zu dem lebendigen Herzen des Christenthums, der
Liebe, deren Preis er in einem Hymnus singt, wie er herrlicher nie von Menschen- und Engelstimmen erklungen ist.
Glaube, Liebe und Hoffnung, die himmlische Dreiheit, ist
ihm der ewige Gehalt des Evangeliums, der auch dann noch
bleibt, wenn alles Stückwerk untergeht in dem Vollkommenen, dem sich schon jetzt aus dem dunkeln Räthsel des
Erdenlebens sein Blick verlangend zuwendet und einst sein
Schauen von Angesicht zu Angesicht gehören soll, dort, wo
er erkennen wird, gleichwie er von Gott erkannt ist. Aber
noch ist es nicht Zeit zu seligem Ausruhen im Schoosse der
Ewigkeit, noch fordert der Kampf dieses Lebens seine Rechte,
und so wendet sich der Apostel, nachdem er die überströ-
menden Fluten der religiösen Begeisterung in die Schranken

der Wohlanständigkeit und Ordnung gewiesen hat, zuletzt
zur Bestreitung derjenigen korinthischen Gemeindemitglieder,
welche die Auferstehung leugneten. Ob dieselben nur die
Wiederherstellung des Leibes oder überhaupt das Fortleben
nach dem Tode in Abrede zogen, ist zweifelhaft, um so gewisser dagegen, dass Paulus das Eine nicht ohne das Andere zu denken vermochte, dass für ihn die leibliche Auferstehung nothwendige Vorbedingung der geistigen Unsterblichkeit war. Gewichtig und feierlich sind die Worte, mit
denen er seine Leser daran erinnert, wie er in Korinth die
Auferstehung Jesu verkündet, deren Thatsächlichkeit von
den Gegnern nicht bezweifelt wurde, und nochmals alle Erscheinungen des Auferstandenen bis auf die letzte, ihm selbst
zu Theil gewordene vor ihren Augen vorüberziehen lässt.
"Wenn keine Auferstehung der Todten ist, so ist auch Christus
nicht auferweckt worden, so ist also auch unsere Predigt
nichtig, nichtig aber auch euer Glaube, ihr seid noch in euren
Sünden, demnach sind auch die, so in Christo entschlafen,
verloren. Wenn wir nur in diesem Leben auf Christum ge-
hofft haben, so sind wir elender als alle Menschen[1]." "Nun
aber," fährt er triumphirend fort, "ist Christus auferstanden von den Todten als Erstling der Entschlafenen." In
ihm ist die Auferstehung, wie in dem ersten Menschen
Adam der Tod für alle begründet. So werden auch die Seinigen dereinst auferweckt werden und dann kommt das Ende,
wenn Christus nach Unterwerfung jeglicher Feindesgewalt
seine Herrschaft in die Hände des Vaters zurückgibt, damit
Gott sei Alles in Allen. Nachdem Paulus alsdann unter
Andeutung der sittlichen Gefahren, welche die Leugnung der
Auferstehung im Gefolge habe, zur rechten Nüchternheit ermahnt, geht er auf die Frage nach dem Wie der Todten-
erweckung ein, und sucht diese durch das Gleichniss vom
Samenkorn zu veranschaulichen. "Was du säest, wird nicht
lebendig, es sterbe denn. Du säest nicht den Körper, der
werden soll, sondern ein nacktes Korn, Gott aber gibt ihm
einen Körper, wie er will." Die mannichfaltigen Formen des

---

[1] S. Erl. 12.

Lebens im Bereiche der ganzen Schöpfung, die verschiedenen
Leiber innerhalb der Thierwelt, wie die an Grösse und Glanz
so ungleichen Himmelskörper sind ihm eben so viel sichtbare Beweise von Gottes Macht, auch die Entschlafenen mit
einer neuen aus überirdischen Stoffen gewebten Hülle zu um-
kleiden, für die er den Namen des "geistlichen Leibes" aus-
prägt. "Wie wir das Bild des irdischen Menschen (Adam)
getragen haben, so werden wir auch das Bild des himmlischen
(Christus) tragen." Noch ein Geheimniss will er nicht unaus-
gesprochen lassen: Alle werden wir nicht entschlafen, alle
aber verwandelt werden, im Nu, im Augenblick, bei der letzten Posaune. Wenn aber dieses Verwesliche Unverweslich-
keit und dieses Sterbliche Unsterblichkeit angezogen hat,
dann wird das prophetische Wort erfüllt sein: "Der Tod ist
verschlungen in den Sieg. Wo ist, Tod, dein Stachel? Wo
ist, Hölle, dein Sieg? Gott sei Dank, der uns den Sieg gegeben hat durch unsern Herrn Jesum Christum!" Im Ausblick auf diese Zeit seliger Vollendung schliesst er den begeisterten Erguss mit der Ermunterung zu Standhaftigkeit
und freudigem Wirken in dem Bewusstsein, dass die Arbeit
der Christen nicht vergeblich ist in dem Herrn.

Nachdem der Apostel endlich Weisungen betreffs der
Collecte ertheilt und im Zusammenhang mit derselben seinen
Besuch in Aussicht gestellt, hierauf noch verschiedenartige
Ermahnungen an die korinthische Gemeinde gerichtet und
sie Namens seiner Umgebung gegrüsst hat, legt er in einige
eigenhändige Schlusszeilen einen Nachklang der Empfindun-
gen, die während des Schreibens sein Herz bewegt haben:
Drohungen und Verwünschungen gegen die Feinde des Herrn,
Worte der Liebe und des Segens für seine Leser.

So einstimmig das Urtheil der christlichen Nachwelt diesen
Brief als ein Meisterwerk auch in schriftstellerischer Hinsicht
und als eine Verkörperung des evangelischen Wortes von der
Schlangenklugheit und der Taubeneinfalt anerkannt hat, so
wenig brachte er doch damals die von dem Apostel beabsichtigte Wirkung hervor. Vielmehr fand Paulus, als er
nicht lange nachher Korinth besuchte, die dortigen Zustände
trostloser als je. Nicht nur, dass der Blutschänder noch un-

gestraft inmitten der Gemeinde lebte — anstatt dieses einen
Sünders, den er dem Satan zu übergeben gedachte, fand
er jetzt viele, die in heidnische Lasterhaftigkeit zurückgefallen waren, und das Bewusstsein um ihre sittliche Verschul-
dung völlig verloren hatten[1]. Vergebens suchte Paulus durch
ernste Mahnungen und durch die Macht seines eigenen Bei-
spiels die Gemeinde zu einem des Christennamens würdigen
Wandel zu erwecken[2], vielmehr musste er mit Schmerz wahr-
nehmen, dass sein früherer Einfluss fast ganz geschwunden
war. Die judaistische Partei hatte inzwischen in Korinth
immermehr Boden gewonnen und sich durch einige Ankömm-
linge aus Judäa verstärkt, die sich auch durch die persönliche Gegenwart des Apostels nicht einschüchtern liessen, sondern im Vertrauen auf ihre überlegene Beredsamkeit ihm
ungescheut in's Gesicht Trotz boten[3]. Die alten Schäden,
weit entfernt, geheilt zu sein, hatten erst recht um sich ge-
griffen: Parteihader, Eifersucht, Streit, Verleumdnngen, Ohren-
bläsereien waren an der Tagesordnung[4]. Kein Wunder, dass
unter diesen Umständen die Pflicht der christlichen Bruderliebe in Vergessenheit gerathen und das Collectenwerk
liegen geblieben war[5]. Paulus' Seele wurde bei dem Anblick
des Verfalls der ihm theuren Gemeinde mit tiefer Betrübniss
erfüllt[6]. Seine Drohung, dass es nun mit der schonenden
Nachsicht zu Ende sein solle[7], traf auf taube Ohren. So verliess er endlich traurig und niedergebeugt den Schauplatz
einstiger Triumphe. Um jedoch nichts unversucht zu lassen,
schrieb er einige Zeit nachher "unter vieler Bedrängung und
Herzensangst und mit vielen Thränen" einen neuen Brief an
die Gemeinde, in dem er nachdrücklicher, als bisher, die
Züchtigung des Unchristlichsten unter den korinthischen

---

[1] 2 Kor. 12, 21.
[2] 1, 12.
[3] 10, 10. 11, 6.
[4] 12, 20.
[5] 9, 4.
[6] 2, 1.
[7] 13, 2.

Christen forderte[1]. Zugleich kündigte er an, dass er die Gemeinde nochmals besuchen, Macedonien durchreisen, nach Korinth zurückkehren und von hier aus die Collecte persönlich nach Jerusalem befördern werde[2]. Allein die Ausführung dieses Planes lag in weiterer Ferne, als der Apostel ahnte. Immer kühner hatte sich mittlerweile auch in Ephesus das Judenchristenthum gegen ihn erhoben. Auf leidenschaftliche Kämpfe, welche Paulus mehr als einmal in die äusserste Bedrängniss brachten, lassen uns schon einzelne Andeutungen des ersten Korintherbriefes schliessen. "Jede Stunde laufe ich Gefahr, täglich sterbe ich," so schildert er selbst seine damalige Lage, ein Ringen mit wilden Thieren erscheint ihm als das bezeichnendste Bild für seinen Kampf mit zahlreichen und erbitterten Gegnern[3]. Und von dem unversöhnlichen Fanatismus, welcher sich der judenchristlichen Partei bemächtigte, zeugt am lautesten die zu Ephesus geschriebene Offenbarung des Johannes, welche noch ein volles Jahrzehnt später den "Engel" der dortigen Gemeinde belobt, weil er Böse nicht tragen könne und diejenigen, die sich Apostel nennen, ohne es zu sein, versucht und als Lügner erfunden habe[4]. Dass Paulus sich Apostel nenne, ohne es zu sein, war ja das Verbrechen, welches ihm die Judaisten nie verzeihen konnten, das überall der erste und letzte Vorwurf war, den sie gegen ihn schleuderten.

Die Apostelgeschichte, welche von allen diesen Kämpfen nichts wissen will, gibt uns dafür eine anschauliche Schilderung des Volksaufstandes, den ein ephesischer Silberarbeiter Demetrius gegen Paulus erregte, weil er sich durch die steigenden Erfolge des Christenthums und den mit ihnen gleichen Schritt haltenden Verfall des heidnischen Cultus in seinem Gewerbe beinträchtigt sah, indem die von ihm verfertigten Nachbildungen des Dianatempels keine Käufer mehr fanden. Wie hoch oder niedrig immer die Glaubwürdigkeit

---

[1] 2, 3 f. 7, 8. 12.
[2] 1, 15 f. s. Erl. 14.
[3] 1 Kor. 15, 31 f. 16, 9. S. meinen Aufsatz: "Die Θηριομαχία des Apostels Paulus" in Hilgenfeld's Zeitschrift für wissenschaftliche Theologie 1866 S. 368 ff.
[4] Offenb. 2, 2.

dieser Erzählung angeschlagen werden mag, bedeutungs-
voller als dieser Pöbelauflauf, bei dem Paulus auch nach
der apostelgeschichtlichen Darstellung nicht in persönliche Gefahr kam, war jedenfalls ein anderes Ereigniss,
welches noch, als er Ephesus bereits verlassen hatte, seine
Nachwirkungen auf ihn äusserte und dunkle Schatten in seine
Seele warf'. "Wir wollen euch, schreibt er später nach Korinth, nicht in Unkunde lassen über die Drangsal, die uns
widerfahren in Asien, dass wir über die Maassen niederge-
drückt wurden über Vermögen, so dass wir sogar am Leben
verzweifelten, ja wir haben in uns selbst den Urtheilsspruch
des Todes gehabt, damit wir nicht auf uns selbst vertrauten,
sondern auf Gott, der die Todten erweckt, welcher uns aus so
grosser Todesgefahr errettet hat"[2]. Und unter den Grüssen,
welche er von Korinth aus nach Ephesus bestellt, lesen wir:
"Grüsset Prisca und Aquila, meine Mitarbeiter in Christo
Jesu, welche für mein Leben ihren eigenen Hals preisgegeben
haben, denen ich nicht allein danke, sondern auch alle Gemeinden der Heiden. Grüsset Andronicus und Junias, meine
Verwandten und Mitgefangenen!"[3] Es heisst nicht zuviel in
des Apostels Worte gelegt, wenn wir auf Grund so bestimm-
ter Aeusserungen annehmen, dass er gegen Ende seines Aufenthaltes zu Ephesus in's Gefängniss geworfen und nur durch
die aufopferungsvolle Hingabe des Aquila und seiner Gattin
dem drohenden Tode entrissen wurde. Wenn wir ihn dann
von "Gefahren unter falschen Brüdern" reden hören[4] und bedenken, dass uns seine Briefe aus dieser Zeit als die wüthend-
sten Feinde seiner Person und seines Werkes die Judenchristen zeigen, so werden wir nicht fürchten, letzteren
mit dem Verdacht Unrecht zu thun, dass der nur mit Mühe
vereitelte Anschlag auf Paulus' Freiheit und Leben von ihnen
ausgegangen sein möge.

---

[1] Wie diess der ganze zweite Korintherbrief bezeugt, vgl. 1, 4—6. 4, 7 ff.
16 f. 6, 4 ff. 7, 4. 11, 23 ff. 12, 10. In keinem andern Briefe des Apostels
kommen die Worte θλῖψις und θλίβεσθαι so häufig vor.
[2] 2 Kor. 1, 8—10.
[3] Röm. 16, 3 f. 7.
[4] 2 Kor. 11, 26.

Ob dieses dunkle Ereigniss den Apostel nöthigte oder nur sein der korinthischen Gemeinde gegebenes Versprechen ihn bewog, Ephesus zu verlassen, muss dahingestellt bleiben. Genug, er sandte kurz nachher Titus nebst einem andern seiner Begleiter nach Korinth mit dem Auftrage, die Collecte wieder in Angriff zu nehmen, die gegenwärtige Stimmung der Gemeinde zu erforschen und seinen Besuch anzukündigen[1]. Bald darauf finden wir den Apostel selbst auf dem schon öfter von ihm zurückgelegten Wege über Troas nach Macedonien, immer noch verfolgt und geängstet von den Anfeindungen seiner Gegner und der Unruhe seines eigenen Herzens. "Als ich nach Macedonien gekommen war, hatte mein Fleisch keine Ruhe, von aussen Kampf, von innen Furcht," so schildert er selbst seine Lage[2]. Trotzdem begann er hier sofort mit der ihm eigenen Energie das ihm so sehr am Herzen liegende Liebeswerk für Jerusalem zu betreiben, indem er durch den Hinweis auf Korinth, wo er schon früher für die Collecte thätig gewesen, den Wetteifer der Macedonier anzustacheln suchte[3]. Titus, den er vergeblich in Troas zu treffen erwartet hatte, stiess endlich in Macedonien zu ihm[4] und brachte Nachrichten von Korinth, die theils tröstlicher, theils aber noch unerfreulicher als die früheren lauteten. Er selbst hatte eine befriedigende Aufnahme gefunden[5] und zu seiner Freude bemerkt, dass in der Stimmung des besseren Theils der Gemeinde infolge des letzten Briefes ein Wendung zu Gunsten des Apostels eingetreten war. Viele Gemeindeglieder waren sich des Undankes gegen ihren treuen Lehrer bewusst geworden und von heilsamer Beschämung und Traurigkeit über ihr früheres Verhalten ergriffen, so dass sie sehnlichst seine Anwesenheit wünschten, um ihn von der Aufrichtigkeit ihrer Reue zu überzeugen[6]. So hatte denn, wenn man sich auch nicht zu der vom Apostel gebotenen

---

[1] 2 Kor. 8, 6. 12, 18.
[2] 7, 5.
[3] 9, 2.
[4] 7, 6.
[5] V. 15.
[6] V. 7—11.

Massregel gegen den Hauptfrevler entschliessen konnte, die
Mehrheit wenigstens so viel durchgesetzt, dass eine Strafe
über ihn verhängt wurde[1]. Auch die Collecte war durch
Titus' Bemühungen wieder in Gang gekommen[2]. Andererseits war aber das Judenchristenthum immer mehr zu einer
gefahrdrohenden Macht herangewachsen, zumal da sich seine
aus Judäa herübergekommenen Vertreter nunmehr offen und
ungescheut auf die hinter ihnen stehende Auctorität der Urapostel beriefen und ihre Ansprüche durch Empfehlungsbriefe aus Jerusalem unterstützten[3]. Wenn sie auch noch
nicht wagen durften, einer griechischen Gemeinde das Joch
des jüdischen Gesetzes aufzubürden und namentlich auf die
Einführung der Beschneidung von vornherein verzichten
mussten, so suchten sie dafür mit allen Mitteln das Ansehen
des Apostels zu untergraben, in der richtigen Einsicht, dass,
wenn ihnen nur diess gelungen sei, die Gemeinde ihnen als
sichere Beute anheimfallen werde. Daher liessen sie es an
Schmähungen und Verdächtigungen nicht fehlen. Dass Paulus sich den Apostelnamen widerrechtlich angemasst habe,
war auch hier die erste Beschuldigung[4], der sich zahlreiche
andere anschlossen. Wankelmuth und Wortbrüchigkeit nannten sie es, dass er seine Zusage eines dritten Besuches bis
auf diesen Tag nicht erfüllt habe[5]. Freilich wisse man recht
gut, dass nur Feigheit und Schwäche ihn abhalte, nach Korinth zu kommen, denn es sei allerdings leichter, aus der
Ferne kräftige und gewichtige Briefe zu schreiben, als persönlich den Gegnern die Spitze zu bieten, zumal für einen
Mann wie er, dessen unansehnliche Gestalt auf niemand son-
derlichen Eindruck mache und dessen unbeholfene Rede überall mit verdienter Verachtung aufgenommen werde[6]. Alles,
was er gethan, wussten sie in das ungünstigste Licht zu stellen. Sein edler Eifer für die Sache des Christenthums war

---

[1] 2, 6.
[2] 8, 6.
[3] 3, 1.
[4] 11, 5. 12, 11.
[5] 2 Kor. 1, 13. 17.
[6] 10, 1. 9 f. 11, 6. 21.

nach ihrer Deutung das Gebahren eines Wahnsinnigen, den Selbstüberhebung und Ehrsucht um den Verstand gebracht[1], seine Strenge gegen lasterhafte Gemeindeglieder ein hinlänglicher Beweis, dass es ihm eine Freude sei, Andere zu verletzen und zu Grunde zu richten[2], die Veranstaltung der Collecte den unlautern Triebfedern der Habsucht und Geldgier entsprungen, welche hinterlistig im eigenen Interesse Andere ausbeute[3]. Endlich hatten sie, um ihr Werk zu krönen, den Plan vorbereitet, in nächster Zeit einen hochberühmten judaistischen Prediger nach Korinth zu rufen, welcher der Gemeinde den echten Jesus bringen sollte, den er von Angesicht zu Angesicht gekannt habe, von dem aber Paulus nichts wisse[4].

Diese Nachrichten waren ernst genug, um Paulus' ganze Aufmerksamkeit in Anspruch zu nehmen. Da er in Macedonien noch vollauf mit der Collecte beschäftigt war und es für gerathen hielt, sich erst brieflich mit den korinthischen Verhältnissen auseinanderzusetzen, so entsandte er Titus nochmals nach Korinth mit dem Schreiben, welches im Neuen Testamente als der zweite Brief an die Korinther enthalten, aber, die verlorenen eingerechnet, vielmehr als der vierte zu betrachten ist[5]. Man kann es diesem Briefe, der ohne streng durchgeführten Gedankengang schnell von einem Punkt auf den andern überspringt, das angefangene Thema abbricht, um es unvermittelt wieder aufzunehmen und im sprachlichen Ausdruck manche Nachlässigkeit verräth, leicht absehen, dass er in heftiger innerer Erregung geschrieben ist, zu welcher sich wahrscheinlich auch äussere Beunruhigung und öfterer Wechsel des Aufenthaltsortes gesellten. Trotzdem verleugnet sich auf keiner Seite der überlegene Geist, der auch unter den schwierigsten Verhältnissen die reichen ihm zu Gebote stehenden Hilfsmittel umsichtig und schlagfertig verwendet. Das Eine, mit dem für Paulus alles Andere stand

---

[1] 4, 5. 5, 13. 11, 1. 16. 12, 6.
[2] 7, 2.
[3] 8, 13. 12, 16.
[4] 11, 4.
[5] 8, 6. 17 ff.

und fiel, war seine apostolische Auctorität, sie musste zuerst
wiedergewonnen werden, wenn fernerhin für ihn in Korinth
noch ein gedeihliches Wirken möglich sein sollte, daher drängt
denn auch auf dieses eine Ziel die ganze Entwickelung des
Briefes hin. Indem der Apostel wie ein kluger Feldherr die
gegnerische Macht zu theilen sucht, scheidet er die von ihm
gepflanzte Gemeinde und die 'judaistischen Eindringlinge
scharf von einander, um zunächst die erstere mit der ein-
schmeichelnden Stimme väterlicher Liebe wieder zu gewinnen und alsdann letztere mit der Fechtergewandtheit eines
unter den Waffen ergrauten Streiters Christi zu überwältigen.
Alle erfreulichen Erfahrungen der letzten Zeit hebt er in
den lebendigsten Farben hervor, indess er die unerfreulichen
schonend verhüllt und nur durch Bitten und Ermahnungen
seine Leser fühlen lässt, wie viel er noch an ihnen vermisst.
Die ungesucht immer auf's Neue hervorbrechenden Erinnerungen an die eben überstandene Todesnoth und die
oft wiederholten Betheuerungen seiner Liebe sind nicht minder als seine Nachgibigkeit in dem streitigsten Punkte ganz
dazu angethan, harte Herzen zu erweichen. Mit um so schnei-
digeren Waffen wendet er sich von den Verführten zu den
Verführern und kein Wort ist ihm zu scharf für diese "be-
trügerischen Wucherer mit Gottes Wort", diese "Verfälscher
des Evangeliums, die sich ihres Angesichts, ihrer frommen
Miene rühmen, weil sie sich ihres Herzens nicht rühmen
können", diese "Lügenapostel und Diener Satans, welche sich
in Diener Christi verkleiden, deren Ende jedoch ihrer Thaten
würdig sein wird". Aber auch die "übergrossen Apostel" zu
Jerusalem entgehen seinen Streichen nicht länger, nachdem
sie von ihren Anhängern ihre Auctorität haben missbrauchen
und ihren Namen in den Parteihader hineinziehen lassen.

Der Eingang des Briefes athmet Preis und Dank gegen
Gott, dessen Gnadenbeistand der Apostel auch während der
letzten Drangsalszeit in Asien erfahren hat. Sein Trost und
Ruhm ist das Zeugniss seines Gewissens, das ihm die Un-
sträflichkeit seines Wandels auch gegenüber der korinthischen Gemeinde verbürgt. Nicht Leichtsinn und Wankelmuth war die Ursache, dass sein früherer Reiseplan unaus-

geführt blieb, denn sein Wort hat sich ja durch Gottes Gnade allezeit als zuverlässig bewiesen, vielmehr kann er mit einem feierlichen Eide betheuern, dass er aus schonender Rücksicht auf die korinthische Gemeinde sie nicht mehr besucht habe, da es sein fester Entschluss sei, nicht wieder in Betrübniss zu ihr zu kommen. Auch sein letzter Brief ist ja nicht aus der Absicht, die Leser zu betrüben, hervorgegangen, sondern ihm von wahrer Liebe zu ihnen abgerungen worden, und dess zum Zeichen fügt er sich jetzt in die von der Mehrzahl beschlossene gelinde Züchtigung des unwürdigsten Gemeindegliedes, es soll mit der bereits über ihn verhängten Strafe genug sein, damit er nicht von übermässiger Traurigkeit verzehrt werde, wem die Gemeinde vergibt, dem will der Apostel auch vergeben. Von Neuem schweifen seine Gedanken zu den jüngstverflossenen Leidenstagen zurück, aber schnell verstummt die Klage im Hinblick auf den Trost, den ihm Gott in Macedonien durch Titus' Ankunft und die von ihm aus Korinth überbrachten Nachrichten bereitet hat. Im Bewusstsein seiner Lauterkeit weiss Paulus sich allenthalben des göttlichen Wohlgefallens versichert und im Hochgefühle eines "aus Gott in Christo" redenden Apostels sieht er lächelnd auf die Gegner herab, die mit reichlichem Selbstlob und gewichtigen Empfehlungsbriefen sich den Weg in seine Gemeinden zu bahnen suchen. Sein Empfehlungsbrief, der, in seinem Herzen geschrieben, zugleich offen vor den Augen aller Welt liegt, ist die durch sein Predigtamt gestiftete korinthische Gemeinde. Nicht der eigenen Tüchtigkeit rühmt er sich, vielmehr weiss er, dass dieselbe nur ein Geschenk Gottes ist, der ihn in das Amt des neuen Bundes berufen hat, welcher als Leben wirkender Geist dem tödtenden Buchstaben des mosaischen Bundes gegenübersteht und mit seiner ewigen Herrlichkeit den vorübergehenden Lichtglanz dieses letzteren weit überstrahlt. Daher die freudige Offenheit des christlichen Lehrers, während die Gedanken der Gesetzesfreunde verdunkelt sind und auf ihren Herzen eine Decke liegt: "wir alle schauen mit unverhülltem Angesicht die Herrlichkeit des Herrn im Spiegel und werden nach demselben Bilde umgestaltet von Herrlichkeit

zu Herrlichkeit, wie vom Herrn des Geistes aus." Als Träger
dieses hochbegnadten Amtese wird der Apostel nicht müde,
sich durch Verkündigung der Wahrheit jedem Menschen-
gewissen vor Gott zu empfehlen. Ist sein Evangelium verdunkelt, wie ihm die Gegner vorwerfen, so ist es diess nur
für die Ungläubigen, die, vom Gotte dieser Welt geblendet,
Christum nicht erkennen, denn diesen allein predigt er ja,
nachdem Gott in seinem Herzen ein Licht entzündet hat,
"um leuchten zu lassen die Erkenntniss der göttlichen Herrlichkeit auf dem Angesichte Christi." Von Gott, nicht aus
sich selbst, nimmt er auch die Kraft zum Widerstande gegen
die ihn umringenden Drangsale und, obwohl er allezeit das
Sterben Jesu an seinem Leibe herumträgt, verzagt er nicht,
denn er weiss, dass, wenn schon der äussere Mensch ver-
west, der innere von Tag zu Tag erneuert wird und dass
an Stelle der zerfallenden irdischen Behausung ein unver-
gänglicher, himmlischer Bau seiner wartet. Zwar erpresst
auch ihm die Scheu vor gewaltsamer Entkleidung den Wunsch,
schmerzlos überkleidet zu werden, aber der Geist Gottes, der
in ihm lebt, ist ihm ein kräftiges Unterpfand, dass, auch
wenn er aus dem Leibe auswandern muss, der Herr ihn die
Heimat finden lassen werde, und er setzt seine Ehre darein,
ob daheim oder in der Fremde, ihm wohlgefällig zu sein.
Indem er so seinen Herrn als künftigen Richter stets vor
Augen hat, sucht er Menschen von dem Ernste seiner Gesinnung zu überzeugen, seinem Gott aber ist er offenbar,
und hoffentlich auch den korinthischen Christen, denn er
will sich nicht wiederum empfehlen, sondern ihnen nur Anlass geben, ihn gegen seine Widersacher zu rühmen. Wenn
er wirklich, wie diese meinen, sich wahnwitzig geberdet, so
geschieht's im Dienste Gottes, während im Gegentheil sein
gesunder Verstand der Gemeinde zu gute kommt. Ihn hält ja
die Liebe Christi in Schranken, der desshalb sich für Alle
dem Tode geweiht hat, dass seine Jünger nicht mehr sich,
sondern ihrem Herrn leben sollen. Darum will Paulus niemand mehr, selbst Christum nicht, nach dem Fleische kennen,
nachdem durch die Bekehrung sein ganzer innerer Mensch
neu geworden ist. Das Alles aber hat Gott gewirkt, der

ihn auch mit dem Amte der Versöhnung betraut hat. Als Gesandter Gottes an die Menschheit bittet er: Lasst euch versöhnen! und als Mitarbeiter Christi ermahnt er seine Leser, nicht umsonst die göttliche Gnade zu empfangen, indem er ihnen sein eigenes Beispiel in beredter Schilderung seiner Leiden und Triumphe vor Augen stellt. Mit steigender Innigkeit wendet er sich zur Gemeinde und lässt sie in sein weit gewordenes Herz blicken, das Raum genug für sie hat, möge sie nur gleicherweise ihm ihr Herz erschliessen, das für ihn noch so eng ist. Diese zarte Rüge ihrer ihm entfremdeten Gesinnung leitet ungesucht den Gang seiner Rede auf andere Gebrechen des korinthischen Gemeinwesens und schonend, aber doch nachdrücklich, warnt er in Worten des Alten Testaments vor dem entsittlichenden Verkehr mit Heiden. Im Hinblick auf seine Widersacher, welche ihn bei jeder Gelegenheit verdächtigen, verwahrt er sich gegen Missdeutung seiner Ermahnungen, kommen sie doch allein aus Liebe zu der Gemeinde, welche in seinem Herzen ist, mitzuleben und mitzusterben, und ihm auch bei aller Trübsal zum Troste gereicht. Nochmals kehrt er zu der oben abgebrochenen Erzählung seiner leidensvollen Reise zurück, doch nur, um sofort dankbar des Trostes zu gedenken, mit dem ihn Gott durch Titus' Botschaft erquickt hat. Nun reut es den Apostel nicht, die Gemeinde auf eine Stunde betrübt zu haben, vielmehr freut er sich der durch seinen Brief in den Lesern geweckten Traurigkeit, die zu wahrhafter Sinnesänderung geführt hat, und noch mehr freut er sich, dass er mit seiner guten Meinung von den korinthischen Christen vor Titus nicht zu Schanden geworden ist, da dieser in Korinth eine herzliche Aufnahme und willigen Gehorsam gefunden habe.

In der Ueberzeugung, sich allenthalben auf seine Korinther verlassen zu können, lenkt Paulus jetzt ihre Aufmerksamkeit auf das Collectenwerk und theilt ihnen zunächst mit, dass die macedonischen Gemeinden trotz äusserer Bedrängniss und grosser Armuth Geldspenden für die jerusalemischen Christen gesammelt haben, was ihm Muth gemacht, habe, Titus zur Fortsetzung der Collecte in Korinth aufzufordern.

Daher ermahnt er sie, die mannigfach Begabten, in diesem
Punkte nicht zurückzubleiben, wenn er auch fern davon ist, ihnen
gebieten zu wollen, vielmehr nur durch die Hinweisung auf
den Vorgang Anderer sie zur Nacheiferung zu reizen sucht,
die ja schon von dem Beispiel Christi, der um unsertwillen
arm wurde, dringend allen seinen Jüngern an's Herz gelegt
ist. Nach einer warmen Empfehlung des Titus und seiner
zwei Begleiter stachelt er nochmals das Ehrgefühl seiner
Leser durch die Mittheilung an, dass er ihre Bereitwilligkeit
in den macedonischen Gemeinden rühme, an ihnen sei es nun,
solches Lob nicht Lügen zu strafen. Jeder möge ganz nach
Herzensneigung, nicht widerstrebend oder zwangsweise geben,
denn "einen fröhlichen Geber liebt Gott", der auch der Gemeinde ein reicher Vergelter sein werde.

Nachdem Paulus bisher als Träger des Amtes der Versöhnung zu dem Herzen der Gemeinde gesprochen, tritt er jetzt
plötzlich als gewappneter Kriegsheld auf den Plan, bereit, die
Bollwerke seiner Feinde zu zerstören und ihre Anschläge gefangen zu nehmen. Wenn ihm seine Gegner vorwerfen,
dass er nur aus der Ferne in seinen Briefen kühn, in der Nähe
aber demüthig sei, so antwortet er in dem Bewusstsein
der ihm von Christo verliehenen Macht, man möge es
nicht dazu kommen lassen, dass er seine Kühnheit beweisen
müsse gegen diejenigen, nach deren Meinung sein Wandel
fleischlich sei. Wenn er sich selbst der ihm vom Herrn verliehenen Macht rühmt, so wird er nicht zu Schanden werden,
denn er rühmt sich nicht ins Maasslose, wie seine Widersacher,
sondern innerhalb der Grenzen, die der Herr seinem Wirken
gesteckt, und es liegt ihm fern, in ein fremdes Arbeitsgebiet
einzugreifen, wiewohl er auch der Hoffnung Raum gibt, nach
Neubelebung des Glaubens der korinthischen Gemeinde seine
apostolische Wirksamkeit noch weiter zu erstrecken. "Wer
sich rühmt, der rühme sich des Herrn, denn nicht, wer sich
selbst empfiehlt, ist bewährt, sondern, wen der Herr empfiehlt".
Immer lebhafter und bitterer wird seine Sprache. Im Hinblick auf einen gehässigen Vorwurf der Judaisten hofft er,
dass ihm seine Leser ein wenig Thorheit zu gute halten
werden, ist es doch ein göttlicher Eifer, der ihn beseelt.

Sie lassen sich ja so viel von Andern gefallen, die ihnen einen
neuen Jesum und ein neues Evangelium bringen, und er
meint doch, in nichts jenen übergrossen Aposteln nachgestanden zu haben. Ist er ein Laie in der Rede, so doch
nicht in der Erkenntniss, wie die Gemeinde aus eigener Erfahrung weiss. Oder sei das seine Sünde, dass er von ihr
keine Unterstützung angenommen habe, wie von Andern?
Das wird er auch ferner thun, nicht aus Mangel an Liebe zu
dieser Gemeinde, sondern um seinen Gegnern jeden Anlass
zur Verleumdung zu entziehen und sie zu gleicher Uneigennützigkeit zu nöthigen. Zweifeln die Korinther an seinem
gesunden Verstande, nun so mögen sie, die klugen Leute,
welche von den Thoren so viel ertragen können, auch ihm,
dem Thoren, Gehör schenken, damit er sich ein wenig rühme.
"Worauf jemand trotzet (in Thorheit rede ich), darauf trotze
auch ich. Hebräer sind sie? auch ich. Israeliten sind sie?
auch ich. Abrahams Same sind sie? auch ich. Diener Christi
sind sie? (aberwitzig rede ich), noch darüber ich; in Mühselig-
keiten weit mehr, in Streichen über die Maassen, in Gefangen-
schaften weit mehr, in Todesgefahren oftmals. — Wer ist
schwach und ich trage nicht seine Schwäche? Wer nimmt
Anstoss und ich brenne nicht? Wenn ich mich rühmen soll, so
will ich mich meiner Schwachheiten rühmen", und nun beginnt
er eine Aufzählung seiner im Dienste des Evangeliums über-
standenen Leiden, die er aber schnell abbricht in dem Gefühle, dass Selbstruhm, wenn auch mitunter nothwendig,
doch nie erspriesslich sei. Dafür beruft er sich auf die Gesichte und Offenbarungen, deren ihn der Herr gewürdigt
und die ihn wohl zur Selbstüberhebung verleiten könnten,
wenn ihm nicht in seinem schmerzlichen körperlichen Uebel
eine heilsame Mahnung zur Demuth gegeben wäre.
"Am liebsten also will ich mich vielmehr meiner Schwachheiten
rühmen, auf dass mir einwohne die Kraft Christi. Darum habe ich Lust an Schwachheiten, an Misshandlungen, an
Nöthen, an Verfolgungen, an Drangsalen um Christi willen,
denn wenn ich schwach bin, dann bin ich stark". So doch
zuletzt der Versuchung zum Selbstlob unterliegend, bekennt
er, wirklich zum Thoren geworden zu sein, "ihr habt mich

gezwungen. Denn ich sollte von euch gelobt werden, denn ich habe in nichts jenen übergrossen Aposteln nachgestanden, wenn ich gleich nichts bin. Die Zeichen des Apostels sind unter euch gewirkt worden in aller Standhaftigkeit durch Zeichen und Wunder und Krafterweisungen. Denn worin waret ihr im Nachtheil gegen die übrigen Gemeinden, es sei denn darin, dass ich selbst euch nicht beschwerlich gefallen bin? Verzeiht mir dieses Unrecht!" Auch bei seiner dritten Anwesenheit will er keinen der Korinther belästigen, denn die Kinder sollen nicht für die Eltern, sondern die Eltern für die Kinder Schätze sammeln und er ist bereit, sich selbst für ihre Seelen zu opfern, wenn auch seiner überreichen Liebe nur spärliche Gegenliebe zu theil wird. Oder wirft man ihm etwa vor, dass er mit Hinterlist durch einen seiner Abgeordneten die Gemeinde ausgebeutet habe? Wer wagt es zu leugnen, dass alle, die er nach Korinth gesandt, in seinem Geiste gewirkt, in seinen Fussspuren gewandelt sind? Meinen aber die Leser vielleicht, dass er sich vor ihnen verantworte? Nein, vor Gott als Diener Christi redet er, allerdings zu ihrer sittlichen Förderung, denn er fürchtet, dass er bei seiner nächsten Anwesenheit in Korinth sie nicht finden werde, wie er wünscht, und hinwiederum sie ihn nicht, wie sie wünschen, dass ihn Betrübniss und Demüthigung erwarte wegen vieler Gemeindeglieder, die in das heidnische Lasterleben zurückgefallen sind. Und nun im Bewusstsein des errungenen Sieges droht der Apostel, bei seiner Hinkunft jedes Vergehen nach dem strengen Rechte abzuwägen und, wie er schon früher angekündigt, keine Schonung mehr walten zu lassen. Man fordert ja zu Korinth eine Erprobung des in ihm redenden Christus "wohlan, euch selbst versuchet, ob ihr im Glauben seid, euch selbst prüfet! oder erkennt ihr nicht, dass Jesus Christus in euch ist?" Darf keiner der Leser diese Frage verneinen, ohne über seinen eigenen Christenstand ein Verwerfungsurtheil zu fällen, so ist auch Paulus' apostolische Auctorität gerettet und in edlem Trotze auf die Macht der Wahrheit spottet er der Gefahr, dass er aus der Prüfung nicht bewährt hervorgehen werde, und kann zum Schluss aus voller Seele betheuern

"Ich freue mich, wenn ich schwach bin, ihr aber stark seid, diess wünsche ich auch, eure Vervollkommnung. Darum schreibe ich dieses abwesend, damit ich anwesend nicht streng verfahren müsse nach der Gewalt, die mir der Herr verliehen zur Erbauung und nicht zur Zerstörung."

Bald darauf erschien Paulus wirklich selbst in Korinth und im Hause seines Gastfreundes Gajus. Welche Stimmung er in der Gemeinde vorfand, wissen wir zwar nicht, indessen berechtigen die Sendschreiben, die er von hier aus nach Ephesus und Rom erliess, zu dem Schlusse, dass die korinthischen Verhältnisse sich zu seinen Gunsten verändert haben. Während das erstere ihn mit den angesehensten Gemeindegliedern auf vertrautem Fusse zeigt[1], bekundet das zweite, dass er die Collecte endlich zu dem erwünschten Abschlusse gebracht hat[2], fester als je von dem baldigen Siege seines Heidenevangeliums überzeugt ist und sich zum Aufbruche in ein neues Arbeitsgebiet anschickt[3], wofür er das Wachsthum des Glaubens der korinthischen Gemeinde als nothwendige Vorbedingung erklärt hatte[4], — alles unzweideutige Spuren davon, dass es seiner persönlichen Anwesenheit gelungen ist, der judenchristlichen Strömung in der Gemeinde zu steuern und seine frühere Auctorität wiederherzustellen. Wie dem auch sei, wir werden nicht ohne Befriedigung von den Briefen scheiden, die uns einen so tiefen Blick in des Apostels äusseres und inneres Leben und in die Geschichte des Urchristenthums eröffnen. Mögen sie ihre Wirkung auf die Empfänger verfehlt oder nur theilweise erreicht haben, auf die Nachwelt haben sie eine Wirkung ausgeübt, wie sie ihr Verfasser, der den jüngsten Tag in nächster Nähe glaubte, weder erwarten noch beabsichtigen konnte. Auch fernerhin werden sie als leuchtende Ehrendenkmale an einen grossen Mann und eine grosse Zeit dastehen und dem Leser um so höhere Bewunderung abnöthigen, je lebhafter er sich vergegenwärtigt, dass sie nicht mit dem Anspruche

[1] Röm. 16, 21—23.
[2] 15, 25 ff.
[3] 1, 13 ff. 15, 24. 32.
[4] 2 Kor. 10, 15.

schriftstellerischer Erzeugnisse auftreten, sondern nicht mehr
noch weniger sein wollen, als blosse Gelegenheitsschreiben,
durch vorübergehende Veranlassung hervorgerufen, in
flüchtigen Zügen hingeworfen und für kurze Dauer bestimmt.
Wir mögen uns an manchen Einzelheiten ihres Inhalts stossen,
mögen die Beweisführung des Apostels hier und da mehr
spitzfindig als überzeugend nennen, manche Schulmeinung
des Pharisäerzöglings als für unsern Glauben unverbindlich
ablehnen, sein Urtheil über die Ehe einem noch nicht zur vollen
christlichen Freiheit hindurchgedrungenen Standpunkte zu-
weisen, ja auch hin und wieder uns verletzt fühlen durch die
nicht ängstlich die Worte abwägenden Ausbrüche seines Un-
willens über seine wie immer beschränkten und unduldsamen,
doch gewiss nicht durchweg unehrlichen Gegner — diess Alles
verschwindet vor dem grossartigen Gesammteindruck, welcher
jeden, der nur einen Hauch paulinischen Geistes in sich verspürt,
mit unwiderstehlicher Gewalt immer von Neuem zu diesen
Fundgruben christlicher Weisheit hinzieht. Und wie nach
des Apostels Ueberzeugung die mit sittlichen Makeln und
Untugenden vielfach behafteten korinthischen Christen doch
durch ihre religiöse Begeisterung dem in ihrer Mitte weilenden Fremdling das andächtige Bekenntniss zu entlocken
vermochten, dass wahrhaftig Gott in ihnen sei[1], so wird ein
gleiches Bekenntniss, wenn nicht auf den Lippen, doch im
Herzen jedes geistesverwandten Lesers sein, der in empfänglicher Stimmung das Heiligthum dieser Briefe betritt.

[1] 1 Kor. 14, 24 f.

VI.

Als Paulus von Neuem in der ihm trotz ihrer Verirrungen theuren korinthischen Gemeinde weilte, beschäftigte ihn vor Allem die für die jerusalemischen Christen angeordnete Collecte. Der Eifer, mit dem er diese Angelegenheit zugleich in Galatien, Macedonien und Achaja betrieb, zeigt deutlich, welche Wichtigkeit er derselben beimass. Wenn in den letzten Jahren der Parteihader bis zu einer gefahrdrohenden Höhe gestiegen und noch immer kein Ende des erbitterten Kampfes abzusehen war, so dachte er das gelockerte Band der christlichen Gemeinschaft mit seinen Gegnern wieder fester zu knüpfen, indem er durch die Sammlung von Liebesgaben in seinen Gemeinden den thatsächlichen Beweis lieferte, dass er keineswegs, wie er beschuldigt wurde, in diesen Gemeinden Hass und Feindschaft gegen das Judenchristenthum zu säen und den Zusammenhang mit der Mutterkirche in Jerusalem zu zerreissen bestrebt sei. Er beabsichtigte, die Collecte selbst zu überbringen in der Hoffnung, dass es seinem persönlichen Auftreten in der Stadt, die er seit Jahren nicht mehr besucht, am leichtesten gelingen werde, das herrschende Vorurtheil zu überwinden, so manche von der Gegenpartei sorgfältig gepflegte Missverständnisse zu beseitigen und den Grund für ein brüderliches Zusammenwirken der verschiedenen Richtungen sicherer und dauernder zu legen, als es ihm durch seine frühere Auseinandersetzung mit den Uraposteln gelungen war. Dass eine aufrichtige Einigung zu Stande komme, musste sein sehnlichster Wunsch sein, denn weitreichende Plane beschäftigten mehr als je zuvor den hohen Geist des

unermüdlichen, obschon bereits an der Schwelle des Greisen-
alters stehenden Apostels. Wenn er von Korinth seinen
Blick über die beiden Meere in die Ferne hinausschweifen
liess, mochte er sich mit Befriedigung sagen, dass seine bisherige Thätigkeit vom reichsten Segen gekrönt worden sei.
Von Jerusalem bis Illyrien erstreckte sich das Feld seiner
apostolischen Verkündigung, auf dem eine täglich sich
mehrende Ernte für die Ewigkeit fröhlich emporwuchs[1].
Zahlreiche, blühende Gemeinden hielten inmitten heidnischer
Umgebung das Panier des Christenthums aufrecht und
trugen voll regen Wetteifers mit dem Evangelium, das sie
von ihm empfangen, auch den Ruhm ihres Stifters in alle
Lande hinaus. Er durfte es bereits wagen, diese viel verheis-
senden Pflanzungen ihrer eigenen Entwickelung und dem
Walten des in ihnen lebenden Geistes zu überlassen und
sich ein anderes Arbeitsfeld zu suchen, wo der Name Christi
noch nicht genannt worden war. Was diesen Entschluss
in ihm befestigte, das war vor Allem sein Glaube an die
Nähe des jüngsten Tages, welcher, so viel an ihm lag,
keine Schlafenden und in Finsterniss Wandelnden, sondern
lauter Kinder des Lichtes antreffen sollte. "Die Fülle der
Heiden muss zuvor eingehen in das Reich Gottes", das war
der Gedanke, der seiner Seele neuen Schwung, dem altern-
den Körper frische Lebenskraft einhauchte.

Der Plan, den er entwarf, war eigenthümlich und gross-
artig genug. Im Osten sah er den Bestand des Christenthums gesichert und war überzeugt, dass seinem Vor-
dringen nach Westen keine Schranke werde Einhalt
thun können. Um diesen Siegeszug des Evangeliums durch
die Heidenländer zu beschleunigen, entschloss er sich, die
äusserste Westgrenze der damals bekannten Welt zum
Ausgangspunkt für seine neue Missionsthätigkeit zu wählen. Das entfernte Spanien war das Ziel, an dem sein
spähendes Auge haften blieb[2]. Errang er dort die gleichen
Erfolge, wie sie ihm während der letzten Jahre beschieden

---

[1] Röm. 15, 19. vgl. Kol. 1, 6. 23.
[2] Röm. 15, 23 f.

gewesen waren, so liess sich mit Zuversicht erwarten, dass der
Strom des religiösen Lebens von da aus bald westwärts
fluten und endlich mit der von Osten ausgegangenen
Strömung zusammenfliessen werde. In seinem vorahnenden
Geiste mochte Paulus bereits ganz Europa in dem Netze des
Evangeliums beschlossen sehen, um so mehr, als ihm nicht
unbekannt war, dass es auf dem weiten Wege von Griechenland nach Spanien schon jetzt nicht völlig an Stützpunkten
fehlte, in welchen die Mission festen Fuss fassen und von
denen aus sie nach den verschiedensten Seiten hin eine
nachhaltige Wirksamkeit entfalten konnte. Eine der wichtigsten jener Christengemeiden, welche wie Oasen in
der Wüste vor seinem Blicke auftauchten, war die römische, die schon durch ihre Stellung in der Hauptstadt des
Erdkreises, dem Brennpunkt, in welchem alle Strahlen des
Geisteslebens der alten Welt zusammenliefen, eine bedeutsame
und für die gesammte Christenheit fruchtbare Entwickelung
verhiess. Wer der Stifter dieser Gemeinde gewesen, ist
unbekannt, um so sicherer dagegen, dass es nicht Petrus war,
auf den die Kirche, welche sich mit feierlichem Nachdruck
die römische nennt, ihren Ursprung zurückführt. Die Gemeinde war eine gemischte und das judenchristliche Element
in derselben stark vertreten, doch ohne ihr den Stempel
jenes strengen Judaismus aufzuprägen, welcher die Richtung
der jerusalemischen Kirche war[1]. Zu Rom, fern von dem
Kampfplatz, auf dem sich bisher die paulinische und judaistische Partei als erbitterte Feinde begegnet waren, in der
heidnischen Fremde, die das Gefühl der Zusammengehörigkeit in Christo um so stärker erweckte, hatte das Bedürfniss einer engen Vereinigung aller Christen eine feindselige
Spannung der Gegensätze noch nicht aufkommen lassen.
Allerdings zeichneten sich auch hier manche Judenchristen
durch religiöse Aengstlichkeit und eine strenge Lebensweise
aus, so dass sie bestimmte Feiertage unverbrüchlich hielten
und weder Fleisch assen noch Wein tranken, indessen traten

---

[1] 1, 16. 2, 9 f. 9, 24. Auf Heidenchristen weisen die Stellen: 1, 13.
6, 19 ff. 11, 13. 17 ff. 30, auf Judenchristen: 2, 17 ff. 25 ff. 7, 1. 14, 1 ff.

sie nicht herausfordernd gegen die Anhänger der freieren
Richtung auf und versagten ihnen insbesondere die Tischgemeinschaft nicht[1]. Mit einer solchen Gemeinde durfte
Paulus am ehesten hoffen, sich über sein Heidenevangelium
zu verständigen. Er entschloss sich daher, seinem Besuche
in Rom ein Sendschreiben an die dortigen Christen voraus-
gehen zu lassen, das in einer zusammenhängenden, alle
Hauptpunkte umfassenden Auseinandersetzung seiner Lehre
die Grundlage für künftige mündliche Verhandlungen fest-
stellen sollte. So entstand im Jahre 59 diejenige seiner
Schriften, welche am meisten systematischen Charakter
trägt und das Ganze seiner christlichen Weltanschauung
in nahezu erschöpfender Weise behandelt, der Römerbrief.
Es wird nach dem eben Gesagten keiner Rechtfertigung be-
dürfen, wenn wir dem Inhalt dieses Schreibens eine etwas
eingehendere Betrachtung zuwenden.

Nach einem feierlichen Segenswunsche äussert Paulus
unter dankbarem Aufblick zu Gott seine Freude über den
Glauben der römischen Gemeinde, sowie sein Verlangen,
persönlich in ihrer Mitte zu wirken, und stellt sodann den
Hauptsatz des ganzen Briefes in den Worten hin: "Ich
schäme mich des Evangeliums nicht, denn es ist eine Kraft
Gottes zum Heile für jeden Glaubenden, Juden zuerst und
Griechen, denn Gerechtigkeit Gottes wird in ihm geoffenbart aus dem Glauben für den Glauben, wie geschrieben
steht: Der aus Glauben Gerechte wird leben". Für diesen Satz bringt er zunächst einen negativen Beweis in
der Erfahrungsthatsache bei, dass, wo der Glaube fehlt,
keine Gerechtigkeit möglich ist, sondern nur der durch die
Sünde heraufbeschworene Zorn Gottes sich offenbart. Das
sittliche Verderben innerhalb der Heidenwelt wird mit den
grellsten Farben geschildert, wie sie das lasterhafte Leben
seiner korinthischen Umgebung dem Apostel ungesucht darbot. War aber ein so strenges Verwerfungsurtheil über
alles heidnische Wesen wohl geeignet, die Ohren des judenchristlichen Lesers zu kitzeln und ihn ganz auf das für ihn

---

[1] Kap. 14.

schmeichelhafte Ergebniss der Betrachtung vorzubereiten, dass die Juden das auserwählte Volk Gottes und die Segnungen des Messiasheiles auf sie beschränkt seien, so trifft ihn um so unerwarteter mit niederschmetternder Wucht das Wort: "Darum bist du nicht zu entschuldigen, jeglicher Mensch, der du richtest, denn, indem du richtest, verdammst du dich selbst, denn du thust dasselbe, der du richtest", und die sittliche Untüchtigkeit der Juden wird von dem Apostel nicht glimpflicher, als vorhin die der Heiden gegeisselt. Allerdings gesteht er den ersteren mancherlei Vorzüge vor den letzteren zu, wie namentlich den, dass ihnen die in der heiligen Schrift niedergelegten Verheissungen Gottes anvertraut worden sind, aber dieselbe heilige Schrift bezeugt auf das nachdrücklichste, dass auch unter ihnen kein Gerechter ist, "alle sind abgewichen, allzumal verdorben, keiner, der da Gutes thue, auch nicht einer". Somit vereinigen sich Erfahrung und Schrift in dem Satze: "Es ist kein Unterschied, alle haben gesündigt und ermangeln des Ruhmes bei Gott". Wenn aber die ganze Welt vor Gott straffällig ist und kein Mensch durch des Gesetzes Werke gerecht wird, so muss die Gerechtigkeit auf anderem Wege vermittelt sein. Ohne das Gesetz ist sie geoffenbart, bezeugt von dem Gesetze und den Propheten und zwar als Gerechtigkeit Gottes durch den Glauben an Jesum Christum für alle und auf alle, die da glauben. Somit ist aller menschliche Selbstruhm ausgeschlossen: "wir halten dafür, dass durch Glauben der Mensch gerechtfertigt wird ohne Gesetzeswerke". Den naheliegenden Einwand, dass er also das Gesetz durch den Glauben aufhebe, schneidet Paulus mit den Worten ab: "Das sei ferne! Sondern wir bestätigen das Gesetz" und erläutert diess sofort durch das Beispiel Abrahams, von dem die Schrift sagt: "Abraham glaubte Gott und es wurde ihm zur Gerechtigkeit gerechnet", ein deutlicher Beweis, dass ihm nicht ein durch Werke begründetes Verdienst gelohnt worden sei. Da nun Abraham noch vor Abschluss des Bundes, dessen Siegel die Beschneidung war, die Gerechtigkeit erlangte, so gilt er dem Apostel als Vater eben so wohl der Heiden, welche,

ohne erst Juden zu werden, sich dem rechtfertigenden Glauben zuwenden, wie der Juden, welche in den Fussstapfen
seines schon vor der Beschneidung bethätigten Glaubens
wandeln. Dass ihm solcher Glaube zur Gerechtigkeit ange-
rechnet wurde, ist aber nicht bloss um seinetwillen in der
heiligen Schrift verzeichnet worden, sondern auch um der
Christen willen, die ja in gleicher Weise die Rechtfertigung erlangen. In gehobener Stimmung schildert Paulus alsdann
den seligen Frieden derer, welche durch den Glauben gerechtfertigt sind und sich nun, nachdem Christus ihnen den
Weg zur göttlichen Gnade gebahnt, nicht nur der Hoffnung
künftiger Herrlichkeit, sondern auch der Drangsale rühmen
in dem Bewusstsein, dass Drangsal Ausdauer, Ausdauer Bewährung, Bewährung Hoffnung wirkt, Hoffnung aber nicht
zu Schanden werden lässt. Wenn Gott seine Liebe zu uns
dadurch erwiesen hat, dass Christus, als wir noch Sünder
waren, für uns starb, während doch sonst kaum für einen
Gerechten jemand den Tod leiden will, wie sollten wir nicht
vielmehr jetzt, da wir gerechtfertigt sind, durch Christum
des ewigen Heils theilhaftig werden? Um dieses Glück in
seiner ganzen Grösse zu zeigen, stellt er ihm als wirksamen
Contrast das durch Adams Fall über die Menschheit herein-
gebrochene Verderben gegenüber. Durch diesen ist die Sünde
und durch die Sünde der Tod in die Welt gekommen,
der seine Herrschaft über alle Menschen erstreckt hat, was
der Apostel nur aus der Thatsache abzuleiten vermag, dass
alle Menschen in und mit Adam gesündigt haben, welcher
der Vertreter des ganzen Geschlechts und zugleich ein Vorbild des künftigen Adam, Christi, ist. Aber weit verschieden
sind die Wirkungen, die von beiden ausgehen: dort Sünde
und Tod, hier Gnade und Leben: "wie durch den Ungehorsam
des einen Menschen die vielen als Sünder hingestellt wurden,
so werden durch den Gehorsam des einen die vielen als Gerechte hingestellt werden." Das Gesetz aber ist dazwischen
eingetreten, um die Vergehungen hervorzulocken und zu
häufen, als jedoch die Sünde gehäuft war, erwies sich über-
schwenglich die Gnade, auf dass, wie die Sünde durch den
Tod herrschte, so auch die Gnade herrschte mittelst der Ge-

rechtigkeit zum ewigen Leben. Was ergibt sich hieraus?
Sollen wir beharren bei der Sünde, damit die Gnade desto
mächtiger werde? "Das sei ferne", antwortet Paulus, "denn
wir alle, die wir Christo angehören, sind ja der Sünde abgestorben, sind durch die Taufe mit ihm begraben, auf dass,
gleichwie er von den Todten durch Gott erweckt worden
ist, so auch wir in Erneuerung des Lebens wandeln. Gleichen
wir ihm aber im Tode, so werden wir ihm auch in der Auferstehung gleichen. So achtet euch als todt der Sünde,
lebend aber Gott in Christo Jesu!" Deshalb darf der Christ
seinen Leib nicht in den Dienst der Sünde stellen noch
seine Glieder ihr als Werkzeuge darbieten, "die Sünde wird
nicht über euch die Herrschaft gewinnen, denn ihr seid nicht
unter dem Gesetz, sondern unter der Gnade." Es ist ja eine
anerkannte Wahrheit, dass das Gesetz über den Menschen
nur Macht hat, so lange er lebt, gleichwie ein Weib bei Lebzeiten ihres Mannes an ihn gebunden ist, aber nach dem
Tode des ersten Gatten, ohne zur Ehebrecherin zu werden,
ein anderes Bündniss eingehen kann. So sind auch wir in
Christi Tod dem Gesetze abgestorben, um einem Andern an-
zugehören, dem von den Todten Erweckten, damit wir Gott
Frucht brächten, während wir vorher, als wir noch unter
dem Gesetze standen und im Fleische wandelten, dem Tod
Frucht brachten. Jetzt, da wir gestorben, sind wir erledigt
vom Gesetze, in dem wir festgehalten waren, so dass wir
Gott dienen im neuen Leben des Geistes und nicht im alten
der Buchstaben. "Aber wie," konnte ihm hier der Judenchrist
einwerfen, "erklärst du so das Gesetz nicht selbst für Sünde?"
"Nein", antwortet Paulus, "sondern nur für die unschuldige Ursache der Sünde, die es gemissbraucht hat, um mit seiner
Hilfe ihre ganze verderbliche Macht über die Menschheit zu
entfalten. Die Sünde kannte ich nicht, wenn nicht durch
das Gesetz, denn auch von der Lust wüsste ich nichts, wenn
nicht das Gesetz sagte: Du sollst nicht begehren. Es nahm
aber die Sünde Anlass und wirkte durch das Gebot in
mir jegliche Begierde, denn ohne Gesetz ist die Sünde todt.
Ich aber lebte ohne das Gesetz einst, als aber das Gebot
kam, lebte die Sünde auf, ich aber starb und so erwies sich

mir das Gesetz, das zum Leben gegeben war, als Ursache des
Todes. Denn die Sünde nahm Anlass und verführte mich
durch das Gebot und tödtete mich dadurch," eine Auffassung, bei welcher die Heiligkeit des Gesetzes unange-
tastet bleibt. Woher aber das, woraus die Sünde ihre
Kraft zog, der Widerstreit zwischen dem Gesetz und dem
menschlichen Willen? "Das Gesetz ist geistlich, ich aber bin
fleischern, verkauft unter die Sünde". Mit ergreifenden Worten schildert er nun das Elend des unter dem Gesetze stehenden Menschen, der sich aus dem schweren Kampfe zwischen
seinem besseren Selbst und den übermächtigen sinnlichen
Trieben nicht zu dauerndem Frieden hindurchzuringen vermag und seinen Seelenzustand in dem bangen Aufschrei
offenbart: "Ich elender Mensch, wer wird mich erlösen von
dem Leibe dieses Todes?", aber er kann auch aus eigener,
innerster Erfahrung darauf antworten: "Ich danke Gott durch
Jesum Christum, unsern Herrn" und von Neuem drängt es
ihn, das Glück des Christen zu preisen, der keiner Verdammniss unterliegt vermöge seiner Freiheit vom Sündendienste,
die er nicht dem mosaischen Gesetze, sondern Gott zu danken
hat, der, um das dem Gesetze Unmögliche zu vollbringen,
seinen Sohn mit dem Sündenleibe bekleidet in die Welt sandte,
und die Sünde im Fleische verurtheilte, damit die Forderung des Gesetzes in dem geistlichen Wandel der Christen
ihre Erfüllung finde. Denn eine fleischliche Gesinnung
kann sich dem Gesetze Gottes nicht unterwerfen, da
sie vielmehr eine Feindschaft wider Gott ist und alle, die
sie beherrscht, des göttlichen Wohlgefallens beraubt und
dem Tode überliefert: Leben und Frieden geht nur aus
geistlicher Gesinnung hervor, die sich allein bei solchen
findet, in denen der Geist Gottes oder, was dasselbe ist,
Christi wohnt. Wer diesen Geist nicht hat, der gehört
Christo nicht an. Wenn aber Christus in den Christen ist, so
verfällt zwar ihr Leib noch dem Tode um der Sünde willen,
der Geist aber erlangt das Leben um der Gerechtigkeit
willen. So sind wir nun nicht dem Fleische verpflichtet,
ihm gemäss zu wandeln, was nur den Tod zur Folge haben
könnte, sondern durch den Geist des Fleisches Werke zu

tödten und so zum Leben gelangen. Denn wie Viele
vom Geiste Gottes geleitet werden, die sind Gottessöhne,
da es ein Geist der Sohnschaft, nicht der Knechtschaft
ist, den wir empfangen haben und in dem wir Gott
unsern Vater nennen. Dieser Geist vereinigt sein Zeugniss mit dem des unsrigen, dass wir Gottes Kinder sind,
wenn aber Kinder, dann auch Erben, Erben Gottes und
Miterben Christi, wenn wir anders die Vorbedingung unserer Verherrlichung erfüllen, seine Leiden zu theilen.
Und welche Fülle von Trost und Ermunterung fliesst denen
zu, die ihr Leben in den Dienst dieses Geistes gestellt haben!
Es ist zunächst der Hinblick auf die künftige Herrlichkeit,
gegen welche alles Leid der Erde nicht in's Gewicht fällt.
Nicht nur die Menschenwelt, sondern auch die ganze unbe-
seelte Schöpfung sieht Paulus seufzend entgegenharren
jenem grossen Tage, der, wie er die Söhne Gottes in die
Seligkeit ihres himmlischen Vaters einführt, ebenso ihr
Befreiung von der widerwillig getragenen Knechtschaft
der Vergänglichkeit bringen wird. Aber auch die Christen,
welche die Erstlinge des Geistes haben, sehnen sich nach
der Erlösung ihres Leibes, da ihr Heil wohl ein Gegenstand
der Hoffnung, aber noch nicht sichtbar geworden ist, und
in dieser Hoffnung auf Unsichtbares harren sie geduldig
seiner Erscheinung. Gleicherweise kommt der Geist ihrer
Schwachheit zu Hilfe, und wenn sie für das Anliegen ihres
Herzens keine Worte finden können, verwendet er sich für
sie bei Gott mit unaussprechlichen Seufzern, deren Sinn
der Herzenskündiger wohl versteht. Und endlich müssen
ja denen, die Gott lieben, alle Dinge zum Besten dienen.
Denn alle, die er sich erlesen, hat er auch vorherbestimmt
zur Verklärung in das Bild seines Sohnes, dass dieser der
Erstgeborene sei unter vielen Brüdern, und die dazu Bestimmten hat er auch berufen, die Berufenen gerechtfertigt,
die Gerechtfertigten verherrlicht. So hat der Christ keine
Einbusse seines Heiles mehr zu fürchten und die Grundstimmung seines Herzens ist selige siegesgewisse Freudigkeit, wie sie in dem unnachahmlich schönen Triumphgesange
hervorbricht, mit dem Paulus diesen Abschnitt beschliesst:

"Wenn Gott für uns ist, wer ist wider uns? Er hat ja seines
eigenen Sohnes nicht geschont, sondern ihn für uns Alle dahingegeben, wie sollte er uns nicht Alles mit ihm schenken?
Wer will die Auserwählten Gottes anklagen? Gott ist's, der
rechtfertigt; wer ist, der verdammt? Christus ist's, der gestorben und, was mehr, auch auferweckt ist, der zur Rechten
Gottes sitzt und uns vertritt, wer will uns scheiden von der
Liebe Christi? Drangsal oder Angst oder Verfolgung oder
Hunger oder Blösse oder Gefahr oder Schwert? so wie geschrieben steht: Um dich werden wir gemordet den ganzen
Tag, wir werden geachtet wie Schlachtschafe. Aber in
dem Allem überwinden wir weit durch den, der uns geliebt
hat. Denn ich bin gewiss, dass weder Tod noch Leben,
weder Engel noch Mächte noch Gewalten, weder Gegen-
wärtiges noch Zukünftiges, weder Höhe noch Tiefe noch
irgend ein anderes Geschöpf vermag uns zu scheiden von
der Liebe Gottes in Jesu Christo, unserm Herrn!"

Aber auf diesen lichten Höhen der Betrachtung kann
Paulus nicht stehen bleiben, es zieht ihn wieder hinab in die
Dunkelheiten und Räthsel des Erdenlebens, deren eines
vornehmlich sich mit beängstigender Gewalt an ihn heran-
drängt und ihn zu einem Lösungsversuche auffordert. Wenn
die ganze bisherige Lehrentwickelung zu dem Endergebniss
geführt hat, dass die Gläubigen die Empfänger des ver-
heissenen Heiles sind, wie kommt es dann, dass gerade diejenigen, an welche vor allen Andern die göttliche Verheissung
sich richtet, die Juden, das Heil ihrer Mehrzahl nach hart-
näckig von sich weisen und im Unglauben verharren? Die
Beantwortung dieser tief in sein Herz einschneidendem Frage
beginnt er mit einem Bekenntniss, welches ein schönes Zeugniss seiner Liebe zu seinem Volke ist. "Ich sage die Wahrheit in Christo, ich lüge nicht, indem mein Gewissen es mir
bezeugt im heiligen Geiste, dass ich grossen Schmerz trage
und unablässigen Kummer in meinem Herzen. Denn ich
wünschte selbst gebannt zu sein hinweg von Christo für
meine Brüder, meine Verwandten dem Fleische nach". Sofort
aber geht er von der Klage zur Rechtfertigung des göttlichen
Heilsplanes über und lehrt, dass Gottes Verheissungen durch

die theilweise Ausschliessung Israels keineswegs hinfällig
geworden sind, da sie ja auch nach dem Alten Testament
nicht allen Israeliten, sondern nur den wahren Kindern Abrahams, die es nicht durch das Fleisch, sondern durch die Verheissung sind, zu gute kommen sollen, gleichwie Gott von den
Söhnen Isaaks nur den Jakob ohne sein Verdienst erwählt,
dagegen den Esau ohne sein Verschulden verworfen habe.
Wollte man in solchem Verfahren Gottes Ungerechtigkeit
finden, so hält Paulus diesem Urtheile ein Schriftwort entgegen, durch welches Gott erklärt, dass die Erweisung von
Gnade und Erbarmen ganz in seinem freien Ermessen beruhe,
ohne von menschlichem Wollen und Streben beeinflusst zu
werden. Spricht er doch auch zu Pharao: "Eben dazu habe
ich dich erweckt, damit ich an dir meine Macht zeige und
damit mein Name verkündigt werde auf der ganzen Erde."
Demnach nun begnadigt er, wen er will, wen er aber will,
verhärtet er. Die Frage, wie Gott in solchem Falle denen
noch zürnen könne, über welche sein unwiderstehlicher
Wille Verstockung verhängt habe, weist Paulus kurzer Hand
durch die Gegenfragen ab: "Wer bist du, Mensch, dass du
mit Gott haderst? Darf das Gebild zu seinem Bildner sprechen:
Warum hast Du mich so gemacht? Oder hat der Töpfer
nicht Gewalt über den Thon, aus demselben Teige zu machen
ein Gefäss zu Ehren und das andere zu Unehren?" Der
Apostel ringt hier mit dem schwierigen Problem, das von
jeher die edelsten und tiefsten Geister beschäftigt hat, mit
der Frage nach dem Verhältniss der menschlichen Willens-
freiheit zur göttlichen Weltregierung, und es ist nicht zu
verkennen, dass er in dem Bestreben, die Wege Gottes zu
rechtfertigen, seine Sätze auf eine Spitze getrieben hat,
die, um mit einem Ausdruck Luthers, zu reden "zum Stich
zu schwach ist"[1]. Selbst wenn man den nicht glücklich
gewählten Vergleich vom Töpfer und seinem Stoffe, bei
welchem der bedeutsame Unterschied zwischen vernünftig-
sittlichen Wesen und der unbeseelten Materie völlig unbe-
achtet bleibt, gelten zu lassen geneigt ist, so wird damit die

---

[1] Zu Gal. 4, 22 ff.

Beantwortung der Hauptfrage, auf welche Alles ankommt, auch nicht um einen Schritt weiter gefördert, da ja derselbe Vorwurf, den der von Paulus bekämpfte Tadler gegen Gott auf den Lippen hat, mit Fug und Recht einen Menschen treffen würde, der sein Gebild für einen Zustand, in den es von ihm erst versetzt worden ist, verantwortlich machen wollte. Und wenn sich wirklich der Mensch zu Gott nur als willen-loser, von seinem Schöpfer beliebig zu handhabender Stoff verhält, wozu dann noch Ermahnungen zum Glauben und zur Sittlichkeit, welche für die Auserwählten, denen das Heil ohne ihr Zuthun als ein Gnadengeschenk von oben zufällt, überflüssig sind, den Verworfenen aber, die mit aller ihrer Willenskraft vergeblich gegen die von einer höheren Macht geordnete Verstockung ankämpfen, als grausamer Hohn erscheinen müssen? Ohne es zu ahnen und zu beabsichtigen, hat Paulus hier dem späteren Dogma von der Gnadenwahl vorgearbeitet, das somit allerdings festere Begründung im Buchstaben der Schrift hat, als mancher von der heutigen Orthodoxie mit weit grösserer Zähigkeit verfochtene Glaubenssatz. Aber auch nur im Buchstaben, denn der kennt den grossen Apostel schlecht, der in den gedachten Aussprüchen etwas Anderes sieht, als eine augenblickliche, durch den Gegensatz hervorgerufene Verirrung seiner verstandesmässigen Dialektik, an der sein Herz keinen Antheil hat und die in seiner eigenen Wirksamkeit, seinem heiligen, hingebungsvollen Eifer, die Schwachen zu stärken, die Verlorenen zu retten, ihre kräftigste und schönste Widerlegung findet.

Es ist aber auch nach Paulus nicht lediglich Vorherbestimmung Gottes, sondern eben so sehr die eigene Schuld der Juden, dass sie in ihrer Mehrzahl vom Christenthum ausgeschlossen sind, weil sie nicht gleich den Heiden aus dem Glauben, sondern aus den Werken Gerechtigkeit erlangen wollten und so Christus, der Eckstein, den Gott in Zion gelegt, für sie zu einem Stein des Anstosses und einem Fels des Aergernisses geworden ist. Ihr religiöser Eifer, wenn er auch Gott gilt, ist nicht mit Erkenntniss gepaart, über dem Bestreben, die eigene Gerechtigkeit zur Geltung zu brin-

gen, ist ihnen die Gerechtigkeit Gottes fremd geblieben und
sie haben sich ihr nicht unterworfen. Denn Christus ist
das Ende des mosaischen Gesetzes zur Rechtfertigung für
jeden Gläubigen, wie aus den Ausprüchen Moses' selbst erhellt, welche den Unterschied der Gerechtigkeit aus dem
Glauben und der Werkgerechtigkeit hervorheben. Auch
damit können sie ihren Ungehorsam gegen das Evangelium
nicht entschuldigen, dass sie keine Gelegenheit gehabt haben,
Gottes Wort zu hören, denn Gott hat, wie schon die Schrift
des Alten Bundes weissagt, seine Boten ausgesandt, um das
Evangelium zu verkünden, nur der Glaube hat ihnen gefehlt, nicht die Kunde, vielmehr wussten sie recht wohl, dass
Gott sein Heil für die ganze Welt bestimmt habe, da ihnen
schon von Moses und Jesaja die Bekehrung der Heiden,
von letzterem auch ihre eigene Widerspenstigkeit geweissagt worden ist. Aber trotz alledem hat Gott sein Volk
nicht verstossen, wofür der Apostel sich selbst als Beispiel
hinstellt, sondern nach gnädiger Auswahl einen Theil zum
Heile geführt, gleichwie er einst in den Tagen des Elia sich
siebentausend Mann übrig liess, welche ihre Kniee nicht vor
Baal gebeugt hatten. Jedoch auch die Andern, deren Verhärtung unleugbar und in der Schrift bezeugt ist, sind von Gott
nicht zum Verderben bestimmt, sondern ihre Abwendung vom
Christenthum hat schon jetzt den Heiden das Heil gebracht,
und noch weit segensreicher werden die Folgen ihrer Bekehrung sein. Darum hat Paulus bei der treuen Erfüllung
seines Berufes als Heidenapostel auch immer den Zweck
im Auge, seine Volksgenossen zur Nacheiferung zu reizen
und einige von ihnen zu retten. In dieser hohen Bedeutung,
welche Israels Bekehrung hat, liegt zugleich eine kräftige
Mahnung für die Heidenchristen, sich der ihnen ohne ihr
Verdienst geschenkten Gnade Gottes nicht zu überheben.
Sie gleichen den Schösslingen des wilden Oelbaums, die in
einen edlen Stamm gepflanzt worden sind, weil manche seiner
Zweige ausgebrochen werden mussten. Wenn nun das Heil
von den Juden durch Unglauben verscherzt, von den Heiden
durch Glauben gewonnen worden ist, so haben letztere viel
weniger Grund, sich zu rühmen, als vielmehr ängstlich über

ihren Christenstand zu wachen, da sonst Gott, der selbst die
natürlichen Zweige nicht verschont hat, gegen sie um so
strenger verfahren möchte. Jene aber werden, wenn sie
nicht in ihrem Unglauben verharren, um so eher wieder zu
Gnaden angenommen werden, als sie ja von Natur dem
Oelbaume angehören, dem die Heiden wider die Natur eingepflanzt worden sind. Und nun kann der Apostel ein
Geheimniss nicht mehr bergen, das ihm im patriotischen
Schmerze um sein ungläubiges Volk der beste Trost ist:
Nicht länger soll die theilweise Verhärtung der Juden dauern,
als bis die Vollzahl der Heiden in das Gottesreich eingegan-
gen ist, dann wird auch ganz Israel das Heil erlangen, wie
die Schrift vorausgesagt hat, denn Gott bereut seine Gna-
dengeschenke und seine Berufung nimmermehr. Wie einst
die Heiden sich gegen Gott auflehnten, nun aber wegen
des Ungehorsams der Juden seiner Gnade theilhaftig geworden sind, so haben auch die Juden sich von ihm abge-
wendet, nur um infolge des den Heiden geschenkten Erbar-
mens gleichfalls Gnade zu finden. Gott hat Alle unter den
Ungehorsam beschlossen, um sich Aller zu erbarmen. So
hat sich dem religiösen Bewusstsein des Apostels das quä-
lende Räthsel gelöst, und sein volles Herz ergiesst sich in
den freudigen Gefühlsausbruch: "O Tiefe des Reichthums
der Weisheit und Erkenntniss Gottes! Wie unerforschlich
sind seine Gerichte und unergründlich seine Wege! Denn
wer hat des Herrn Sinn erkannt oder wer ist sein Berather
gewesen? Oder wer hat ihm vorher gegeben, dass ihm ver-
golten würde? Denn von ihm und durch ihn und für ihn
ist Alles, ihm die Ehre in Ewigkeit!"

Nachdem Paulus so die Darlegung seines Evangeliums,
die der Hauptzweck seines Briefes war, zum Abschluss gebracht hat, lässt er seinem Schreiben als Anhang noch eine
Reihe Ermahnungen zu christlichem Leben, Demuth und
rechtem Gebrauch der einem Jeden verliehenen Geistesgaben
folgen. Vor Allem fordert er ungeheuchelte Liebe, die sich
nach den verschiedensten Richtungen, in der innigen Her-
zenstheilnahme an fremdem Wohl und Wehe und in der
thatkräftigen Unterstützung der Bedürftigen äussern und in

gleicher Weise den Bruder wie den Feind umfassen soll.
Sodann sucht er mit der ihm eigenen Umsicht einer Gefahr
vorzubeugen, welche der christlichen Gemeinschaft vornehmlich in der Hauptstadt des Weltkreises drohte. Oft genug
hatten schon die Juden in ihrem unbezwingbaren Freiheits-
drange und ihrer Verachtung alles Heidnischen sich gegen
die römischen Gesetze aufgelehnt und erst unlängst dadurch
den Anstoss zu ihrer Vertreibung aus Rom gegeben. Da
nun die christliche Gemeinde so viele jüdische Elemente in
sich schloss, so lag die Befürchtung nahe, dass die an genaue
Unterscheidung ausländischer Culte nicht gewöhnten römischen Behörden bei dem geringsten äussern Anlass die
Christen als jüdische Empörer auf das strengste behandeln
würden. Diess ist dem Apostel genügender Grund, seine Leser
ausführlich und nachdrücklich auf die für sie so wichtige
Pflicht des bürgerlichen Gehorsams hinzuweisen. Der Christ,
lehrt er, ist zur Unterwerfung unter die Obrigkeit verpflichtet, weil er in jeder bestehenden Gewalt Gottes Ordnung anzuerkennen hat, gegen die sich derjenige auflehnt,
welcher jene Pflicht verletzt, ein Unterfangen, das für ihn
nur ein strenges Strafurtheil von Gott zur Folge haben kann.
Gottes Dienerin ist die Obrigkeit, zu Nutz und Frommen der
Guten, zur Bestrafung der Bösen, darum hat ihr der Christ
zu gehorchen, nicht bloss aus Furcht, sondern auch um des
Gewissens willen, und darf sich den Leistungen, welche sie
von ihm zu fordern berechtigt ist, nicht zu entziehen suchen,
muss vielmehr Jedem willig entrichten, was ihm zukommt.
Die Mahnung "Seid niemand etwas schuldig" mit dem sinni-
gen Beisatze "ausser der gegenseitigen Liebe" führt den
Apostel von Neuem auf diese erste christliche Tugend, die
ihm als Erfüllung des ganzen Gesetzes gilt, weil in ihr die
Beobachtung jedes Gebotes ihre Wurzel hat. Und welch ein
ernster Mahner zu solcher Gesetzeserfüllung ist der jüngste
Tag, der nicht mehr lang verziehen wird! "Die Stunde ist da,
dass wir aus dem Schlafe erwachen, denn jetzt ist uns das Heil
näher, als da wir gläubig wurden. Die Nacht ist vorgerückt
und der Tag hat sich genähert. So lasset uns nun ablegen die
Werke der Finsterniss und anthun die Waffen des Lichts."

Noch ein Punkt in den Verhältnissen der römischen Gemeinde schien dem Apostel erheblich genug, um demselben eine eingehende Erörterung zu widmen. Die früher erwähnte judenchristliche Befangenheit, welche von manchen Stücken des Gesetzes immer noch nicht lassen wollte, war zwar zu Rom in weit milderen Formen als anderwärts aufgetreten, aber doch nicht ohne alle nachtheiligen Folgen geblieben, indem die von ihr beherrschten Gemeindeglieder ihre freier gesinnten Mitchristen mit Selbstüberhebung tadelten und dafür die Verachtung und den Spott derselben hinnehmen mussten. Paulus konnte es deshalb nicht als überflüssig ansehen, beiden Theilen das pflichtmässige Verhalten gegen einander einzuschärfen. Daher ermahnt er zunächst die Stärkeren, den Schwachen sanftmüthig zu begegnen, ohne über ihre Bedenklichkeiten abzuurtheilen. Wenn er aber die Befangenen nicht von den freier Gesinnten verachtet wissen will, wehrt er auch den letzteren, sich das Richteramt über die ersteren anzumassen. "Wer bist du, dass du einen fremden Knecht richtest? Seinem Herrn steht oder fällt er." Indem er verlangt, dass nur Jeder in seiner eigenen Ueberzeugung fest werde, stellt er Alles unter den Gesichtspunkt, dass des Christen Thun und Lassen durch den steten Hinblick auf Gott und Christus bestimmt sein müsse. Obschon der Genuss aller Speisen und Getränke an sich unbedenklich ist, so fordert doch die Liebe, auch auf das Erlaubte zu verzichten, sobald es einen Mitchristen betrüben oder sittlich schädigen kann. Letzteres ist aber der Fall, wenn ein Schwacher durch das Beispiel eines Stärkeren zu gleichem Genusse verleitet wird, ohne vollen Glauben an die Unbedenklichkeit seines Thuns zu haben, denn "was nicht aus dem Glauben kommt, das ist Sünde." Indem der Apostel hierauf seine Leser zur Einigkeit und zur Bethätigung einer liebevollen Gesinnung nach dem Vorbilde Christi ermahnt, spricht er zugleich seine feste Erwartung aus, dass sie selbst das volle Maass der Güte und Erkenntniss besitzen, um einander wechselsweise sittlich fördern zu können, und rechtfertigt die zuversichtliche Haltung seines Schreibens mit dem ihm von Gott anvertrauten Apostelberufe, über den er sich im Bewusstsein einer hinter ihm liegenden, erfolgreichen Wirksamkeit ausführlich verbreitet. Sodann verheisst er nächstens auf seiner Reise nach Spanien in Rom zu verweilen, wie er hofft, in der Fülle des Segens Christi, fordert die Gemeinde zur Fürbitte auf, damit er errettet werde von den Widerspenstigen in Judäa und seine Hilfsleistung für Jerusalem den Heiligen wohlgefällig sei, und schliesst den Brief mit einem Segenswunsche für die Empfänger.

Drei Monate hielt den Apostel das Collectenwerk in Griechenland auf. Da infolge seiner eifrigen Bemühungen die Spenden reichlich geflossen waren, so konnte er unbedenklich den Ertrag seiner Sammlung den jerusalemischen Christen persönlich überbringen und schickte sich an, auf dem Seewege nach Syrien zu reisen[1]. Allein noch rechtzeitig wurde er vor feindlichen Nachstellungen der Juden gewarnt und entschloss sich daher, die durch Macedonien führende Strasse einzuschlagen. Wahrscheinlich seiner Sicherheit wegen boten sich ihm nicht weniger als sieben Begleiter an, welche vor ihm nach Asien übersetzten und ihn in Troas erwarteten. In Philippi gesellte sich Paulus jenen uns schon von der zweiten Missionsreise her bekannten Augenzeugen zu. Beide schifften sich nach den Osterfesttagen in dieser Stadt ein, trafen fünf Tage später mit den vorausgeeilten Freunden, unter denen auch die bewährten Jünger des 'Apostels Timotheus und Aristarch waren, in Troas zusammen und blieben hier eine volle Woche. Am Abend des Sonntags versammelte Paulus noch einmal die dortige Christengemeinde, genoss mit ihr das Liebesmahl und verweilte lehrend und ermahnend bis gegen Morgen in ihrer Mitte[2], dann brach er zu Fusse nach dem 9 Meilen entfernten Assus auf, während seine Gefährten auf einem von ihnen gemietheten Schiffe dorthin gelangten. Nachdem er dort das Schiff bestiegen hatte, segelten sie nach Mitylene, der prächtigen, durch Reichthum und Bildung ausgezeichneten Hauptstadt von Lesbos, fuhren am nächsten Tage an der fruchtbaren Insel Chios vorüber, legten Tags darauf an dem als Sitz des Junocultus berühmten

[1] 1 Kor. 16, 4 Apg. 20, 3.
[2] S. Erl. 15.

Samos an und übernachteten auf dem gegenüberliegenden
Festlande Asiens in Trogylium, von wo sie bald die uralte
Hauptstadt Joniens, Milet, erreichten. Ephesus hatte Paulus
absichtlich nicht berührt, um Zeitverlust zu vermeiden, jetzt
aber sandte er einen Boten dahin und beschied die Vorsteher
der Gemeinde nach Milet. Nachdem er ihnen in eindringlichen
Worten die ihm theure Gemeinde an's Herz gelegt hatte, bestieg er das Schiff wieder, welches ihn in geradem Laufe nach
dem weinreichen Kos, am nächsten Tage nach Rhodus und von
hier nach der durch ihren Apollotempel berühmten lycischen
Küstenstadt Patara trug. In ihrem Hafen fand er ein nach Phö-
nicien bestimmtes Schiff, das ihn, die Insel Kos links lassend,
bald nach Tyrus brachte, wo es seine Fracht ablud. Mit Mühe
fand er in der grossen Stadt die nur wenig zahlreiche Christengemeinde und verweilte in ihrem Schoosse volle sieben
Tage, während welcher schon Stimmen laut wurden, die
ihn inständig von der Reise nach Jerusalem abmahnten.
Aber ohne in seinem Entschlusse einen Augenblick wankend
zu werden, nahm Paulus von den Christen, welche ihn mit
Weibern und Kindern bis an den Strand begleiteten, nach
gemeinschaftlichem Gebete Abschied und erreichte glücklich das Ziel seiner Seereise, Ptolemais, wo er gleichfalls
eine Christengemeinde antraf, der er einen Tag schenkte.
Am nächsten Morgen wanderten die Reisenden zu Fusse
nach dem noch 30 römische Meilen entfernten Cäsarea,
wo sie bei dem Evangelisten Philippus einsprachen, einem
jener sieben, welche die jerusalemische Gemeinde in den
ersten Jahren ihres Bestehens zu Armenpflegern gewählt
hatte. Während Paulus in diesem Hause verweilte, kam
ein Prophet Agabus von Judäa an, welcher dem Apostel
voraussagte, dass er am Ziele seiner Reise Gefangenschaft und Ueberlieferung in heidnische Hände zu erwarten habe. Als darauf seine Gefährten wie die Christen
von Cäsarea einstimmig in ihn drangen, den gefährlichen
Plan aufzugeben, wies Paulus dieses Ansinnen ruhig, aber
fest mit der schönen, seiner allein würdigen Antwort zurück: "Was macht ihr, dass ihr weinet und mir das Herz
brechet? Denn ich bin nicht nur mich binden zu lassen,

sondern auch zu sterben in Jerusalem bereit für den Namen
des Herrn Jesu." Da wagten seine Freunde nicht länger
ihn mit Bitten zu bestürmen, sondern sprachen gefasst: "Des
Herrn Wille geschehe." Nach mehrtägiger Rast machte sich
die Reisegesellschaft wieder auf, verstärkt durch einige Gemeindeglieder von Cäsarea, welche Paulus bis in das Haus
eines alten, aus Cypern gebürtigen, jetzt in Jerusalem an-
sässigen Heidenchristen Mnason geleiten und ihm bei diesem
Wohnung verschaffen sollten, da infolge des bevorstehenden
Pfingstfestes, zu dem Tausende von Pilgern herbeiströmten,
in der Stadt nur mit Mühe Herberge zu erlangen war. Die
letzten zwei Tagereisen waren bald zurückgelegt. Paulus
fand bei Manason eine herzliche Aufnahme und begab sich
am nächsten Morgen mit seinen Freunden zu Jakobus, bei
welchem sich die übrigen Vorsteher der Gemeinde einfanden.

Während sich bis hierher der durch die erste Person leicht
kenntliche Bericht des Augenzeugen verfolgen lässt, stossen
wir jetzt auf eine Erzählung, die, wenn sie historisch wäre,
den Charakter des grossen Apostels in das nachtheiligste
Licht stellen und beweisen würde, dass er gegen das Ende
seines Lebens seinem bisher so mannhaft vertretenen Standpunkte auf unbegreifliche Weise untreu geworden[1]. Nachdem nämlich Paulus über seine erfolgreiche Wirksamkeit
unter den Heiden berichtet und dadurch Jakobus und die bei
ihm versammelten jerusalemischen Christen zu lautem Dank
gegen Gott bewogen, sollen letztere ihn auf die vielen Tausende gläubiger Juden hingewiesen haben, die insgesammt
Eiferer für das Gesetz seien und über Paulus bestimmte Nachrichten erhalten hätten, dass er allenthalben die unter den
Heiden zerstreuten Juden durch seine Lehre von der mosaischen Religion abwendig mache, indem er sie verleite,
weder ihre Kinder zur Beschneidung zu bringen, noch auch
im Uebrigen den väterlichen Satzungen nachzuleben. Da
ihnen nun seine Ankunft in Jerusalem nicht verborgen bleiben könne, so müsse Paulus durch einen recht augenfälligen
Beweis seiner gut judaistischen Gesinnung jenes Gerücht Lügen strafen. Das beste Mittel hierzu sei, dass er sich an vier

[1] Apg. 21, 19 ff.

11*

Judenchristen anschliesse, welche ein Nasiräergelübde über-
nommen hätten, sich für seine Person gleichfalls diesem Ge-
lübde unterziehe und endlich die Kosten für das gemeinschaftliche Opfer bestreite. Dadurch würden alle Judenchristen
inne werden, dass an dem, was ihnen von Paulus zu Ohren gekommen, nichts sei, sondern er selbst in Beobachtung des
Gesetzes wandele. Wenn Jakobus wirklich mit seinem Vor-
schlage eine solche Meinung über Paulus zu verbreiten be-
zweckte, so muthete er dem letzteren eine schlimmere Heuchelei zu, als die war, welche dieser einst in Antiochien an
Petrus so scharf gerügt hatte, denn das Gerücht, dessen Grundlosigkeit Paulus durch jenen Erweis gesetzlicher Frömmigkeit darthun sollte, beruhte ja auf Wahrheit. Wie konnte,
muss man fragen, Jakobus, dem Paulus durch sein früheres
Auftreten doch bereits hinreichende Proben von Charakter-
festigkeit gegeben hatte, an den Heidenapostel ein derartiges
Ansinnen zu stellen wagen, das voraussichtlich ihm eine scharfe
Zurückweisung eintragen musste? Aber nein, weit entfernt,
einer so unwürdigen Zumuthung, wie sie es verdiente, mit
Entrüstung zu begegnen, soll Paulus derselben vielmehr ohne
Widerrede auf das Pünktlichste nachgekommen sein. Er,
der im Galaterbrief so verächtlich von den "kraftlosen und
bettelhaften Elementen" des Judenthums spricht, soll nach
den Vorschriften des Nasiräergelübdes sieben Tage lang mit
einem Oelkuchen in der Hand im Tempelvorhofe gestanden,
dann fünf Lämmer als Brandopfer, fünf weibliche Schafe als
Sühnopfer, fünf Widder als Dankopfer und fünf Körbe voll
ungesäuerter Kuchen und Fladen sammt den erforderlichen
Speis- und Trankopfern für sich und seine Genossen dar-
gebracht und endlich sein abgeschnittenes Haar in die Flam-
me des Altars geworfen haben![1] Eher wollen wir das römische Märchen glauben, dass Luther in seinen letzten
Lebensjahren seinen Abfall von der alleinseligmachenden
Kirche bereut und sich in das Kloster zurückgesehnt habe[2],
ehe wir in dieser Erzählung etwas Anderes erblicken, als eine

---

[1] S. 4 Mos. 6, 13—21 u. d. Art. "Nasiräer" in Winers Realwörterbuch.
[2] S. darüber: Hase, Handbuch d. prot. Polemik. 2 Aufl. S. 643. Anm. 36.

durch judenchristliches Parteiinteresse hervorgerufene Ge-
schichtsentstellung.

Der Zusammenhang, in welchen die Apostelgeschichte
diese unhistorische Erfindung mit der in Jerusalem über den
Apostel hereingebrochenen Katastrophe bringt, muss es auch
zweifelhaft erscheinen lassen, ob letztere uns so, wie sie in
Wirklichkeit vor sich gegangen, überliefert ist. Es soll nämlich von Juden, welche Paulus erst in Begleitung des ephesischen Heidenchristen Trophimus in der Stadt, dann mit
Erfüllung seines Gelübdes beschäftigt im Tempel gesehen
hatten, ausgesprengt worden sein, dass er einen Heiden in
den Vorhof der Israeliten, zu welchem der Zutritt jedem
Nichtjuden bei Todesstrafe verboten war, hineingeführt und
so die heilige Stätte entweiht habe, ein Gerücht, das den Fanatismus des jerusalemischen Pöbels im höchsten Grade gegen
ihn aufstacheln musste. Erwägen wir, dass diese Juden, was
schon aus ihrer Bekanntschaft mit Trophimus zu schliessen
ist und durch die ausdrückliche Angabe der Apostelgeschichte
bestätigt wird, von Kleinasien kamen, wo Paulus mit den
Judaisten die schwersten Kämpfe ausgefochten hatte, und
dass ferner auch der Hinweis unserer Quelle auf die für das Gesetz eifernden jerusalemischen Christen uns diese als eine dem
Paulus keineswegs freundlich gesinnte Gemeinschaft kennen
lehrt, so legt sich uns der Verdacht nahe, dass bei dem Auf-
stande, der den Apostel erst in die Hände des erbitterten
jüdischen Volkes, dann in den Gewahrsam der Römer lieferte, die judenchristliche Partei nicht ganz unbetheiligt gewesen sein möge. Wenn wir uns aber bei dem Mangel an-
derweitiger Nachrichten hinsichtlich dieses Punktes auf eine
blosse Vermuthung beschränkt sehen, so ist es auch nach
der Apostelgeschichte desto gewisser, dass die Christen von
Jerusalem den Mann, der ihnen so eben eine reiche Liebesgabe aus heidenchristlichen Gemeinden überbracht hatte,
unbekümmert seinem Schicksale überliessen. Dem Volkshaufen, welcher, es bleibe dahingestellt, wodurch erbittert,
das Leben des Apostels bedrohte, wurde dieser durch die
Dazwischenkunft des römischen Tribuns Claudius Lysias entrissen, der ihn nach dem auf der Burg Antonia befindlichen

Standlager zu bringen befahl, in der Meinung, eines gefährlichen politischen Verbrechers habhaft geworden zu sein.
Er glaubte nämlich in Paulus einen Aegypter wiederzuer-
kennen, der vor Kurzem sich für den Messias ausgegeben
und eine beträchtliche Zahl fanatischer Anhänger um sich
gesammelt hatte, so dass die römische Regierung sich genöthigt sah, Truppen gegen ihn auszusenden, die mit leichter
Mühe seine Schaar schlugen und zersprengten, ohne sich
jedoch seiner Person bemächtigen zu können[1]. Vermöge
seiner Fertigkeit in der griechischen Sprache klärte Paulus
alsbald diesen Irrthum des Tribuns auf und durch sein rö-
misches Bürgerrecht schützte er sich vor der Geisselung, die
dieser über ihn verhängen wollte. Eine am nächsten Tage
veranstaltete Sitzung des hohen Rathes, we'chem Paulus vor-
geführt wurde, verlief ohne das vom Tribun gehoffte Ergebniss, die Schuld seines Gefangenen des Genaueren festzu-
stellen, worauf dieser wieder in Gewahrsam gebracht wurde.
Die auf's höchste gesteigerte Wuth des jerusalemischen Pöbels fand bald willkommene Werkzeuge in einigen vierzig
Fanatikern, die sich gegen Paulus' Leben verschworen und
sich unter einander verpflichteten, nicht eher wieder Speise
und Trank anzurühren, als bis sie ihn aus dem Wege geräumt hätten. Zu diesen Zwecke sollte der Tribun ersucht
werden, eine zweite Versammlung des hohen Rathes anzu-
setzen und Paulus, wenn er von der Burg Antonia in die
Stadt herabgeführt würde, im Getümmel unter ihren Dolchen
fallen. Indessen wurde dieser Plan nicht so geheim betrieben,
dass nicht Paulus' Schwestersohn, der in Jerusalem wohnte,
etwas davon erfahren hätte. Diesem fiel es leicht, zu dem
in milder Haft gehaltenen Apostel Zutritt zu erlangen und
ihm den meuchelmörderischen Anschlag mitzutheilen. Paulus
wies ihn an den Tribun, der den Jüngling aufmerksam an-
hörte und ihm dann strenges Stillschweigen gebot. Da er
in dem zu aufrührerischen Bewegungen sehr geneigten Jerusalem nicht für das Leben seines Gefangenen einstehen zu
können glaubte, so beschloss er, ihn unter militärischer Bedeckung zu dem ihm zunächst vorgesetzten Beamten, dem

---

[1] Joseph. Alterth. XX, 8, 6. jüd. Kr. II, 13, 5.

Procurator Felix in Cäsarea, zu senden. Sechszig Reiter, zweihundert römische Fusssoldaten und eben so viel Leicht-bewaffnete, eine Bedeckung, deren Stärke aus der Unsicher-heit des von zahlreichen Räuberbanden heimgesuchten Landes erklärlich ist, brachten den Apostel in einem angestrengten Eilmarsche nach dem über acht Meilen entfernten Antipatris, worauf die Reiter, nachdem die übrige Mannschaft den Rück-weg angetreten, ihn am folgenden Tage vollends bis Cäsarea geleiteten und an den Procurator ablieferten, dem sie zugleich einen schriftlichen Bericht des Tribuns über den Gefangenen einhändigten. Felix fragte den letzteren nur nach seiner Heimath und als er erfahren, dass er aus Cilicien sei, ver-sprach er, ihn zu verhören, sobald seine Ankläger eingetroffen wären, und liess ihn dann in das Gefängniss abführen. In dem alten Palast des Herodes, der jetzt zum römischen Ge-richtshause und zur Amtswohnung des Procurators umge-wandelt war, wurde dem Apostel eine Zelle eingeräumt.

Fünf Tage später erschienen, wahrscheinlich von dem Tribun Lysias dahin verwiesen, der Hohepriester Ananias mit mehreren Mitgliedern des hohen Rathes und einem Sach-walter, Namens Tertullus, vor dem Procurator zu Cäsarea, um gemäss dem römischen Recht einen förmlichen Process gegen Paulus anzustrengen[1]. Felix willfahrte ihnen inso-weit, dass er letzteren vorfordern liess und die von Tertullus erhobene, auf Tempelschändung und Aufwiegelung der Juden lautende Anklage, sowie die Vertheidigung des Apostels an-hörte. Hierauf vertagte er die weitere Verhandlung bis zur Ankunft des Tribuns Lysias, ordnete jedoch schon jetzt an, dass Paulus in glimpflichem Gewahrsam gehalten und keiner seiner Freunde gehindert sein solle, ihn zu besuchen und ihm Dienste zu leisten. Mehrere dem Apostel treu ergebene Jünger machten sich diese Erlaubniss sorgfältig zu nutze, die Heidenchristen Timotheus, Tychicus, Lucas und Demas wetteiferten mit den Judenchristen Aristarch und Jesus Justus in Erweisungen der Liebe und Dankbarkeit gegen den ver-ehrten Lehrer und auch Johannes Marcus, der einst auf der

---

[1] Apg. 24, 1 ff.

ersten Missionsreise von ihm abtrünnig geworden, fand sich
hier ein und suchte durch verdoppelten Eifer Paulus' Achtung und Vertrauen wieder zu gewinnen[1]. Durch solche Unterstützung ermuthigt, benutzte der Apostel die ihm innerhalb des Gefängnisses eingeräumte Freiheit, um an seiner
heidnischen Umgebung das Missionswerk zu betreiben und
führte auch hier dem Evangelium manche Seele zu[2].

Bald kam er in nähere persönliche Berührung mit dem
Mann, der auf sein Schicksal so grossen Einfluss hatte. Felix'
Gattin Drusilla war von jüdischer Herkunft, eine Tochter des
Herodes Agrippa. Früher an den Fürsten Aziz von Emesa
verheirathet, hatte sie sich von Felix verlocken lassen, dieses
Ehebündniss zu zerreissen und dem vielgeltenden Procurator
ihre Hand zu reichen[3]. Jetzt wurde sie neugierig, den Apostel,
dessen Ruf auch zu ihr gedrungen sein mochte, mit eigenen
Augen zu sehen. Felix beschied Paulus vor sich und äusserte
seinen und seiner Gattin Wunsch, den christlichen Glauben
genauer kennen zu lernen. Paulus erfüllte dieses Verlangen
und stellte mit gewohnter Freimüthigkeit in seinem Vortrage
solche Lehrstücke in den Vordergrund, welche seinen in
Weltlust dahinlebenden, allen höheren Interessen abgestor-
benen Zuhörern einen Stachel in die Seele drücken mussten.
Der durch seine Willkürherrschaft berüchtigte Procurator
fühlte sich im Innersten getroffen, als er auf die Pflicht der
Gerechtigkeit, seine ehebrecherische Gattin nicht minder, als
sie auf die Keuschheit hingewiesen wurde, und die Schilderung des jüngsten Gerichts, dessen demnächstiges Eintreten
Paulus verkündigte, wirkte so beunruhigend auf das gleichgesinnte Paar, dass Felix den Apostel alsbald mit der Zusage
verabschiedete, ihn wieder rufen zu lassen, wenn er gelegene
Zeit habe. Obwohl sich die gelegene Zeit später auch fand,
so begehrte Felix von der neuen Religion doch nichts mehr
zu wissen, sondern gab nur in wiederholten Unterredungen
dem Apostel deutlich zu verstehen, dass er nicht abgeneigt
sei, ihm gegen eine Geldsumme die Freiheit zu schenken,

---

[1] Eph. 6, 21. Kol. 1, 1. 4, 7. 10 f. 14. Philem. 24. (2 Tim. 4, 11).
[2] Eph. 6, 19 f. Kol. 1, 28 f.
[3] Joseph. Alterthüm. XX, 7, 1 f.

wobei er nicht ohne Grund auf die Opferfreudigkeit der christlichen Freunde rechnen mochte, welche die dem Apostel fehlenden Mittel leicht beschafft haben würden. Da jedoch Paulus im Bewusstsein seines guten Rechtes auf dieses unwürdige Ansinnen nicht einging, so blieb er volle zwei Jahre im römischen Gewahrsam zu Cäsarea.

In das innere Leben des Apostels während dieser Zeit gestatten uns einige hier von ihm verfasste Sendschreiben einen Einblick. Da der Zugang zu dem in glimpflicher Haft gehaltenen Gefangenen nicht schwer zu erlangen war, so kamen auch aus der Ferne manche seiner Anhänger zu ihm. Eine besonders freudige Ueberraschung war für Paulus das Erscheinen des wahrscheinlich zu Ephesus von ihm bekehrten Phrygiers Epaphras, der die Kunde mitbrachte, dass in einem Theile seines Vaterlandes, den Paulus nie besucht hatte, ein neues, vielverheissendes Missionsfeld bestellt sei. Epaphras' gegenwärtiger Wohnort war Kolossä, einst, als Xenophon mit seinen Zehntausend diese Gegenden durchzog, eine grosse und reiche Stadt, jetzt zu einem unbedeutenden Flecken heruntergekommen[1]. Um so höherer Blüthe erfreute sich das benachbarte Laodicea, das infolge der hier emsig betriebenen Schafzucht und seines lebhaften Handelsverkehrs eine der ansehnlichsten und wohlhabendsten Städte Phrygiens geworden war, so dass es sich nachmals ohne Staatsunterstützung durch seine eigenen Mittel von einem verheerenden Erdbeben wieder erholte[2]. Auch das nicht weit abgelegene Hierapolis hatte durch seine Mineralquellen und ein vielbesuchtes Heiligthum der Cybele einen merklichen Aufschwung genommen[3]. In diesen drei Städten hatte Epaphras das Evangelium seines Lehrers verkündigt und bei dem für jede religiöse Erregung leicht empfänglichen phrygischen Volke sofort Anhang gefunden, so dass sich schnell, fast ausschliesslich aus heidnischen Elementen, Gemeinden bildeten, die bei der Nähe ihrer Wohnorte regen Verkehr mit

---

[1] Xenophon Anab. I, 2, 6. Herodot 7, 30. Plin. 5, 49. Strabo 12, 576.

[2] Cic. Famil. 2, 17. 3, 5. Strabo a. a. O. Tac. Ann. 14, 27 vgl. Offenb. 3, 17.

[3] Strabo 13. 629. Plin. 2, 95.

einander unterhielten[1]. In Laodicea war es Nymphas, in Kolossä der von Paulus selbst dem Christenthum zugeführte Philemon, der sein Haus für die gottesdienstlichen Versammlungen öffnete[2]. Nur über die Gemeinde, die sich bei dem letztern einfand, sind wir etwas näher unterrichtet und wissen wenigstens so viel, dass sie bald einen hohen Grad von Ordnung und Festigkeit erlangte, im Glauben und in der Liebe zunahm und sich als eine fruchtbare Pflanzung des Evangeliums bewährte[3]. Philemon, von seiner trefflichen Gattin Apphia unterstützt, leitete sie auf das Würdigste und bewies seine christliche Gesinnung nicht minder durch werkthätige Liebe gegen die Brüder, als durch die Freudigkeit, mit der er für das Evangelium alle Anfeindungen ertrug[4]. Als treuer, wenn auch nicht völlig ebenbürtiger Kampfgenosse stand beiden Archippus zur Seite[5]. Indessen begann auch an dieser Blüthe bald genug der Wurm zu nagen. Auch in Kolossä traten Gegner des Apostels auf, wiewohl keineswegs von gleichem Schlage, wie diejenigen, welche anderwärts sein Evangelium zu verkehren suchten. Es waren Judenchristen, welche die Religion ihrer Väter mit theosophischen Elementen zu einem wunderlichen Gemisch verschmolzen hatten, das sie mit dem stolzen Namen Philosophie beehrten und nicht ohne gewinnende Beredsamkeit vortrugen[6]. Namentlich behaupteten sie, mit der höheren Geisterwelt in geheimnissvollem Verkehr zu stehen und übernatürliche Offenbarungen zu empfangen, und priesen diess als das eigentliche Ziel des Christen[7]. Um zu diesem Ziele zu gelangen, lehrten sie, sei strenge leibliche Uebung und Abtödtung des Fleisches unerlässlich[8]. Daher legten sie grosses Gewicht auf die jüdischen Speisegesetze, verwarfen den Weingenuss, forderten häufiges Fasten und wollten Sabbathe, Neumonde und die

---

[1] Kol. 1, 7. — 1, 21. 27. 3, 7. — 2, 1. 4, 13. 15 f.
[2] Kol. 4, 15. Philem. 2.
[3] Kol. 1, 4. 6. 2, 5.
[4] Philem. 1 f. 5—7.
[5] Philem. 2. Kol. 4, 17.
[6] 2, 4. 8.
[7] 2, 18.
[8] 2, 23.

jüdischen Festzeiten nach mosaischer Anordnung unverbrüchlich beobachtet wissen[1]. Es war erklärlich, dass für sie bei der
überschwenglichen Verehrung, die sie den Engeln zollten,
die Person Christi viel von der Bedeutung verlieren musste,
die sie in der paulinischen Theologie einnahm[2].

Obwohl die kolossische Gemeinde bereits in ihrer
Ueberzeugung zu befestigt war, um alsbald diesen neuen
Aposteln beizufallen, sah Epaphras doch dem Treiben derselben nicht ohne Besorgniss zu und entschloss sich deshalb,
bei Paulus sich Raths zu erholen. Dieser nahm von den Mittheilungen des treuen Jüngers Anlass, die Gemeinde in einem
Sendschreiben zu standhaftem Ausharren bei dem ihr von
ihrem Stifter überlieferten Evangelium zu ermahnen. Nach
dem üblichen feierlichen Grusse bezeugt er zunächst seine
Freude über den Glauben und die Liebe der kolossischen
Christen und seinen Dank gegen Gott, der sie aus der Macht
der Finsterniss errettet und in das Reich seines lieben Sohnes
versetzt habe, dessen hohe, von den gegnerischen Lehrern
geschmälerte Würde er hierbei in den lebendigsten Farben
hervorhebt. Christus ist ihm das Ebenbild des unsichtbaren
Gottes, der Erstgeborene aller Schöpfung, in dem Alles im
Himmel und auf Erden, das Sichtbare und das Unsichtbare,
geschaffen ist, der vor Allem war und in dem Alles besteht
und die ganze Fülle der Gottheit wohnt. Im Hinblick auf
die christliche Verfassung der Gemeinde freut er sich seines
Apostelberufes und der mit demselben verbundenen Leiden
und ist gern bereit, das, was noch fehlt an den Drangsalen Christi, in seinem Fleische vollzumachen, fühlt er doch
die Kraft seines Herrn mächtig in sich wirken. Indem er
dann die Leser erinnert, dass sein Ringen und Kämpfen
auch ihnen und den beiden Nachbargemeinden gelte, und
dass er, obwohl leiblich fern, doch im Geiste allezeit unter
ihnen weile, ermahnt er sie, sich nicht durch die ein-
schmeichelnde Redegabe der Irrlehrer und ihre anscheinende
höhere Weisheit verführen zu lassen, sondern so, wie sie den
Herrn Christum angenommen haben, in ihm zu wandeln und

---

[1] 2, 16. 21 ff.
[2] 1, 15 ff.

vollkommen zu sein. Alle Christen sind ja mit ihrem Herrn
begraben und durch den Glauben auferstanden, Gott hat
ihnen, nachdem sie durch die Sünde dem Tode verfallen
waren, neues Leben geschenkt mittelst der durch Christum
bewirkten Versöhnung, der am Kreuze die Sündenschuld
getilgt, die widergöttlichen Mächte besiegt und im Triumphe
aufgeführt hat. Nun ist niemand mehr berechtigt, die
Christen mit Gesetzesforderungen zu beschweren und sie
wegen Nichterfüllung derselben zu verurtheilen. Wer der
Welt einmal gestorben ist, der braucht sich nicht mehr,
als lebe er noch in der Welt, durch Menschensatzungen im
Genuss von Speise und Trank beirren zu lassen. Bestrebungen wie die jener aufgeblassenen Irrlehrer mit ihrem selbst-
erwählten Gottesdienst, ihrer angeblichen Demuth und ihrer
schonungslosen Kasteiung der Körpers vermögen zwar den
Ruf höherer Weisheit um sich zu verbreiten, zielen aber in
Wahrheit nur auf "Sättigung des Fleisches" ab, indem sie
den natürlichen Hochmuth steigern. Denen dagegen, die mit
Christo auferweckt sind, kommt es zu, nur nach dem Himmlischen zu trachten, von den ihnen noch anhaftenden Resten
der Sünde, der sie bei ihrer Bekehrung abgestorben sind, sich
völlig zu reinigen und den nach dem Bilde Gottes geschaffenen,
über alle irdischen Beschränkungen erhabenen neuen Menschen anzuziehen. Darum ermuntert der Apostel die kolossischen Christen, sich die Tugenden der Barmherzigkeit,
Demuth, Sanftmuth, Versöhnlichkeit anzueignen, vor Allem
aber sich mit dem Bande der Vollkommenheit, der Liebe zu
schmücken, und wünscht, dass der Friede Christi in ihren
Herzen regieren, sein Wort reichlich unter ihnen wohnen
möge. Dann, zu besonderen Lebenskreisen übergehend, erinnert er Gattinnen und Gatten, Kinder und Eltern, Sklaven
und Herren an das pflichtmässige Verhalten gegen einander,
fordert die Gemeinde zu fleissigem Gebete auf, empfiehlt
sich ihrer Fürbitte, damit ihm Gott eine Thür des Wortes
eröffne, um das Geheimniss Christi zu verkündigen, und
mahnt sie angesichts der heidnischen Umgebung zu weisem
Wandel und rechtem Gebrauch der Zeit. Indem er seine
Leser mit ihren Wünschen, über seine Lage Genaueres zu

erfahren, an die beiden Ueberbringer des Briefes verweist, grüsst er sie Namens des Epaphras und der andern bei ihm weilenden Freunde und schliesst sodann mit eigenhändigem Gruss und Segenswunsch.

Gleichzeitig bedachte der Apostel die Christen zu Laodicea mit einem Briefe und traf die Bestimmung, dass derselbe in Kolossä, ebenso wie das nach Kolossä erlassene Sendschreiben in Laodicea in öffentlicher Gemeindeversammlung vorgelesen werden solle. Der mit dem letzteren nach Form und Inhalt nahe verwandte Brief an die von Paulus fast drei Jahre lang geleitete ephesische Gemeinde, welcher seinen geschichtlichen Voraussetzungen nach in dieselbe Zeit fällt, erscheint namentlich durch die Abwesenheit aller persönlichen Beziehungen so räthselhaft, dass seine Echtheit neuerdings Gegenstand mannichfacher Angriffe geworden ist, ohne dass sich bis jetzt ein zu einem unbedingten Verwerfungsurtheil berechtigendes Ergebniss des kritischen Streites herausgestellt hätte.

Dem bewährten Jünger Tychicus wurde vom Apostel der Auftrag, die phrygischen Gemeinden zu bereisen und ihnen die für sie bestimmten Sendschreiben zu überbringen. In seiner Begleitnng ging ein so eben von Paulus "in seinen Banden gezeugter Sohn", Onesimus, nach Kolossä ab. Dieser, vorher Sklave in Philemons Hause, war, nachdem er sich einer Veruntreuung schuldig gemacht, aus Furcht vor der Strafe entflohen und hatte sich in seiner Rathlosigkeit an den Mann gewendet, von dessen Fürsprache er mit Grund bei seinem Herrn das Meiste erwartete. Paulus hatte ihn für das Evangelium, dem sein Seelenzustand in erfreulicher Weise entgegenkam, gewonnen und so viel schätzbare Eigenschaften in ihm entdeckt, dass er sich nur schwer von ihm zu trennen vermochte. Da er es jedoch für Onesimus' Pflicht hielt, zuerst von seinem Herrn Verzeihung für seinen Fehltritt zu erlangen, so entsandte er ihn an Philemon mit jenem so kurzen und doch so überaus inhaltreichen Schreiben, in welchem "die Empfindung und Wärme zarter Freundschaft mit dem höheren Gefühle eines überlegenen Geistes auf das

Schönste verschmilzt"[1]. Unter lebhafter Anerkennung der
christlichen Tugenden Philemons verzichtet der Apostel
ganz darauf, diesem Jünger gegenüber seine apostolische
Gewalt geltend zu machen, und will sich nur auf's Bitten
legen "als der alte Paulus, der jetzt auch ein Gefangener
Christi Jesu ist". So bittet er mit rührender Innigkeit für
den einst unnützen Sclaven, den er jetzt sein "Herz" und seinen "geliebten Bruder" nennen darf und den er gar zu gern
als Ersatz für seinen abwesenden Herrn bei sich behalten
hätte und nur deshalb wieder hergegeben hat, um seinem
Philemon das Gute nicht abzunöthigen, sondern ihm Gelegenheit zur freiwilligen Bethätigung seines edlen Sinnes
zu bieten. Indem er für seinen Schützling einen solchen
Empfang verlangt, als ob er selbst käme, verpflichtet er sich
scherzend unter Berufung auf seine dem Freunde wohlbekannte Handschrift, Alles zu bezahlen, was jener schuldig
sei, und hält eine leise Hindeutung auf das, was Philemon
ihm, seinem Lehrer, verdankt, für ausreichend, ihm die ge-
wünschte Herzenserquickung zu verschaffen. Welch eine
Aufnahme der reuig zurückkehrende Sklave fand, kann nicht
zweifelhaft sein bei dem Charakter seines Herrn, von dem
Paulus die Ueberzeugung hegte, dass er noch mehr, als von
ihm gefordert war, thun werde.

In den beiden nach Kolossä gerichteten Briefen des
Apostels waltet im Ganzen eine ruhige, theilweise selbst
heitere Stimmung, obschon sie deutlich verrathen, dass die
beschränkte Wirksamkeit innerhalb der Kerkermauern seinem rastlosen Geiste nicht genügt. Daher sehnt er sich
hinaus und tröstet sich mit der Hoffnung, durch das Gebet
seiner Freunde ihnen bald neu geschenkt zu werden. Wenn
er aber so fest an seine baldige Freilassung glaubte, dass er
sich bei Philemon bereits die Herberge bestellte, so musste
ihn der plötzliche Umschwung seines Schicksals desto schmerz-
licher überraschen.

Die Nothwendigkeit eines Regierungswechsels für Syrien
war endlich auch in Rom anerkannt worden. Der in jeder

---

[1] Urtheil Ewalds.

Hinsicht untaugliche Felix, welcher den Unruhen und Aufständen nicht zu steuern vermochte, wurde abberufen und durch Porcius Festus ersetzt[1]. Als der neue Procurator nach seinem Regierungsantritte Jerusalem besuchte, meinten die Mitglieder des hohen Rathes, welche Paulus immer noch nicht vergessen hatten, die rechte Zeit gekommen, sich dieses verhassten Gegners zu entledigen, und baten daher Festus, ihn zur Aburtheilung nach Jerusalem bringen zu lassen, nicht ohne die versteckte Absicht, ihm unterwegs durch Meuchelmörder ein sicheres Ende zn bereiten. Festus beschied sie kurzer Hand nach Cäsarea, wohin er selbst nach wenigen Tagen zurückkehrte. Wirklich erschienen bald darauf einige Abgeordnete der ersten geistlichen Behörde Judäa's in dieser Stadt, um als Kläger gegen Paulus aufzutreten. Da auch diese Verhandlung erfolglos blieb, zeigte der Procurator, der für seine Person mit theologischen Streitfragen nichts zu schaffen haben, und die gute Gelegenheit, die Gunst des jüdischen Volkes zu gewinnen, nicht versäumen wollte, grosse Geneigtheit, seinen Gefangenen dem hohen Rathe zu überlassen, damit dieser in Jerusalem über ihn seinen Richterspruch fälle. Dadurch sah sich der Apostel, dem Alles daran liegen musste, nicht seinen Todfeinden ausgeliefert zu werden, in die Nothwendigkeit versetzt, von dem ihm als römischem Bürger zustehenden Recht der Appellation an den Kaiser Gebrauch zu machen. Nachdem sich Festus mit seinen rechtsgelehrten Räthen besprochen hatte, nahm er die Appellation mit den Worten an: "Den Kaiser hast du angerufen, zum Kaiser sollst du reisen".

Die römische Rechtsordnung erforderte, dass der Procurator zugleich mit dem Gefangenen einen Bericht über die gegen denselben erhobenen Beschuldigungen an den Kaiser sandte. Festus, welchem fast noch alle Kenntniss von dem jüdischen Volke und seinen Religionsanschauungen abging, gerieth durch diese Bestimmung einigermaassen in Verlegenheit, als ihm plötzlich eine unerwartete Hilfe erschien. Der König Herodes Agrippa II. und seine

---

[1] Apg. 24, 27. Joseph. Alterth. XX, 8, 9.—9. 1. 1. jüd. Kr. II, 14, 1.

Schwester Bernike, beide Geschwister der Drusilla, kamen
nach Cäsarea, um den neuen Procurator zu begrüssen. Ersterer bekleidete das Amt des Tempelhauptmanns und war
als solcher verpflichtet, den jedesmaligen Procurator in allen
den jüdischen Cultus berührenden Angelegenheiten mit
seinem Rath zu unterstützen. Von ihm durfte also Festus
sachverständige Auskunft über seinen Gefangenen zu erhalten hoffen. Er veranstaltete daher ein nochmaliges Verhör,
zu welchem auch die Schwester des Königs eingeladen
wurde. Die freimüthige Vertheidigungsrede des Apostels brachte auf alle Anwesenden einen solchen Eindruck
hervor, dass Festus und Agrippa in der Ueberzeugung von
seiner Unschuld zusammentrafen und erklärten, seine Freilassung könnte ohne Weiteres verfügt werden, wenn er nicht
bereits das Rechtsmittel der Appellation ergriffen hätte, die
nicht rückgängig gemacht werden dürfe. Daher sprach
Festus das entscheidende Wort aus, dass Paulus nach Rom
gebracht werden solle, um dort vor dem Richterstuhl des
Kaisers sein Urtheil zu empfangen.

So musste sich Paulus noch im Spätherbst zur Seereise
nach Italien rüsten. Er wurde mit mehreren anderen Gefangenen einem Hauptmann, Namens Julius, anvertraut, der
sich, da im Hafen von Cäsarea kein Schiff lag, das
gerades Wegs nach Rom segelte, auf ein aus Adramyttium
(in Mysien) gekommenes Fahrzeug begab, welches die See-
städte der kleinasiatischen Küste besuchen sollte, in denen
sich leicht Gelegenheit zur Weiterreise finden liess.

Zwei seiner Getreuen gaben dem theuren Lehrer das
Geleite: Aristarch von Thessalonich und jener mehrerwähnte
Augenzeuge, der alle erheblicheren Vorgänge von dem Tage
an, da er mit Paulus das Schiff bestieg, bis zur Ankunft in
Rom sorgfältig aufgezeichnet hat. Seine lebendige und anschauliche Schilderung der gefahrvollen Reise zieht zunächst
unsern Blick auf sich, indem wir uns anschicken, den Apostel
auf seinem Leidenswege bis dahin zu begleiten, wo sich die
letzten Spuren dieses thatenreichen und kampferfüllten
Heldenlebens in undurchdringliches Dunkel verlieren.

VII.

Zuerst ging die Reise glücklich von statten. Schon am Tage nach der Ausfahrt von Cäsarea erreichte das Schiff die phönicische Stadt Sidon. Der Hauptmann Julius, welcher aus eigenem Antriebe oder auf Befehl des Procurators gegen seinen Gefangenen grosse Rücksichten bewies, erlaubte Paulus, seine hier lebenden Freunde aufzusuchen und sich von ihnen verpflegen zu lassen. Das nächste Ziel war der lycische Hafen Myra, zu welchem das Schiff, durch widrige Winde gehemmt, nicht auf geradem Wege, sondern nur mittelst einer mühevollen und langsamen Küstenfahrt an Cilicien und Pamphylien vorüber gelangte. Hier fand der Hauptmann ein alexandrinisches, nach Italien bestimmtes Getreideschiff, auf welches er sich mit den Soldaten und seinen Gefangenen begab. Der noch immer ungünstige Wind hinderte an raschem Vorwärtskommen und, nachdem man vergeblich bei Knidus die Landung versucht hatte, sah man sich genöthigt, an der Insel Kreta in einer "Schönhafen" (καλοὶ λιμένες) genannten Bucht anzulegen[1].

Das Herbstäquinoctium war bereits vorüber und heftige Stürme begannen das Meer unsicher zu machen. Wollten die Reisenden nicht muthwillig ihr Leben auf's Spiel setzen, so blieb ihnen nichts Anderes übrig, als in Kreta den Winter abzuwarten und mit Anfang des Frühjahrs die Weiterfahrt zu unternehmen. Da aber die Bucht, in der man sich gegen-

---

[1] Weder diese Bucht noch die nach Apg. 27, 8 nicht weit von derselbeu entfernte Stadt Lasäa wird sonst bei alten Schriftstellern erwähnt. Doch findet sich auf Kreta noch jetzt eine Bucht Kali limenes, s. Meyer zu der Stelle.

wärtig befand, zur Ueberwinterung wenig geeignet war, so
ging die Ansicht des Schiffsherrn und des Steuermanns dahin, dass man sich nochmals den Wogen anvertrauen und
den an der Südküste der Insel gelegenen Hafen Phönix gewinnen solle. Paulus, der viel zur See gereist war und bereits drei Schiffbrüche überstanden hatte, rieth vergebens
von einem so tollkühnen Beginnen ab, welches nur das Fahrzeug und das Leben der Reisenden gefährden könne. Seine
Warnung wurde nicht ungestraft verachtet. Das Schiff hatte
erst eine kurze Strecke zurückgelegt, als es plötzlich von
einem Windstoss erfasst und in das offene Meer hinausge-
schleudert wurde. Bald musste es mit Tauen umspannt werden, um noch zusammenzuhalten und, da die Mannschaft fürchtete, auf die grosse Syrte, jene berüchtigte afrikanische Sand-
bank, verschlagen zu werden, so strich sie die Segel und gab
sich dem Winde preis. Am folgenden Tage war sie schon
genöthigt, die Fracht, am dritten, das Schiffsgeräth über Bord
zu werfen. So trieb das Schiff auf dem sturmgepeitschten
adriatischen Meere ¹ volle dreizehn Tage umher, während
welcher an dem umwölkten Himmel nur selten die Sonne
oder ein Stern sichtbar wurde. Paulus verlor auch in dieser
trüben Zeit nicht seinen Muth und das Bewusstsein einer
noch zu erfüllenden Bestimmung. Dass er als Zeuge des
Evangeliums vor den Richterstuhl des Kaisers treten müsse,
dieser Glaube stand ihm fest und wurde noch durch eine
nächtliche Vision bestärkt. So konnte er ruhig und gefasst
inmitten seiner verzagten und vom langen Fasten erschöpften Reisegefährten erscheinen, um mit ermunternden Worten
ihre gesunkene Hoffnung wieder aufzurichten, und seine Zuversicht wurde nicht zu Schanden. In der vierzehnten Nacht
schien es den Schiffern, als ob Land in der Nähe sei. Das
Senkblei ergab eine Tiefe von zwanzig und etwas weiter vorwärts von fünfzehn Klaftern, so dass sie aus Besorgniss, auf
Klippen aufzulaufen, die Anker auswarfen. Sehnsüchtig und

---

¹ Ἀδρίας (Apg. 27, 21) ist hier in weiterem Sinne zu fassen, in welchem
es das ganze Meer zwischen Italien und Griechenland bis nach Sicilien her-
unter bezeichnet.

in ängstlicher Spannung erwartete die aus 276 Seelen bestehende Reisegesellschaft den Tag. Vorher versuchten jedoch die Schiffer sich allein auf dem Boote zu retten, das sie,
angeblich um vom Vordertheile des Schiffes Anker zu werfen,
in's Meer hinabgelassen hatten. Sobald aber Paulus dem
Hauptmann vorgestellt hatte, dass es um das Leben Aller geschehen sei, wenn jene nicht auf dem Schiffe blieben, befahl
dieser, die Taue, welche das Boot festhielten, zu durchhauen,
so dass es von den Wellen hinweggespült wurde. Nachdem
die Reisenden, jetzt in etwas gefassterer Stimmung, auf Paulus
Zusprache sich durch eine gemeinschaftliche Mahlzeit ge-
stärkt hatten, schütteten sie, um das Schiff zu erleichtern,
die noch übrigen Vorräthe in das Meer.

Bei Tagesanbruch wurde ein den Schiffern völlig unbe-
kanntes Eiland sichtbar, dessen flacher Strand zur Landung
einlud. Alsbald war Alles in eifriger Thätigkeit. Die Anker
wurden gekappt und dem Meere preisgegeben, die Steuer-
ruder der Stricke entledigt, mit denen man sie vorher, um
sie nicht von den Wogen fortreissen zu lassen, angebunden
hatte, und nachdem man das Bramsegel aufgezogen, nahm
man die Richtung auf das nahe Gestade. Niemand ahnte,
dass die Erdzunge, auf welche man lossteuerte, sich noch
eine beträchtliche Strecke unter dem Meeresspiegel fortsetzte.
Plötzlich lag die vordere Hälfte des Schiffes unbeweglich auf
dem Sande fest, während der hintere Theil von der Gewalt
des Anpralls und der Wogen zerschellt wurde. Da man
sonach, um das trockene Land zu erreichen, noch eine beträchtliche Wasserfläche durchschwimmen musste, fürchteten
die Soldaten, dass leicht einer ihrer Gefangenen entrinnen
könnte, und wollten sie lieber alle tödten. Indessen der
Hauptmann Julius, dessen Zuneigung Paulus während der
Reise durch die hohen Eigenschaften seines Geistes gewonnen hatte, verhinderte die Ausführung dieser grausamen
Absicht. Auf sein Gebot warfen sich zuerst diejenigen, welche
schwimmen konnten, in das Wasser, die Andern klammerten
sich an Bretter und Schiffstrümmer an und Alle gelangten
wohlbehalten an das Ufer.

Es war die Insel Melita, das heutige Malta, welche die Schiffbrüchigen aufnahm. Noch jetzt führt eine Bucht dieser Insel den Namen St. Paulus-Bai. Die aus punischem Blute entsprossenen Einwohner kamen den erschöpften Fremdlingen mit grosser Freundlichkeit entgegen und zündeten zunächst, da sich zu der Kälte des Spätherbstes auch noch Regen gesellte, ein wärmendes Feuer an. Als Paulus ein Bündel Reisig zusammenraffte, um es in das Feuer zu werfen, fuhr eine von der Hitze wach gewordene Schlange heraus und an seine Hand, aber schnell schleuderte er das Thier von sich in die Flammen. Wenn unser Berichterstatter erzählt, dass die Inselbewohner den Mann, der kaum dem Wassertode entronnen, von Schlangen verfolgt wurde, erst für einen Mörder, welchen die Rache nicht leben lasse, erklärt, dann aber, als der Biss unschädlich blieb, für einen Gott angesehen hätten, so kann er derartige Aeusserungen höchstens aus dem Munde der Reisegefährten vernommen haben, da es den Eingeborenen schwerlich unbekannt war, dass Malta keine giftige Schlangenart aufzuweisen hat.

Paulus fand mit seinen Begleitern gastliche Aufnahme bei einem höheren römischen Beamten Publius, der sie auf seinem Landgut drei Tage lang beherbergte. Publius' Vater, der an der Ruhr darniederlag, gesundete wieder, nachdem Paulus unter Auflegung der Hände über ihm gebetet hatte. Seine von der Umgebung als Wunder betrachtete Genesung gab dem Apostel Gelegenheit zu einer willkommenen und nicht unfruchtbaren Thätigkeit, indem viele Kranke in der Hoffnung, Heilung zu finden, sich bei ihm einstellten und durch ihn mit dem Evangelium bekannt wurden. Hochgeehrt und mit allen Reisebedürfnissen ausgestattet, verliess er das gastliche Eiland, als nach drei Monaten die Schifffahrt wieder eröffnet werden konnte.

Ein alexandrinisches Kornschiff mit dem Abzeichen der Dioskuren, Kastor und Pollux, welches gleichfalls in Malta überwintert hatte, brachte die Reisenden bald nach Sicilien. Nachdem sie drei Tage in Syracus verweilt, nahmen sie den Lauf an Rhegium vorüber nach Puteoli, das sie, vom Süd-

winde begünstigt, am zweiten Tage erreichten[1]. Im Schoosse
der dortigen Christengemeinde durfte Paulus sieben Tage
rasten, dann wurde die Reise zu Fuss auf der appischen
Strasse fortgesetzt. In dem Städtchen Appii Forum,
17 Stunden von der Hauptstadt entfernt, hatten sich mehrere Glieder der römischen Christengemeinde zum Empfang
des Apostels eingefunden, während andere ihn vier Stunden
weiter in dem vielbesuchten Gasthause Tres Tabernae erwarteten. Bald war Rom erreicht und der |Hauptmann Julius
lieferte seine Gefangenen in der vor dem viminalischen Thore
gelegenen Kaserne an den Befehlshaber der Prätorianer ab.
Dieser erlaubte dem Apostel, eine Miethwohnung zu beziehen,
auszugehen und Freunde bei sich zu sehen, so dass er nur
durch die stete Gesellschaft eines ihm zur Bewachung beigegebenen Soldaten und die Kette, mittelst deren er an denselben gefesselt war, an die Gefangenschaft erinnert wurde.

Die Apostelgeschichte, welche bis hieher den Augenzeugen hat reden lassen, gibt darauf einen mancherlei Bedenken und Zweifel herausfordernden Bericht über die Verhandlungen, welche zwischen Paulus und den Häuptern der
römischen Judenschaft stattgefunden haben sollen[2], und
schliesst sodann mit den Worten: "Er blieb¸volle zwei Jahre
in eigener Miethwohnung und nahm alle auf, die zu ihm eingingen, indem er das Reich Gottes verkündigte und von dem
Herrn Jesu Christo lehrte mit aller Freimüthigkeit, ungehindert." Dieser räthselhafte Schluss erklärt sich am einfachsten bei der Annahme, dass der Verfasser jener Schrift,
wie er dieselbe schon seinem Evangelium˛als zweites Buch
der Geschichte des Christenthums nachfolgen liess, in einem
dritten Buche das Endschicksal des Apostels Paulus zu erzählen beabsichtigte|, ohne jedoch sein Vorhaben zur Ausführung zu bringen. Glücklicherweise ist uns noch eine Ur

---

[1] Die gründlichsten Schriften über Paulus' letzte Seereise und seinen
vierten Schiffbruch sind: Larsen, tentamen exegetico-criticum in iter Pauli
apostoli maritimum Caesarea Puteolos und James Smith, the voyage and
shipwreck of St. Paul. London 1848.

[2] S. Zeller S. 291 ff.

kunde erhalten, von welcher aus ein wenn auch spärliches
Licht in das über die letzten Jahre des grossen Mannes ver-
breitete Dunkel fällt. Es ist diess der letzte Brief des Apostels, gleichsam sein geistiges Vermächtniss an die ihm vor
allen theure Gemeinde zu Philippi.

Die philippischen Christen, welche Paulus schon früher
dadurch ausgezeichnet hatte, dass er aus ihren Händen Geld-
unterstützung annahm, waren nach mancherlei Drangsalen
jetzt wieder in glücklichere Verhältnisse gekommen, so dass sie
ihre Liebe zu dem verehrten Lehrer aufs Neue durch eine
reiche Spende bethätigen konnten, welche Paulus aus den
Händen des Gemeindevorstehers Epaphroditus empfing[1].
Aber mitten in die Freude des Apostels über die aus dank-
barer Gesinnung geflossene Liebesgabe warf schmerzliche
Bekümmerniss ihre finsteren Schatten. Epaphroditus verfiel
in eine gefährliche Krankheit und Paulus machte sich schon
gefasst, diesen treuen Jünger zu verlieren, dessen Tod für
ihn ein um so schwererer Schlag sein musste, als er ausserdem jetzt nur noch an Timotheus, der freiwillig zu ihm nach
Rom gekommen war, eine gleichgesinnte Seele hatte[2]. Doch
blieb ihm der herbste Schmerz erspart, Epaphroditus gesundete wieder, und beeilte sich nun, zu der durch die Nachricht von seiner Erkrankung beunruhigten Gemeinde heimzu-
kehren. Paulus betrieb selbst seine Rückreise und gab ihm
bei'm Abschied ein eigenhändiges Schreiben nach Philippi
mit.

Nachdem der Apostel in diesem Briefe zunächst unter
dankbarem Aufblick zu Gott, der in der Gemeinde das gute
Werk angefangen hat und es vollenden wird bis auf den
Tag Jesu Christi, seine Sehnsucht nach den philippischen
Christen bezeugt hat, sucht er die letzteren zu der Höhe
seines eigenen Standpunktes zu erheben, auf welchem ihm alle
Leiden und Drangsale nur als Mittel zur Ausbreitung des
Evangeliums erscheinen. Hocherfreut theilt er ihnen mit,
dass seine Sache schon in der ganzen Prätorianerkaserne und

---

[1] Phil. 4, 10 ff.
[2] Phil. 2, 19 ff.

darüber hinaus Anhänger gefunden habe und viele Christen
durch sein Beispiel zu unerschrockener öffentlicher Verkündigung des Evangeliums ermuthigt worden seien. Allerdings hat er auch jetzt noch über die Umtriebe seiner judaistischen Gegner zu klagen. · "Etliche predigen Christum
aus Neid und Streitsucht. Die Parteimänner verkündigen
Christum nicht aus reiner Absicht in der Meinung, meinen
Banden Drangsal zu erwecken. Was thut's? Wird doch
auf jede Weise, sei es mit Heuchelei oder mit Wahrheit,
Christus verkündigt und darüber freue ich mich, ja werde
mich auch ferner freuen. Denn ich weiss, dass mir diess zum
Heile gerathen wird durch euer Gebet und die Unterstützung des Geistes Jesu Christi gemäss meiner Zuversicht
und Hoffnung, dass ich in Nichts werde zu Schanden werden, sondern dass bei aller Freudigkeit, wie allezeit, auch
jetzt Christus verherrlicht werden wird in meinem Leibe,
sei es durch Leben, sei es durch Tod". Die Ungewissheit über
das ihm bevorstehende Schicksal, welche sich in diesen
Worten ausspricht, erklärt genug den in dem ganzen Briefe
bemerkbaren Wechsel der Stimmungen. Schon rechnet der
Apostel nicht mehr auf die Erfüllung seines Lieblings-
wunsches, dem Herrn bei seiner Wiederkunft unter den Lebenden entgegenzugehen, und getröstet sich nur des Glaubens,
zur Auferstehung zu gelangen und im Himmel mit Christo
vereinigt zu werden, wenn der Tod ihn vorher überraschen
sollte. Unschlüssig, was er wählen soll, betrachtet er das
Sterben als Gewinn und sehnt sich nach der Heimfahrt, doch
nur, um sich alsbald zu erinnern, dass es um seiner geliebten
Gemeinde willen nöthiger für ihn sei, im Fleische auszu-
harren, und seine feste Ueberzeugung auszusprechen, dass er
zu ihrer Freude und Förderung bei ihnen bleiben werde.
Nachdem er hierauf sein volles Herz in liebreiche Ermahnungen und Bitten an seine Leser ergossen hat, kann er doch
der halb freudigen, halb wehmüthigen Ahnung nicht länger
wehren, dass sein Blut bald über dem Opfer und Dienste ihres
Glaubens werde vergossen werden; aber wiederum gewinnt
die Lebenshoffnung in ihm die Oberhand und, indem
er seinen treuen Timotheus nach Philippi zu senden verheisst,

um sich durch gute Botschaft von dorther zu erquicken,
spricht er zugleich sein Vertrauen aus, dass der Herr ihm
die Freude eines nochmaligen Zusammenseins mit der Gemeinde schenken werde. Schon ist er unter inniger Anerkennung des Epaphroditus bei'm Schlusse angelangt, da fällt
sein Blick von Neuem auf die judaistischen Gegner, die auch
jetzt noch nicht müde geworden sind, die Vorzüge des mosaischen Gesetzes und ihrer eigenen Person zu predigen, und zum
letzten Male flammt die alte Kampflust in ihm auf: "Sehet
die Hunde, sehet die schlechten Arbeiter, sehet die Zerschnei-
dung! Denn wir sind die Beschneidung, die wir Gott im
Geiste dienen und uns Christi Jesu rühmen und nicht auf Fleisch
vertrauen, wiewohl ich auch auf Fleisch vertrauen könnte.
Wenn irgend ein Anderer auf Fleisch vertrauen zu können
meint, so kann ich's vielmehr, der ich beschnitten bin am achten
Tage, vom Geschlechte Israels, vom Stamme Benjamin, ein
Hebräer von Hebräern, nach dem Gesetze ein Pharisäer,
nach Eifer ein Verfolger der Gemeinde, nach der Gerechtigkeit im Gesetze tadellos erwiesen. Aber was mir Gewinn
war, das habe ich um Christi willen für Verlust geachtet."
Bis zu Thränen bewegt, hält er seinen Lesern im Gegensatze zu dem fleischlichen Wandel der Feinde des Kreuzes
Christi das leuchtende Bild seines eigenen Christenlebens vor
Augen, um zuletzt die ganze Wärme der Empfindungen,
die er für diese Gemeinde hegt, in eine herzliche Dank-
sagung für die empfangene Liebesgabe ausströmen zu lassen.

Mit dem Philipperbrief, der dem Jahre 63 oder 64 unserer
Zeitrechnung angehört, ist das letzte Wort aus Paulus' Munde
verklungen und die Frage tritt jetzt an uns heran, welches
sein Schicksal nach Ablauf jener zwei Jahre gewesen sei, die er
laut des apostelgeschichtlichen Berichtes in römischem Gewahrsam zubrachte. Auf diese Frage antwortet ein christlicher
Schriftsteller des vierten Jahrhunderts, dass er nach erfolgter
Freisprechung eine neue Missionsreise angetreten, später aber
wieder nach Rom gekommen und hier mit Petrus den Mär-
tyrertod gestorben sei[1]. Indessen die Annahme einer zweiten

---

[1] Eusebius K. G. 2, 22. 25. 3, 1.

römischen Gefangenschaft, von der sich in keiner an die Zeit des Apostels hinanreichenden Geschichtsquelle eine sichere Spur findet, erscheint nur als ein Nothbehelf, um die historischen Voraussetzungen der sogenannten Pastoralbriefe zu erklären, die sich, nach ihrer eigenen Behauptung von Paulus an Timotheus und Titus gerichtet, im neutestamentlichen Kanon finden. Wenn nun als ausgemacht gelten kann, dass diese Sendschreiben sich in die uns bekannte Lebenszeit des Apostels nicht einfügen lassen, so ist das nicht ein Beweis für die eben gedachte Annahme, sondern nur ein Grund mehr gegen die Echtheit dieser Briefe, welche ohnehin durch ihre Abweichung vom paulinischen Sprachgebrauch und ihre Beziehungen auf kirchliche Ordnungen und ketzerische Richtungen des zweiten Jahrhunderts in Frage gestellt ist und gegenwärtig unter den wissenschaftlichen Theologen nur noch äusserst wenige Vertheidiger findet. Dass Paulus' erste römische Gefangenschaft ihren Abschluss in seiner Freisprechung gefunden habe, ist schon deshalb unwahrscheinlich, weil auf dem Kaiserthron damals der Unmensch Nero sass, und wird noch unwahrscheinlicher dadurch, dass das Ende jenes zweijährigen Zeitraums mit einem Ereignisse zusammenfällt, welches die völlige Vernichtung der römischen Christengemeinde zur nächsten Folge hatte.

Der 19 Juli des Jahres 64 brachte nämlich für Rom ein Unglück, welches „härter und furchtbarer war, als Alles, was je diese Stadt durch Feuerswuth getroffen hatte[1]. Es nahm seinen Anfang in dem Theile des Circus, der an den palatinischen und cölischen Berg stösst, wo in den Buden, welche Waaren enthielten, die den Flammen Nahrungsstoff bieten, das Feuer zugleich ausbrach und sofort mit Gewalt und vom Winde getrieben, die Länge des Circus ergriff. Denn weder geschützte Häuser noch Tempel mit Ringmauern noch sonst ein Hemmniss lag dazwischen. Reissend durchschweifte die Feuersbrunst erst die Tiefe, dann zur Höhe aufsteigend und wieder die Niederungen verheerend,

---

[1] Die folgende meisterhafte Schilderung findet sich bei Tacitus, Ann. 15, 38—41.

kam sie allen Gegenanstalten zuvor, weil das Unglück so
schnell eintrat und die Stadt ihm ausgesetzt war durch die
engen, kreuz und quer laufenden Strassen und die ungeheu-
ren Häuserreihen, wie sie das alte Rom hatte. Wehklagende
Weiber voll Todesangst, hinfällige Greise oder hilflose Kinder
und die, welche sich und welche Andere retten wollten, indem sie die Schwachen fortschleppten oder auf sie warteten,
theils zaudernd, theils sich überstürzend, waren zudem überall im Wege. Und oft wurden sie, wenn sie hinter sich schau-
ten, zur Seite oder vorn von den Flammen umringt oder,
wenn sie in Nachbarhäuser entkommen waren, mussten sie
auch diese vom Feuer ergriffen sehen und fanden dann selbst
die Punkte, welche sie erst für zu entfernt gehalten hatten,
in der gleichen Gefahr. Zuletzt rathlos, welche Richtung
sie einschlagen, welche vermeiden sollten, erfüllten sie die
Landstrassen, lagerten sich auf den Feldern. Manche kamen
um, da sie ihre ganze Habe, selbt die Nahrung für einen Tag
verloren hatten, Andere aus Liebe zu den Ihrigen, die sie
nicht zu retten vermochten, wiewohl ihnen selbst ein Weg
zur Flucht offen stand. Auch wagte Niemand dem Feuer
Einhalt zu thun, weil Viele unter Drohungen das Löschen verboten. Andere offen Fackeln schleuderten und dabei schrieen,
das geschehe auf höhere Anordnung, sei es, um ungehindert
ihrer Raublust fröhnen zu können, oder wirklich auf Befehl.
Nero, der sich zu jener Zeit in Antium aufhielt, kehrte nicht
früher in die Hauptstadt zurück, als bis sich seinem Hause,
durch welches er das Palatium und die Gärten des Mäcen
mit einander verbunden hatte, das Feuer näherte. Doch war
es nicht möglich, dasselbe zu dämpfen, ohne dass Palatium
und Haus und Alles ringsum in Flammen aufging. Aber
zum Troste für das ausgetriebene und flüchtige Volk liess
er das Marsfeld und die Bauten Agrippa's, ja selbst seine
eigenen Gärten öffnen und in der Eile Hütten errichten, um
die verarmte Menge aufzunehmen. Lebensmittel wurden von
Ostia und den benachbarten Freistädten zugefahren und der
Getreidepreis bis auf drei Sesterzien herabgesetzt[1]. Obwohl

---

[1] d. h. für den römischen Scheffel (Modius), der demnach etwa 5 Sgr. kostete.

diese Verfügungen geeignet waren, das Volk zu gewinnen, blieben sie doch ohne Erfolg, weil sich das Gerücht verbreitet hatte, dass er gerade zur Zeit des Brandes der Stadt seine Hausbühne bestiegen und die Zerstörung Troja's vorgetragen habe, das gegenwärtige Unglück den Verwüstungen der Vorzeit gleichstellend. Am sechsten Tage endlich ward am Fusse des esquilinischen Berges dem Brande ein Ziel gesetzt, nachdem man die Gebäude weit und breit niedergerissen hatte, so dass der anhaltenden Wuth der Flammen offenes Feld und freier Himmel begegnete. Und noch hatte sich der Schreck nicht gelegt, da begann das Feuer von Neuem mit nicht geringerer Heftigkeit zu rasen, in freieren Gegenden der Stadt, daher der Menschenverlust minder gross war, Göttertempel und dem Vergnügen geweihte Säulenhallen sanken weithin in Trümmer. Und es haftete mehr Schmach an dieser Feuersbrunst, weil sie auf den Aemilianischen Grundstücken des Tigellinus ausgebrochen war und es schien, dass Nero nach dem Ruhme strebe, eine neue Stadt zu gründen und nach seinem Namen zu benennen. Denn Rom ist in vierzehn Bezirke getheilt, von denen vier unversehrt blieben, drei waren bis auf den Grund zerstört, in den sieben übrigen standen wenige Reste von Häusern, verfallen und halbverbrannt. Die Zahl der Paläste, Miethhäuser und Tempel, welche dem Untergange anheimfielen, zu bestimmen, dürfte nicht leicht sein, aber die ältesten Heiligthümer, dasjenige, welches Servius Tullius der Luna, der grosse Altar und Tempel, welchen der Arkadier Evander dem Hercules in dessen Gegenwart geweiht hatte, der von Romulus infolge eines Gelübdes erbaute Tempel des Jupiter Stator, Numa's Königsburg und das Heiligthum der Vesta mit den Penaten des römischen Volkes lagen in Asche. Zudem die durch so viele Siege erworbenen Schätze, und ältere Leute können sich noch der Prachtstücke griechischer Kunst und der zahlreichen altehrwürdigen und unverfälschten Geisteswerke erinnern, deren Wiederherstellung trotz aller Herrlichkeit der sich neu erhebenden Stadt unmöglich war."

Alsbald nach Unterdrückung der Feuersbrunst entwarf

Nero einen Plan zum Neubau, der an Zweckmässigkeit und
Grossartigkeit nichts zu wünschen übrig liess, und suchte
die erzürnten Götter durch Veranstaltung von Betfesten und
nächtlichen Feiern zu besänftigen. "Allein weder menschliche Bemühungen, noch Schenkungen des Fürsten, noch
Götterversöhnungen vermochten die Schmach zu tilgen, dass
die Feversbrunst als angestiftet betrachtet wurde." Da beschloss Nero, die Wuth des Volkes von seiner Person auf
Andere abzulenken und die in Rom lebenden Christen der
Urheberschaft an dem Brande anzuklagen. Diejenigen von
ihnen, welche aus ihrer Ueberzeugung kein Hehl machten,
wurden zuerst ergriffen und nannten auf Befragen die Namen
anderer Glaubensgenossen, so dass bald eine grosse Anzahl
von Opfern aufgebracht war. Martern, die durch ihre Furcht-
barkeit alle bisherigen Greuelthaten Nero's weit hinter sich
liessen, ergingen nun über die Unglücklichen. Kreuzigung
war noch eine der gelindesten Strafen, Viele hauchten, in
Thierfelle genäht, unter den Bissen wüthender Hunde ihr
Leben aus, Andere wurden, in Gewänder voll leicht brennender Stoffe gehüllt, dem Feuertode überliefert, ja Manche
mussten, an Kienbäumen befestigt und dann in Brand gesteckt, des Abends als Fackeln bei den festlichen Spielen
dienen, die Nero in seinen Gärten zur Unterhaltung des Pöbels veranstaltete und bei denen er selbst in der Tracht eines
Wettrenners sich unter die Volkshaufen mischte. Sogar das
entmenschte römische Volk konnte eine Regung des Mit-
leids nicht unterdrücken, als es die wie immer nach seiner
Meinung Schuldigen nicht dem Gemeinwohle, sondern der
Grausamkeit eines Einzigen hingeschlachtet sah[1].
    Es ist mehr als wahrscheinlich, dass Paulus als edelstes
Opfer dieser Christenverfolgung gefallen ist. Wie hätte er,
der sich damals im Gewahrsam des ruchlosen, seinem verworfenen Gebieter ebenbürtigen Tigellinus befand, der Mord-
gier des Tyrannen entgehen können? Auch ist es einstim-
mige, schon den ersten Jahrhunderten geläufige Ueberlieferung der christlichen Kirche, dass Paulus unter Nero zu Rom

---

[1] Tac. Ann. 15, 44.

enthauptet worden sei[1]. Der Wunsch, nicht schmerzlich entkleidet, sondern friedlich überkleidet zu werden, ist sonach dem Apostel nicht erfüllt, vielmehr seine irdische Behausung gewaltsam abgebrochen worden. Aber dass sein Tod der würdige Abschluss seiner Heldenlaufbahn gewesen, dafür bürgt sein ganzes Leben und leuchtender als jede andere mochte seine Gestalt vor dem innern Auge der damaligen Christenheit aufsteigen, wenn sie aus dem Munde eines ihm geistesverwandten apostolischen Mannes die Mahnung vernahm: "Gedenket eurer Leiter, die euch das Wort Gottes verkündet haben! Schauet hin auf den Ausgang ihres Wandels und ahmet ihrem Glauben nach!"[2]

Uns ist es nicht vergönnt, den scheidenden Märtyrer auf seinem letzten Wege zu begleiten. Aber unmöglich können wir von dem glänzenden Gestirn, dessen Lauf wir bis zu seinem Untergange verfolgt und an dessen Licht wir uns erwärmt haben, den Blick abwenden, ohne vorher noch einmal seine hellsten Strahlen in einem Brennpunkte zu vereinigen und uns dem erhebenden Eindrucke des Gesammtbildes hinzugeben, das uns aus den Schriften des Apostels mit der Frische und Unwiderstehlichkeit der sich selbst bezeugenden Wahrheit entgegentritt.

Es ist schwer, der Bedeutung einer so grossartigen und vielseitigen Persönlichkeit wie Paulus gerecht zu werden. Wir mögen zu der sittlichen Hoheit seines Charakters mit Ehrfurcht emporschauen, die übermenschlichen Erfolge des gottbegeisterten Missionars bewundern, uns von dem Redeschwung des sprachgewaltigen Schriftstellers hingerissen fühlen: in alledem geht Paulus' Bedeutung nicht auf. Es ist vielmehr, um einen oft angefochtenen, aber in seiner Kürze unübertrefflichen Ausdruck zu gebrauchen, die religiöse Genialität, die für alle Zeiten ihm einen Ehrenplatz im Tempel der Geschichte sichert und zu um so lauterem Preise seiner Grösse auffordert, je mehr der Boden, dem sie ent-

---

[1] S. Kunze, praecipua patrum testimonia, quae ad mortem Pauli spectant. Gott. 1848.

[2] Hebr. 13, 7.

wuchs, bereits seine edelsten Kräfte ausgewirkt zu haben
schien. Man hat oft die unvergleichliche Einzigkeit des Christenthums schon in dem farbenreichen Kranze von Wundern
angedeutet sehen wollen, der die neue Religion bei ihrem
Eintritt in die Welt geschmückt habe, um mit Ablauf des
apostolischen Zeitalters für immer zu erbleichen. Allein wie
man auch über die ausserordentlichen Wirkungen, in welchen
das hochgesteigerte religiöse Leben der ersten Christen sich
bethätigte, urtheilen möge — und sie sammt und sonders
in das Reich der Dichtung zu verweisen, kann ja kein gewissenhafter Leser der paulinischen Briefe versucht sein —
was sind doch diese "eitel geringen und fast kindischen Wunder-
zeichen" nach Luthers Wort[1] gegen die erhabenen Geisteswun-
der, welche den Triumphzug des Evangeliums durch die jüdische
und heidnische Welt verherrlichen! Nachdem eben erst unter
einem gesunkenen und verachteten Volke in dem Stifter des
Christenthums ein religiöser Genius erstanden ist, der allen
kommenden Geschlechtern nur die eine Aufgabe übrig zu
lassen scheint, von dem unermesslichen Schatze weltbewegen-
der Ideen, den er erschliesst, fortan zu zehren, ohne Furcht,
ihn zu erschöpfen, wie ohne Hoffnung, ihn zu mehren, sehen
wir unmittelbar in die Fussstapfen dieses Meisters seinen
grössten Jünger treten, der aus den Schachten seines religiösen Bewusstseins das lauterste Gold emporhebt und in
ureigenster Ausprägung zum Gemeingute der Christenheit
macht und dabei doch Alles, was er ist und was er hat, voll
Demuth zu den Füssen des Meisters niederlegt — wahrlich
eine Erscheinung, wie sie auf dem Gebiete der Religionsge-
schichte, ja der Geschichte überhaupt nicht ihres Gleichen hat.

Welches nun sind die wesentlichsten Züge in Paulus'
Charakter? Welches die Seiten seiner Individualität, an
denen unwillkürlich unser Blick haften bleibt, wenn es gilt,
das Urtheil zu begründen, das ihn für den genialsten Träger
des christlichen Gedankens nach Jesus erklärt?

Die Wurzel, aus der alles religiöse Leben erblüht und
jederzeit seine Nahrung zieht, das fromm erregbare Gemüth

---

[1] Zu Marc. 16, 20.

liegt bei Paulus offen zu Tage in einem scharf hervortretenden mystischen Zuge, dem Bewusstsein einer geheimniss-
vollen, unmittelbaren Gemeinschaft mit Gott und Christus.
Nachdem er sich einmal von Christus ergriffen gefühlt hat,
will er nichts Anderes wissen, als den Gekreuzigten, in dem
er so ganz lebt und webt, dass er seinen Freunden betheuern
kann, wie er sie "im Herzen Jesu Christi" ersehne[1]. "Auszuwandern aus dem Leibe und daheim zu sein bei dem Herrn",
ist sein inniges Verlangen und alle die oft bei ihm wiederkehrenden Lieblingsausdrücke: "in Christo sein und leben,
Christum anziehen, mit ihm sterben, begraben werden und
auferstehen" sind nur verschiedene Wendungen des einen
Gedankens, welche deutlich zeigen, wie sehr derselbe der
Grundgedanke seines Lebens geworden ist[2]. Aus dieser
mystischen Geistesrichtung verbunden mit einer eigenthüm-
lichen Naturanlage entstammten auch jene "Gesichte und
Offenbarungen des Herrn", die für ihn feststehende Erfahrungs-
thatsachen waren, ebenso wie die Fähigkeit des Zungenredens, in welcher der Apostel nach seiner Aussage die
ganze korinthische Gemeinde übertraf, und sein Glaube an
eine ihm innewohnende höhere Macht, Wunder zu vollbringen
und selbst leibliche Plagen über unbussfertige Sünder zu
verhängen[3]. Es erhellt, wie nahe einer Natur von solcher
religiösen Erregbarkeit die Gefahr lag, sich in krankhafte,
überspannte Schwärmerei zu verlieren. Vor dieser Verirrung bewahrte ihn aber die nüchterne Verständigkeit, welche
in dieser so reich und vielseitig ausgestatteten Individualität
dem mystischen Zuge das Gleichgewicht hielt und auch unter
den glühendsten Aufwallungen des Gefühls die kritische
Denkarbeit nie völlig zur Ruhe kommen liess. "Prüfet
Alles, das Gute behaltet"! dieser Zuruf an eine seiner Gemeinden enthält zugleich das Gesetz, dem er auch sein eigenes
apostolisches Wort unterwirft, indem er seine Leser auf-

---

[1] Phil. 3, 12. 1 Kor. 2, 2. Phil. 1, 8.
[2] 2 Röm. 6, 3 ff. 7, 4 ff. 8, 17. 13, 14. 2 Kor. 1, 5. 4, 10 f. Gal. 2,
20. 3, 27 f. 5, 24. 6, 14 u. a.
[3] 2 Kor. 12, 1. 1 Kor. 14, 18. 2 Kor. 12, 12. Röm. 15, 19. 1 Kor. 5, 3 ff.

fordert, "als Verständige zu beurtheilen, was er sage"[1]. "Un-
verständige" schilt er die Galater, die sich von der Freiheit
des Evangeliums zu den kraftlosen und armseligen Elementen des Judenthums abwenden; einen "vernünftigen Gottesdienst", der in Hingabe der eigenen Person zu einem lebendigen, heiligen und Gott wohlgefälligen Opfer bestehen
soll, fordert er von allen Christen[2]. Und wenn er, ganz erfüllt von der siegreichen Macht seiner Dialektik, triumphirt:
"Die Waffen meines Kampfes sind nicht fleischlich, sondern
göttlich stark, um Bollwerke zu zerstören, so dass ich Anschläge zerstöre und jede Höhe, die sich wider die Erkenntniss Gottes erhebt und nehme gefangen jeden Sinn zum Gehorsam gegen Christus"[3], so liegt ihm nichts ferner, als der
Gedanke an die Gefangennehmung der eigenen Vernunft,
dem ihm nur Missbrauch von Luthers ungenauer Ueber-
setzung dieser Stelle aufgebürdet hat. Mit diesem gesunden,
noch nicht durch krankhafte Frömmelei gebrochenen Bewusstsein von der Hoheit und Kraft der menschlichen Vernunft, das gegenüber dem mystischen als das rationali-
stische Element in Paulus bezeichnet werden kann, steht
der grosse Apostel im schärfsten Gegensatze zu dem rohen
und fanatischen Vernunfthasse späterer Kirchenlehrer, der
sich in dem berüchtigten "Credo, quia absurdum" (ich glaube,
weil es widersinnig ist) einen seiner würdigen Ausdruck
gegeben hat.

Freilich, so unumwunden Paulus das Recht der Vernunft
anerkennt, so wenig lässt sich läugnen, dass er nicht überall
vollen Gebrauch von diesem Rechte gemacht, nicht immer
die letzten Consequenzen seines Denkens gezogen hat, eine
Erscheinung, in welcher sich jener Mangel an logischer
Schärfe verräth, der von jeher eine hemmende Schranke
des semitischen Geistes gewesen ist. Auch nachdem der
Apostel die Unverträglichkeit des Judenthums mit dem
Christenthum klar erkannt und den Nachweis der ferneren

---

[1] 1 Thess. 5, 21. 1 Kor. 10, 15.
[2] Gal. 3, 1. 3. Röm. 12, 1.
[3] Kor. 10, 4 f.

Unverbindlichkeit des mosaischen Gesetzes zu einem Hauptpunkt seiner Lehre gemacht hatte, empfand er kein Bedürfniss, die jüdische Anschauung vom alttestamentlichen Kanon, die für einen folgerichtigen Denker mit jener vom Gesetz stehen und fallen musste, gleichfalls abzustreifen, vielmehr blieb ihm die Schrift nach wie vor eine zwingende Auctorität und "Es steht geschrieben" ist die Bannformel, mit der er jede gegnerische Einrede zum Schweigen zu bringen hofft. Es war ein Widerspruch, den Kern preiszugeben und die Schale halten zu wollen, dem Gesetze eine vergängliche und dem Schriftbuchstaben, in dem es verfasst ist, eine bleibende Geltung einzuräumen, und Paulus hat, indem er arglos an diesem Widerspruch vorüberging, ja das Unmögliche versuchte, die Verfechter des jüdischen Gesetzes mit den religiösen Urkunden des Judenthums aus dem Felde zu schlagen, mit eigener Hand das gute Schwert seines Geistes abgestumpft. Indessen wäre es ungerecht, wenn man in solchen logischen Inconsequenzen Halbheit des Charakters und sittliche Schwäche erblicken wollte. Ueber ängstliche Furcht vor den Endergebnissen seines Denkens war der Mann wahrhaftig erhaben, den die Stärke der ihn erfüllenden Ueberzeugung wie die Energie seines praktischen Wollens und Wirkens sattsam als ganzen Charakter bekundet. Wie er rückhaltlos sein Herz der einmal erkannten Wahrheit aufschliesst, so fühlt er auch in sich den nie gestillten, mächtigen Drang, das, worin er inneren Frieden und das höchste Glück seines Lebens gefunden hat, der gesammten Menschheit zu vermitteln. Er kann nicht anders, „Nöthigung liegt auf ihm, Weh ist ihm, wenn er nicht das Evangelium verkündigt", und diesen unwiderstehlichen Zug des Geistes bezeichnet er selbst am schlagendsten, wenn er sich mit einem Kriegsgefangenen vergleicht, den Gott im Triumphe durch die Länder führt[1]. Aber gerade aus dieser Gebundenheit in Gott und Christo erwächst ihm das lebendigste Bewusstsein einer schrankenlosen Freiheit von allen Fesseln, die sonst einen Menschen

---

[1] 1 Kor. 9, 16. 2 Kor. 2, 14.

beengen können, wie es sich in den Worten ausspricht: "Bin
ich nicht frei? bin ich nicht Apostel? habe ich nicht Jesum
Christum, unsern Herrn gesehen?"[1] „Die Freiheit, die wir in
Christo Jesu haben", ist ihm ein wesentliches Stück des Evangeliums; "in ihr zu bestehen, sich nicht wieder unter das Joch
der Sklaverei fangen zu lassen, nicht der Menschen Knechte zu
werden," lauten seine angelegentlichen Mahnungen an die
Gemeinden, denen er den Segen dieser Freiheit gebracht
hat.[2] Wenn er aber die feste Ueberzeugung in sich trägt:
"Alles ist mir erlaubt," so kann er eben so zuversichtlich in
dem Zusatze: "Aber ich werde nichts Gewalt über mich üben
lassen," seine Gleichgültigkeit gegen alle irdischen Interessen
betheuern, welche oft genug die Unabhängigkeit des Unab-
hängigsten beeinträchtigen[3]. So hat er Alles, was ihm Gewinn war, um Christi willen für Verlust geachtet, so betrachtet er die Leiden seines apostolischen Berufes als eine
Gnade von Gott und eine Besiegelung seiner Gemeinschaft
mit dem Evangelium und rühmt sich auch der Drangsale
und am liebsten seiner Schwachheit, damit die Kraft Christi
bei ihm wohne, denn, wenn er schwach ist, fühlt er sich am
stärksten, und unbesorgt sieht er den äussern Menschen ver-
wesen, weiss er doch, dass der innere von Tag zu Tag erneuert wird[4]. Wer, wie er, mit Freuden stündlich sein Blut
für eine grosse Sache vergiessen kann, der trägt geringere
Beschwerden und Gefahren mit Leichtigkeit. So versteht
Paulus, niedrig und hoch zu sein, weder Sättigung noch
Hunger, weder Fülle noch Mangel kann das Gleichgewicht
dieser "in Alles eingeweihten" Seele stören[5]. Es ist erklärlich,
dass in einem solchen Geiste für Menschenfurcht und ehrer-
bietige Scheu vor gefeierten Auctoritäten kein Raum blieb.
Paulus' Unerschrockenheit vor römischen und jüdischen Rich-
terstühlen ist nicht grösser, als seine Gleichgültigkeit gegen
Lob und Tadel seiner Glaubensgenossen. Er will nicht Men-

[1] 1 Kor. 9, 1.
[2] Gal. 5, 1. 1 Kor. 7, 23.
[3] 1 Kor. 6, 12.
[4] Phil. 3, 7—10. 1, 7. Röm. 5, 3. 2 Kor. 12, 9 f. 4, 16.
[5] Phil. 4, 12.

schen gefallen, weil er sonst nicht Christi Diener wäre, und
niemand mehr nach dem Fleische kennen, selbst Christum
nicht, er kümmert sich nicht darum, wer die "Vielgeltenden",
"die übergrossen Apostel" sind[1]. Mit herber, ja rücksichtsloser
Offenheit rügt er Petrus' Wankelmuth, der die ganze sittliche
Entrüstung seines entschiedenen Charakters herausfordern
musste, mit allezeit kampfbereitem Eifer wahrt er seine Selbst-
ständigkeit als Apostel Jesu Christi und, so wenig als er sich
auf einen fremden Grund zu bauen verstattet, ist er geneigt,
Eingriffe in sein Missionsgebiet zu dulden[2]. Ein edler Stolz,
ein kräftiges Ehrgefühl glüht in seinem Busen, er weiss,
dass er mehr gearbeitet hat, als die Apostel alle, und will
lieber sterben, als dass jemand sein Ruhm zu nichte mache[3].
Aber wie es dieser seltenen Persönlichkeit gegeben ist, die
scheinbar unversöhnlichsten Gegensätze zu harmonischer Einheit in sich zu verschmelzen, ziert ihn zugleich eine zartsin-
nige Demuth, die ihn sich als den geringsten der Apostel
und des Apostelnamens nicht würdig achten lässt, weil er
die Gemeinde Gottes verfolgt hat, die einen gleich edlen
Ausdruck findet in der Betheuerung, dass er nicht Herr über
den Glauben seiner Gemeinden, sondern nur Mitbeförderer
ihrer Freude sei, wie in der zürnenden Frage an die korinthischen Parteimänner: "Paulus ist doch nicht für euch gekreuzigt oder seid ihr auf Paulus' Namen getauft? Wer ist
Apollos? Und wer ist Paulus? Diener, durch die ihr gläubig
geworden seid."[4]

Dass auch die christliche Freiheit, die er seinen Gemeinden brachte, der Gefahr des Missbrauchs ausgesetzt ist, hat
Paulus mehr als einmal zu beklagen gehabt. Ihn selbst sicherte
vor dieser Gefahr der sittliche Ernst, der ihn schon als Pharisäer auszeichnete, der sich in seiner strengen Auffassung
der Sünde als ihrer eigenen Strafe bekundet und ihn täglich
zum Kampfe gegen den in ihm zurückgebliebenen Rest des

---

[1] Gal. 1, 10. 2 Kor. 5, 16. Gal. 2, 6.
[2] Gal. 2, 11 ff. 1 Kor. 9, 1 ff. Röm. 15, 20. 2 Kor. 10, 13 ff.
[3] 1 Kor. 15, 10. 9, 15.
[4] 1 Kor. 15, 9. 2 Kor. 1, 24. 1 Kor. 1, 13. 3, 5.

alten Menschen anspornte, damit er, nachdem er Andern ein
Herold des Evangeliums geworden, nicht selbst verwerflich
werde[1]. So kann er mit gutem Gewissen sich seinen Gemeinden als Vorbild aufstellen und wünschen, dass Alle sein
möchten, wie er, so vermag aber auch der Rückfall in heidnische Laster, wo er ihm unter Christen begegnet, ihm
Thränen des heftigsten Schmerzes zu erpressen und ihn zur
äussersten Strenge zu entflammen[2]. Ein so selbstloser und
energischer Charakter, der sich von irdischen Banden frei
und über die erbärmlichen Versuchungen und Verirrungen
gewöhnlicher Menschenkinder erhaben weiss, stellt auch an
Andere hohe Anforderungen, ohne ängstlich zu fragen, ob
ihre sittliche Kraft für die Opfer ausreicht, die er selbst
nicht mehr als Opfer empfindet. Verlangt doch Paulus, dass
alle Christen in dem Stande ausharren, in dem sie berufen
sind, der Sclave in seiner Dienstbarkeit, der Unverheirathete
ledig bleibe und dass sie jede Benachtheiligung von Seiten
eines Mitchristen eher erdulden, als ihr Recht vor einer heidnischen Obrigkeit zur Geltung bringen sollen[3]. Wenn aber derartige Charaktere, zumal in der ausschliesslichen Verfolgung
einer grossen Idee, sich leicht zu herzloser Kälte und Gleichgültigkeit gegen menschliches Wohl und Wehe neigen, so
loderte in seinem Herzen die Liebe allzumächtig, um je wieder von einer anderen Macht ausgelöscht werden zu können.
"Die Liebe Christi hält mich in Schranken," ist der Wahl-
spruch, den wir über sein ganzes, oft so stürmisch aufge-
regtes Leben schreiben können[4]. In dem schwungvollsten
Erguss, der je seinem Herzen entquollen ist, hat er, der be-
geisterte Prediger des Glaubens, doch der Liebe den höchsten
Preis zugetheilt[5]. Und wie fliesst sein Mund von der Fülle
seines Herzens gegen seine Gemeinden über! Sie sind ihm
Hoffnung und Freude, Ehre und Ruhmeskranz, dann lebt er,
wenn sie im Herrn stehen und, wenn er sich nach dem Himmel

---

[1] Phil. 3, 6. Röm. 1, 24 ff. 1 Kor, 9, 27.
[2] 1 Kor. 11, 1. 7, 7. Phil. 3, 17 f. 1 Kor. 5, 1 ff.
[3] 1 Kor. 7, 8. 20 f. 6, 1 ff.
[4] 2 Kor. 5, 14.
[5] 1 Kor. 13.

sehnt, ist es nur die Sorge um die Geliebten, die ihn an die Erde
fesselt[1]. Mag er den Galatern, die ihn durch ihren Abfall auf's
tiefste betrübt haben, auch erst mit richterlichem Ernst gegenüber treten, bald bricht doch das volle Herz durch und er erinnert seine "Kinder" im Tone rührender Wehmuth an das
selige Glück vergangener Zeiten und wünscht unter ihnen zu
sein und seine Stimme wandeln zu können, um sie wieder zu
gewinnen[2]. Wie seine Liebe sich in der innigsten Theilnahme
am Geschicke Anderer äussert, die mit den Fröhlichen sich
freut und mit den Weinenden weint, so stimmt sie ihn auch
zur Milde gegen Schwache, die eher einem guten Rechte
entsagt, als einen Bruder betrübt, für den Christus gestorben
ist, die mit sanftmüthigem Geiste den Strauchelnden aufrichtet
und die Bürde des Belasteten tragen hilft, die auch den Ver-
irrten nicht als Feind von sich stösst, sondern als Bruder
ermahnt und dem Reuigen vergibt, damit er nicht von übergrosser Traurigkeit verzehrt werde[3]. Welch ein Contrast
— der Pharisäer, der mit Dräuen und Mord gegen die Jünger
des Herrn schnaubt, und der Apostel, der den Hass seiner
judenchristlichen Feinde mit unermüdlich thätiger Bruderliebe vergilt! Herrlicher als irgend sonst offenbart sich hier
die Herz und Leben umgestaltende Macht des Evangeliums,
wie sie Paulus in dem aus seiner eigenen innersten Erfahrung geflossenen Wort bezeugt: „Ist jemand in Christo, so
ist er eine neue Schöpfung, das Alte ist vergangen, siehe, neu
geworden ist Alles[4]." Aber er weiss auch selber nur zu wohl,
dass er's "noch nicht ergriffen hat oder schon vollkommen
ist[5]." Neben den himmlischen Accorden, die er in den Stunden seligen Gefühlsaustausches mit seinen Freunden den
Saiten seines Herzens entlockt, macht sich noch oft die alte
Natur in grellen Misstönen Luft. Paulus hat in Augenblicken
heftiger Erregung mehr als einmal die Gerechtigkeit vergessen, die auch der Gegner fordern darf, hat da, wo ihm

---

[1] 1 Thess. 2, 19 ff. 3, 8. Phil. 4, 1. 1, 23 f.
[2] Gal. 4, 12 ff.
[3] Röm. 13, 15. 14, 1. Gal. 6, 1. 2. 2 Thess. 3, 15.
[4] 2 Kor. 5, 17.
[5] Phil, 3, 12.

nur Engherzigkeit und Befangenheit in den Weg traten, unlautere Beweggründe gesehen und sein eigenes Gebot, nicht
Böses mit Bösem zu vergelten, konnte ihn nicht abhalten,
diejenigen, welche seine apostolische Auctorität angriffen,
"Lügenapostel, trügerische Arbeiter, Satansdiener" zu schelten
und ihnen ein Ende gemäss ihren Werken anzukündigen[1].
Derartige Ausbrüche leidenschaftlicher Bitterkeit, welche die
geschichtliche Betrachtung einfach hinzunehmen hat, ohne
sie zu beschönigen, erinnern allerdings mehr an den Rache-
geist eines Elia und des Psalmsängers, der den Grimm Gottes
über die Heiden ausgeschüttet sehen möchte, an jenen
Geist, der einst aus den Zebedäussöhnen sprach, als sie Feuer
vom Himmel auf eine widerspenstige Stadt regnen lassen
wollten und dafür aus ihres Meisters Munde sanft strafende
Worte vernahmen[2]. Aber wie solcher Eifer bei Paulus der
Sache galt, deren Träger er war, und seiner Person nur insoweit, als er durch Angriffe auf sich sein Werk gefährdet
glaubte, so hat sich auch diese Seite seiner Natur mehr und
mehr geläutert und verklärt in das Bild Christi. Er, der
früher in seinen Volksgenossen nur die von Gott verworfenen
und mit der ganzen Menschheit verfeindeten Mörder des
Herrn gesehen hat, wünscht später um ihretwillen von Christo
gebannt zu sein und vermag selbst in ihrem verfolgungssüch-
tigen Fanatismus noch einen Eifer um Gott zu erkennen[3].
Er, der erst seinen Fluch Allen angedroht hatte, die ein anderes Evangelium als das seinige predigen, findet· zuletzt
kaum noch ein Wort des Tadels für die Gegner, die seinen
Banden Drangsal erwecken wollen, weil sie doch in ihrer
Weise Christum verkündigen, und sein Schmerz über persönliche Kränkung löst sich auf in heilige Freude über den
Fortschritt des Evangeliums[4].
Wer könnte sich in diese Persönlichkeit versenken, ohne
inne zu werden, dass das Scherbengefäss wirklich einen köst-

---

[1] Röm. 12, 7. 2 Kor. 11, 13 ff.
[2] Ps. 79, 6. Luc. 9, 54 ff.
[3] 1 Thess. 2, 14 ff. Röm. 9, 1 ff. 10, 1 f.
[4] Gal. 1, 8 f. Phil. 1, 15 ff.

lichen Schatz barg, dass das Leben Jesu sich nie und nirgends herrlicher in sterblichem Fleische offenbart hat, als in Paulus?[1] Wenn selbst ein so grossartiger Charakter den feindlichen Starrsinn des Judenchristenthums nicht zu überwinden vermochte, so erhellt zur Genüge, wie tief der Gegensatz der beiden einander befehdenden Richtungen ging. So war auch der Tod des grossen Apostels, weit entfernt, die Getrennten zu einen, vielmehr für die Gegenpartei, die in ihm ihren gefährlichsten Feind gefallen sah, das Zeichen neuer Kraftentfaltung und wirklich schien der endliche Sieg in dem gewaltigen Kampfe sich auf judenchristliche Seite zu neigen. Der greise Johannes nahm, mit dem hohenpriesterlichen Diadem geschmückt, seinen Sitz in demselben Ephesus, das eben erst der Mittelpunkt von Paulus' Missionsthätigkeit gewesen war. Hier trat wenige Jahre nach des Heidenapostels Tode die Apokalypse an's Licht, jenes unmissverständliche Programm des Judenchristenthums, das noch immer seine alten Ansprüche eifersüchtig festhält und die Gläubigen aus den Heiden nur als geduldete Fremdlinge, nicht als gleichberechtigte Mitbürger im Missionsreiche gelten lassen will. Schon sieht der Verfasser dieser Schrift in den sieben paulinischen Gemeinden, die er musternd durchschreitet, die judaistische Saat üppig emporkeimen und bemüht sich, durch Ausrottung des heidenchristlichen Unkrauts ihr freien Raum zu schaffen. Auch Paulus' Person blieb nach seinem Tode so wenig wie im Leben von gegnerischen Angriffen verschont und fanatische Parteischriften suchten nach Kräften durch böswillige Erdichtungen oder gehässige Entstellung geschichtlicher Thatsachen das Andenken des grössten Apostels zu verunglimpfen. Bis in das vierte Jahrhundert erhielt sich eine Schrift, die ihm schuld gab, dass er, ein geborener Heide, das Judenthum nur angenommen habe, um die Tochter des Hohenpriesters zu ehelichen, und, als er diese Absicht nicht erreicht habe, der wüthendste Feind des Gesetzes geworden sei[2]. Die sogenannten clementinischen Homilien stellen ihn

---

[1] 2 Kor. 4, 7. 11.
[2] Epiphan. Haeres. 30, 16.

unter der Maske des Zauberers Simon als Zerrbild des Apostels Simon Petrus diesem letzteren entgegen, von dem er endlich besiegt und in sein Nichts zurückgeworfen wird, beuten
den Auftritt zu Antiochia! schonungslos zu seinem Nachtheile
aus und geben seinen Collecten für die jerusalemische Gemeinde die boshafte Deutung, dass er den Uraposteln Geld
geboten habe, um von ihnen die Gabe des heiligen Geistes
zu erhalten. Aber wenn auch der Parteihass gegen Paulus
noch öfter in hellen Flammen aufloderte, so stand sein Werk
doch zu fest gegründet, um von solchem Feuer verzehrt zu
werden. So zeigte sich denn bald eine Erscheinung, die sich
seitdem unzählige Male in der Geschichte der Kirche wiederholt hat, dass, nachdem zwei unversöhnliche Gegensätze in
fruchtlosem Kampfe ihre Kräfte erschöpft haben, der Sieges-
preis einer vermittelnden Richtung zufällt, welche beide Theile
zu sich herüberzieht, indem sie nach den Grundsätzen der Billig-
keit einem jeden die gleichen Opfer auferlegt und die gleichen
Vortheile in Aussicht stellt. Es war nicht das dem Judenthum
zum Verwechseln ähnliche Judenchristenthum eines Jakobus',
welches den Paulinismus zurückdrängte. Diese Richtung
hatte keine Zukunft mehr, seitdem mit der Zerstörung von
Jerusalem und der Auswanderung der dortigen Christengemeinde die Wurzeln ihrer Kraft durchschnitten waren. Die
Forderungen', welche Paulus noch mit solcher Entschiedenheit von den galatischen Gemeinden abwehren muss, werden
nach seinem Tode nirgends mehr erhoben. Und wie der
Herold der weitherzigeren Richtung, welche nun zur Herrschaft kommt, schon bei Paulus' Lebzeiten Petrus gewesen
war, so schreibt die sich zur allgemeinen, katholischen
Kirche zusammenfassende Christenheit jetzt diesen Namen
auf das Panier, um das sie alle Gläubigen aus Juden wie
Heiden sammelt. Diese Umwandlung findet ihren schlagendsten Ausdruck in der christlichen Sage, deren Tendenz
von nun an dahin geht, neben Paulus, dem sie seinen wohl-
erworbenen Ehrenplatz in der Erinnerung der christlichen
Menschheit nicht völlig rauben kann, Petrus eine solche Stelle
zu sichern, dass auf ihn das hellste Licht fällt. Daher werden alle charakteristischen Züge des Ersteren, womöglich in

entsprechender Steigerung, auf den Letzteren übertragen. So stellt die Sage den Petrus als Heidenmissionar dar, lässt ihn mit Paulus die korinthische Gemeinde stiften, die in Wahrheit des Letzteren alleinige Pflanzung war, feiert ihn ausschliesslich als Gründer der römischen Gemeinde und vereinigt endlich beide im Märtyrertode zu Rom, bis zuletzt Petrus bevorzugend, denn während Paulus enthauptet wird, stirbt Petrus, auch im Tode seinem Herrn gleich, am Kreuze, ersterer erhält sein Grab ausserhalb der Stadt auf dem Wege nach Ostia, letzterer am Fusse des Vatican, wo sich später die seinen Namen tragende Kirche erhebt. So stehen am Ende des zweiten Jahrhunderts im Bewusstsein der Christenheit beide Apostelfürsten einträchtig neben einander, aber an erster Stelle Petrus[1].

Die Apostelgeschichte, welche in dem Verschmelzungsprocesse der Gegensätze ein einflussreiches Moment bildet, hat die Ausgleichung zwischen Paulus und Petrus vornehmlich gefördert, indem sie beiden nicht nur bis zur Ununterscheidbarkeit ähnliche Züge leiht, sondern selbst die Rollen unter ihnen vertauscht. So wird Paulus' Freisinnigkeit auf Petrus, Petrus' Gesetzlichkeit auf Paulus übertragen. Während Petrus Heiden bekehrt und tauft und auf dem Apostelconvent die Rechte der Heidenchristen vertritt, feiert Paulus die jüdischen Feste, vollzieht an einem seiner Jünger die Beschneidung und übernimmt ein Nasiräergelübde. Dabei herrscht in den Thaten und Schicksalen der zwei Apostel eine merkwürdige Uebereinstimmung. Beide haben Visionen, beide strömen Wunderkräfte aus, die bei Paulus mittelst der Berührung seiner Kleider, bei Petrus durch den blossen Schatten wirken, beide heilen Lahme, Petrus zu Jerusalem und Lydda, Paulus zu Ikonium, beide erwecken Todte, Petrus die Tabitha, Paulus den Eutychus, beide werden aus dem Kerker auf wunderbare Weise befreit, Petrus in Jerusalem, Paulus in Philippi[2]. Freilich ist über dieser Gleichstellung der eigenthümlichste Gehalt von Paulus' Individuali-

---

[1] S. Baur I S. 255 ff.
[2] S. Zeller S. 320 ff.

tät verloren gegangen und in der verschwommenen Phy-
siognomie des Paulus der Apostelgeschichte wird schwerlich
jemand die scharfgeschnittenen, charaktervollen Gesichts-
züge wiedererkennen, die uns aus jeder Seite der echten
Briefe des Apostels entgegenblicken.

Und nicht nur seine Persönlichkeit, auch seine Lehre
wurde verflacht und ihres ursprünglichen Inhalts entleert.
Es möge genügen, hier einen Hauptpunkt in's Auge zu fassen.
Der Glaube war für Paulus die volle freudige Hingabe des
Herzens an Gott und Christus, zu deren Wesen es nothwendig
gehört, umgestaltend auf das ganze Leben einzuwirken, gleichwie es zum Wesen der Sonne gehört, Licht und Wärme aus-
zustrahlen. Und was ist später aus diesem Glauben geworden? Ein mechanisches, verstandesmässiges Fürwahrhalten
einzelner dogmatischer und historischer Sätze, neben welchem
Unlauterkeit der Gesinnung und sittliche Unwürdigkeit recht
wohl bestehen kann. Auch unwichtigere Thatsachen der
evangelischen Geschichte, welche für Paulus mit Ausnahme
des Kreuzestodes und der Auferstehung Jesu noch so wenig
innerhalb der Sphäre des Glaubens liegt, dass er selbst der
Einsetzung des Abendmahls nur auf besondere Veranlassung
in seinen Briefen gedenkt, erhielten bei dieser Verrückung
des Gesichtspunktes eine so überwiegende Bedeutung, dass
sogar der Name des römischen Landpflegers, unter dem Jesus
gelitten, in ein christliches Glaubensbekenntniss Eingang finden konnte. Wie bald nach Paulus' Tod sein geist- und lebens-
voller Glaubensbegriff verloren ging, das zeigt sich schon
in der seichten und unfruchtbaren Polemik des Jakobus-
briefes gegen die paulinische Rechtfertigungslehre. Wenn
nach dem Verfasser dieser Schrift der Glaube ohne Werke
todt und um nichts besser ist als die Gewissheit, deren sich
auch die Dämonen nicht entschlagen können, die bei dem
Gedanken an den einigen Gott Schauder ergreift[1], so über-
sieht er ganz, dass in Paulus' Sinne ein „todter Glaube" ein
Unding, ein Widerspruch in sich selber ist und auch das
unwillige Zugeständniss einer nicht abzuleugnenden Wahr-

---

[1] Jak. 2, 17. 19.

heit, wie in dem angezogenen Beispiele, von dem Apostel mit jedem anderen Namen eher als mit dem des Glaubens beehrt worden wäre. Aber das Bewusstsein um die urchristlichen Gegensätze schwand allmählich, je weiter sich die Kirche von ihrem Ursprung entfernte und je mehr sie sich darin gefiel, ihr heroisches Zeitalter im Lichte übermenschlicher Heiligkeit zu erblicken. Dieser Umschwung kam vornehmlich der aus den Stürmen der Christenverfolgungen geretteten Literatur jener Zeit zu gute. In demselben Masse, als das lebendige historische Verständniss der apostolischen Schriften unterging und das erbauliche Interesse in den Vordergrund trat, konnte auch der Glaube an ihre übernatürliche Entstehung, ihre göttliche Inspiration Platz greifen, von welchem dann nur noch ein Schritt war zu der wirklich bald erfolgenden feierlichen Anerkennung eines neutestamentlichen Kanons d. h. einer für immer abgeschlossenen, als Richtschnur des Glaubens und Lebens der ganzen Christenheit geltenden Sammlung heiliger Schriften, die als Urkundenbuch des Christenthums sich dem Codex des Judenthums, dem Alten Testament, an die Seite stellte. Auch die paulinischen Briefe wurden nun "heilige Schrift" und lernten sich mit der judenchristlichen Apokalypse und der vermittelnden Apostelgeschichte unter denselben Pergamentschalen friedlich vertragen. Sklavische Verehrung des meist unverstandenen Bibelbuchstabens und pharisäische Ueberschätzung des äusseren Werkes gegenüber der inneren Gesinnung erfüllte das ganze Mittelalter, ein neues Judenthum hatte seinen Thron in der Kirche aufgeschlagen und ein unerträgliches Gesetzesjoch auf den Hals der christlichen Menschheit gelegt. Aber Paulus' Geist konnte wohl Jahrhunderte lang niedergehalten, doch nicht völlig ertödtet werden und, als die Zeit erfüllt war, erweckte er sich ein auserwähltes Rüstzeug in Luther, der, indem er das paulinische Wort "der Gerechte wird aus Glauben leben" zu seiner Losung erkor, als unerschrockener Kämpfer für das Recht des freien persönlichen Gewissensglaubens d. h. des Protestantismus in die Schranken trat.

Ist dieses Recht seitdem unverkümmert geblieben? Ist

es überhaupt jemals rein und voll zur Geltung gekommen
innerhalb der protestantischen Kirche? Leider müssen wir uns
beschämt gestehen, dass auch nach Luthers Auftreten der
Rückfall in das jüdische Gesetzeswesen sich erneut hat.
Luther selbst, obwohl im tiefsten Innern vom Hauche des
paulinischen Geistes berührt, hat doch die evangelische Freiheit, die er im Anfange seiner Laufbahn so frisch und freudig
verfocht, später mehr als einmal verleugnet und, wenn er
sich das Recht der eigenen Ueberzeugung auch gegenüber
der Bibel noch zu wahren vermochte, so gab es doch für ein
solches echt prostestantisches Gut in der bald genug aufge-
richteten Bekenntnisskirche keine Stätte mehr. Was einst
nach Paulus' Tode die Apokalypse gewesen, ein schroffes,
ausschliessendes Parteiprogramm des Judenchristenthums,
das wurden nach Luthers Tode die symbolischen Bücher, die,
ursprünglich ein dem Katholicismus von berechtigter
Nothwehr entgegengeworfenes Bollwerk, eben so eine un-
heilvolle, bis auf diesen Tag noch nicht ganz niedergerissene
Scheidewand zwischen den beiden protestantischen Schwester-
kirchen zogen und, als das lutherische Judenthum es für
wünschenswerth erachtete, die Theologie von dem frischen
Luftzuge weltlicher Wissenschaft abzusperren, einen hinreichend engen und dumpfen Kerker abgaben, dessen Bann
sie in der Folgezeit oft genug nur durchbrochen hat, um alsbald durch die ihr am Fusse nachklirrende Kette erinnert
zu werden, dass die Stunde völliger Befreiung für sie noch
nicht geschlagen habe.

Die Gegenwart steht noch mitten in dem Kampfe
zwischen Auctorität und Freiheit, Gesetz und Gewissen,
äusserer bindender Formel und innerer persönlicher Ueberzeugung, in den auch Paulus gestellt war. Es ist dieser
Kampf, der unsern Verein ins Dasein gerufen hat, welcher
die freimachenden Grundsätze des Protestantismus und damit des Paulinismus als die seinigen bekennt. Ihm ziemt
es vor allen, sich um das Bild des grossen Heidenapostels
als um ein köstliches Vermächtniss des Urchristenthums zu
schaaren und aus der Fülle des Geistes, in welchem schon
vergangene Jahrhunderte die beste Nahrung ihres religiösen

Lebens gefunden, für die Lösung seiner Aufgaben Kraft und Freudigkeit zu schöpfen. Wie ein Hauch frischer, stärkender Bergluft weht es uns aus seinen Worten entgegen, aus der fremden und doch so vertrauten Sprache seiner Briefe dringen Klänge zu uns herüber, die in jeder von einem Zuge zum Höheren berührten Saite unseres Herzens ein voll-tönendes Echo wecken. Wenn er den Seinen zuruft: "Was wahr ist, was würdig, was gerecht, was lieblich, was rühm-lich, was irgend Tugend, irgend Lob ist, dem denket nach", ist das nicht eine Ermunterung zu dem auch uns erfüllenden Streben, allem menschlich Grossen und Schönen, unserer ge-sammten Culturentwickelung innerhalb der christlichen Welt-anschauung eine Stelle zu gewinnen? Wenn er sie auffor-dert: „Prüfet Alles, das Gute behaltet"!, ertheilt er damit nicht seine Vollmacht jenem unersättlichen Wahrheits-drange, der selbst in das Allerheiligste der Religion die Fackel kritischer Forschung tragen will? Wenn er, vor den Gesetzeseiferern warnend, spricht: "Der Buchstabe tödtet, der Geist macht lebendig", erkennt er da nicht das gute Recht derer an, welche den christlichen Geist, der auch die Menschheit unserer Tage noch nicht verlassen hat, erlösen wollen vom Zwange des Buchstabens der Kirchenlehre wie der Schrift? "Wir vermögen nichts gegen die Wahrheit, sondern für die Wahrheit", dieser sein Glaube sei uns eine Stütze im Kampfe mit zahlreichen, auf die Mittel irdischer Gewalt oder moralischen Druckes vertrauenden Feinden und zugleich der kräftigste Antrieb, sie mit dem "Beweise des Geistes und der Kraft" zu überwinden, seine Mahnung: "Werdet nicht Knechte der Menschen" erinnere uns allezeit an die Pflicht, uns „nicht wieder unter das Sklavenjoch fan-gen zu lassen", sondern „in der Freiheit zu beharren", deren Vollgehalt uns dann unverkürzt zufallen wird, wenn auf un-serer Gemeinschaft immerdar die Weihe des tiefen paulini-schen Wortes ruht: "Der Herr ist der Geist, wo aber der Geist des Herrn ist, da ist Freiheit"!

ERLÄUTERUNGEN.

1. (zu S. 5). So sehr es mir sonst widerstrebt, sehe ich mich doch hier genöthigt, die Resultate meiner bisherigen Studien über die paulinischen Briefe mit wenigen Ausnahmen in Form von blossen Behauptungen zu geben, da die Begründung ein besonderes Buch für sich erfordern würde. „Als echt gelten mir folgende 9 Briefe: an die Römer (Kap. 1—15), Korinther (2), Galater, Philipper, Kolosser, Thessalonicher (2) und an Philemon. Von der Unechtheit des Epheserbriefes habe ich mich, wie wenig ich auch das Gewicht der gegen seine Echtheit sprechenden Gründe unterschätze, noch nicht überzeugen können und glaube denselben mindestens als ein aus der nächsten Umgebung des Apostels hervorgegangenes und wirklich nach Ephesus gerichtetes Schreiben betrachten zu dürfen, daher ich unbedenklich die Data dieses Briefes bei Schilderung der ephesischen Gemeindeverhältnisse verwerthet habe. Ein Bruchstück eines andern Epheserbriefes finde ich mit Reuss, Ewald, Weisse, Hausrath u. a. im 16. Kapitel des Römerbriefes, wobei es dahingestellt bleibt, ob sich dasselbe noch weiter als bis V. 16 erstreckt oder die jedenfalls auch paulinischen Verse 17—27 einen Anhang zum Römerbriefe bilden. Spurlos untergegangen sind zwei Sendschreiben des Apostels nach Korinth (s. Erl. 14), eines nach Laodicea (Kol. 4, 16) und mindestens eines (vielleicht auch mehrere) nach Philippi (s. Meyer zu Phil. 3, 1 Anm.) Dass die sogenannten Pastoralbriefe, so wie sie vorliegen, nicht von Paulus herrühren können, ist mir ausgemacht, kaum minder gewiss jedoch, dass sie paulinische Bestandtheile enthalten, eine Ansicht, zu der sich meines Wissens zuerst Weisse bekannte, welcher, wie er mir mündlich mit-

theilte, auf ein Aperçu von Lipsius fussend, die Ueberzeugung von
der Echtheit von 2 Tim. 4, 9—22 gewonnen hatte. Neuerdings hat
Hausrath 2 Tim. 1, 1—2. 15—18. 4, 9—18 für „ein kurzes Schreiben
Pauli" erklärt, das in Rom abgefasst sein soll (der Apostel Paulus
S. 2. 155 f.). Dagegen glaube ich in 2 Tim. 1, 16—18. 4, 9—18. 19—21
(oder 22) und Tit. 3, 12. 13 die Bruchstücke von vier an einzelne Personen gerichteten Briefen des Apostels erkennen zu sollen, deren
chronologische Aufeinanderfolge diese sein würde:

    1. Tit. 3, 12. 13. Als Paulus diese Zeilen schrieb, weilte er nicht
allzufern von Nikopolis; Apollos, der sie überbringen sollte, war bei
ihm und auch Tychicus, den er später zu senden gedachte, stand
zu seiner Verfügung. Letzterer, ein Kleinasiat (vermuthlich aus Ephesus wie Trophimus) erscheint als Paulus' Begleiter zuerst auf seiner dritten
griechischen Reise (Apg. 20, 4). Da nun Paulus weder auf dieser Reise
in das Innere Thraciens noch später wieder nach Cilicien gekommen
ist, so werden wir eben so wenig an das thracische wie an das cili-
cische Nikopolis (s. Winer u. d. W.), sondern nur an die in Epirus
gelegene Stadt dieses Namens zu denken haben, die dem Apostel, mag
er nun auf dieser Reise bis Illyrien vorgedrungen sein (Röm. 15, 19)
oder nicht, keinesfalls zu weit vom Wege ablag. Auf diese Reise, die
zweite, die P. von Ephesus aus nach Griechenland unternahm, passt
auch alles Uebrige. Von Tychicus ist es, wie schon bemerkt, gewiss,
dass er damals in Griechenland an der Seite des Ap. war, von Apollos
mindestens nicht unwahrscheinlich, da er nach 1 Kor. 16, 12 später
wieder Korinth zu besuchen dachte, der Name des Artemas (= Arte-
midorus) deutet auf einen zu Ephesus, dem Hauptsitze des Artemis-
cultus, heimischen Begleiter des Apostels. Nach 1 Kor. 16, 6 wollte
P. vor seinem Aufbruch nach Jerusalem vielleicht in Korinth, also
in Griechenland, überwintern, und diese Stelle mit der unsrigen in
Beziehung zu setzen, wird durch den Wortlaut der letzteren empfohlen
(„Eile zu mir nach Nikopolis zu kommen, denn dort — nicht in
Korinth, wie ich ursprünglich beabsichtigte, — habe ich mich entschieden, zu überwintern.") Ob Paulus seinen Plan ausgeführt und
warum er von einem Winteraufenthalt in Korinth abgesehen hat (etwa
wegen| der schlimmen Erfahrungen, die er dort bei seiner zweiten
Anwesenheit gemacht), muss dahingestellt bleiben. An Titus kann
unser Billet gerichtet sein, da dieser gleichzeitig mit Paulus in Griechenland, aber nur vorübergehend in seiner unmittelbaren Nähe war.

II. 2 Tim. 4, 19—21. V. 19 weist uns mit seinen Grüssen an Prisca und Aquila nach Ephesus, wo wir also den Empfänger des Schreibens zu denken haben, V. 20 mit der Erwähnung von Erast, Trophimus und Milet in die Zeit der dritten Reise. (Apg. 20, 1—21, 17). Den Erast, einen ephesischen Christen (nicht zu verwechseln mit dem korinthischen Stadtkämmerer Röm. 16, 23), hatte Paulus, sei es nun vor seinem zweiten oder dritten Besuche in Korinth, nebst Timotheus nach Macedonien vorausgesandt (Apg. 19, 22). Schon daraus, dass er in dem ausführlichen, auch den Timotheus enthaltenden Verzeichnisse Apg. 20, 4 nicht vorkommt, darf man schliessen, dass er in Griechenland geblieben ist, und V. 20 unseres Stückes bestätigt dies. Trophimus erscheint in der Apg. als Paulus' Begleiter nur auf der letzten Reise nach Jerusalem (Apg. 20, 4. 21, 29) und nur für diese Reise ist ein Aufenthalt des Apostels in Milet bezeugt (20, 15 ff.). Somit ist das Billet nach der Abfahrt von Milet, vielleicht in Tyrus (21, 3) oder in Jerusalem geschrieben. Aber wie verträgt sich mit dieser Annahme die Zurücklassung des Trophimus, der doch sicher mit P. in Jerusalem war und hier die unschuldige Ursache seiner Gefangennehmung wurde? Erstlich wissen wir nicht sicher, ob Paulus bereits am siebenten Tag nach seiner Ankunft in Jerusalem (s. Meyer zur Apg. 24, 11) oder nicht später gefangengenommen wurde, denn die Zeitbestimmung der Apostelgeschichte kann wegen des Zusammenhanges mit der unhistorischen Erzählung vom Nasiräergelübde nicht massgebend sein. Wollte man sie aber auch gelten lassen, so würden zwischen Paulus' Abfahrt von Milet und der Katastrophe in Jerusalem immerhin wenigstens drei Wochen liegen (s. Apg. 21, 1. 4. 7 f. 10. 15. 18. 26 f.), ein Zeitraum, in welchem Trophimus recht gut wieder genesen und dem Apostel nachreisen konnte.

III. 2 Tim. 4, 9—18. P. ist gefangen an einem Orte, wo es Christen gibt (V. 16), er hat bereits einmal sich zu vertheidigen gehabt und eine Verurtheilung erwartet (V. 17). Dies würde auf Cäsarea wie auf Rom passen. Gegen Rom spricht die verhältnissmässig grosse Anzahl von Begleitern, die wir mit Ausnahme des Crescens sämmtlich als Asiaten kennen, sowie, dass Paulus einen Mantel und Bücher, die vor länger als zwei Jahren in Troas liegen geblieben (V. 13 vgl. Apg. 20, 6), dahin bestellen soll, während er sich längst in Cäsarea viel leichter in den Besitz dieser Gegenstände hätte setzen können. Vielmehr spricht Alles dafür, dass unser Abschnitt zu Cäsarea und zwar später als die Briefe an die Epheser, Kolosser und an Philemon geschrieben ist.

Bei Abfassung dieser Briefe waren Tychicus (Eph. 6, 21. Kol. 4. 7),
Demas (Kol. 4, 14. Philem. 24) und Lucas (ebendas.) in der Begleitung des Apostels, nach 2 Tim. 4, 10—12 ist nur noch der letztere
bei ihm, während die beiden andern vorher bei ihm gewesen sind.
Nach Eph. 6, 21 soll Tychicus Ephesus besuchen, nach V. 12 ist er
bereits dahin abgegangen. Wenn allein Demas Kol. 4, 14 kein cha-
rakteristisches Beiwort erhält, so erklärt sich dies am wahrscheinlichsten daraus, dass er dem Apostel damals schon zu einer empfehlen-
den Bezeichnung nicht geeignet erschien (s. Meyer z. d. St.), nach
unserer Stelle hat er Paulus aus Weltliebe verlassen. Nach Kol. 4, 10
(vgl. Philem. 24) war Marcus bei Paulus in Cäsarea, beabsichtigte aber,
demnächst eine Reise zu unternehmen, nach V. 11 ist er nicht
mehr bei Paulus, dass er aber vorher bei ihm war, zeigt die Begründung des dort ausgesprochenen Verlangens, denn nur durch das
Zusammensein in Cäsarea hat sich Paulus von Marcus' Brauchbarkeit
überzeugen können, nicht etwa auf seiner ersten Missionsreise, auf
welcher er mit dem Genannten ganz andere Erfahrungen machte.
(Apg. 13, 13. 15, 38). Der Empfänger unseres Billets ist in Troas
oder doch nicht zu weit von dieser Stadt zu suchen (V. 13). Timotheus kann es gewesen sein, da er V. 10—12 nicht genannt ist.
Man müsste dann annehmen, dass er sich während der Abfassung
der Briefe an die Epheser, Kolosser und an Philemon, von denen
nur die beiden letzten seinen Namen in der Ueberschrift aufweisen,
von Paulus entfernt habe. Doch hindert auch nichts an Aristarch
zu denken, der gleichfalls V. 10—12 nicht erwähnt wird, während er
doch vorher sicher in Paulus' Gesellschaft war. (Kol. 4, 10. Phil. 24).
Apg. 27, 2 würde dann zeigen, dass unser Schreiben seinen Zweck,
den Empfänger zur Herbeikunft nach Cäsarea zu veranlassen, erreicht habe.

IV. 2 Tim 1, 16—18. Paulus ist während seiner Gefangenschaft
in Rom von Onesiphorus aufgesucht worden. Da er aus dieser Gefangenschaft nicht wieder frei geworden ist, so muss das Billet in
Rom geschrieben sein. Der Empfänger, der mindestens früher mit
Paulus in Ephesus gewesen sein muss (V. 18), kann Timotheus sein
und da wir diesen bei Paulus in Rom finden, während er den Philipperbrief schrieb (Phil. 1, 1. 2, 19 ff.), so hat es nichts Unwahrschein-
liches, dass er auf den Brief hin, dessen Bruchstück uns in unserer
Stelle vorliegt, zu dem Apostel geeilt ist. (Hausrath S. 156). Daraus,

dass V. 16 und 4. 19 nur das Haus des Onesiphorus erwähnt wird,
hat man geschlossen, dass er selbst bereits todt gewesen sei, als
Paulus diese Zeilen schrieb. (de Wette, Huther u. a). Dann könnte
selbstverständlich 4, 19—21 nicht vor 1, 16—18 geschrieben sein.
Allein wie unsicher jener Schluss ist, zeigt 1 Kor. 16, 15—17, wo
nur Stephanas' Familie empfohlen wird, obgleich er selbst noch lebte.
Die Veranlassung, in dem einen und dem andern Falle das Haus
und den Hausvater auseinanderzuhalten, konnte Paulus einfach darin
finden, dass Stephanas und Onesiphorus gerade bei ihm, also zur
Zeit von den Ihrigen räumlich getrennt waren.

Aus Paulus' eigenen Andeutungen sehen wir, „wie geläufig demselben in seiner Thätigkeit die Abfassung von Briefen auch an Einzelne war." (Meyer zu 1 Kor. 16, 3). Daher ist nichts natürlicher,
als dass noch geraume Zeit nach seinem Tode einzelne lose Blätter
von seiner Hand sowie vollständige Briefe umliefen, die später, weil
sie kein dogmatisches Interesse boten, verloren gingen. Hat doch
selbst ein Schreiben des Apostels, das erweislich im zweiten Jahrhundert noch zu Philippi vorhanden war, spurlos verschwinden können.
Die Bruchstücke echter paulinischer Sendschreiben waren aber be-
greiflicherweise den Verfertigern von Pseudepigraphen, wie die
Pastoralbriefe, sehr willkommen, da sie durch Verquickung derselben
mit ihren eigenen Geistesproducten letztere wirksam gegen den Verdacht der Unechtheit schützen konnten. So dürfen wir uns nicht
wundern, in den letztgenannten Briefen, deren Verfasser überhaupt
eine genaue Bekanntschaft mit Paulus' schriftstellerischem Nachlasse
verräth, nicht weniger als vier solcher loser Blätter verwerthet zu
sehen. Möglicherweise sind auch noch die Stellen 1 Tim. 1, 20.
2 Tim. 1, 15. 2, 17 f. aus Paulus' Feder geflossen, zum Mindesten
enthalten sie nichts, was er nicht geschrieben haben könnte (vgl.
1. Kor. 5, 5. 15, 12).

Nach allem Vorhergesagten würde sich folgendes Verzeichniss
paulinischer Briefe aufstellen lassen:

1) Der erste Brief an die Gemeinde zu Thessalonich, geschrieben in
   Athen[1]) oder Korinth etwa im Jahre 53.
2) Der zweite Brief an die Gemeinde zu Thessalonich, geschrieben in
   Korinth im Jahre 53 oder 54.

---

[1]) S. Erl. 11.

14*

3) Der Brief an die Gemeinden Galatiens, geschrieben in Ephesus im Jahre 56 oder 57.

4) Der erste (verlorene) Brief an die Gemeinde zu Korinth, geschrieben in Ephesus (?) zwischen 56 und 58.

5) Der zweite (sogenannte erste) Brief an die Gemeinde zu Korinth geschrieben in Ephesus kurz vor Ostern 58.

6) Der dritte (verlorene) Brief an die Gemeinde zu Korinth, geschrieben in Ephesus (?) etwa im Jahre 58.

7) Der vierte (sogenannte zweite) Brief an die Gemeinde zu Korinth, geschrieben in Macedonien etwa im Jahre 59.

8) Der Brief an die Gemeinde zu Rom, geschrieben in Korinth etwa im Jahre 59.

9) Ein Brief an die Gemeinde zu Ephesus (Bruchstück Röm. 16, 1—16), geschrieben in Korinth etwa im Jahre 59.

10) Ein Brief an einen apostolischen Gehilfen (Titus? Bruchstück Tit. 3, 12. 13), geschrieben in Griechenland etwa im Jahre 59.

11) Ein Brief an einen apostolischen Gehilfen (Bruchstück 2 Tim. 4, 19—21), geschrieben in Tyrus? Jerusalem? etwa im Jahre 59.

12) Der Brief an die Gemeinde zu Ephesus,   geschrieben
13) Der (verlorene) Brief an die Gemeinde zu Laodicea   in Cäsarea
14) Der Brief an die Gemeinde zu Kolossä,   im Jahre 60
15) Der Brief an Philemon,   oder 61. ·

16) Ein Brief an einen apostolischen Gehilfen (Timotheus? Aristarch? 2 Tim. 4, 9—18), geschrieben in Cäsarea im Jahre 60 oder 61.

17) Ein Brief an einen apostolischen Gehilfen (Timotheus? Bruchstück 2 Tim. 1, 16—18), geschrieben in Rom zwischen 62 und 64.

18) Der Brief an die Gemeinde zu Philippi[1]), geschrieben in Rom im Jahre 63 oder 64.

2. (zu S. 8). Was zunächst die Lückenhaftigkeit der Apostelgeschichte anbelangt, so vermisst man in ihr von den aus Paulus'
Briefen bekannten Thatsachen die Reise nach Arabien (Gal. 1, 17),
die Scene in Antiochia (Gal. 2, 11 ff.), eine von Paulus' drei Anwesen-
heiten in Korinth (2 Kor. 12, 14. 13, 1 f.), die Reise nach Illyrien
(Röm. 15, 19), die zu Korinth gewirkten Wunder (2 Kor. 12, 12), die
Collecte für Jerusalem (1 Kor. 16, 1. 2 Kor. Kap. 8 und 9. Röm. 15, 25 ff.),
die Wirren in Galatien und Korinth, die Kämpfe in Ephesus (1 Kor.
15, 32. 16, 9), die dem Apostel in Kleinasien widerfahrene Drangsal
(2 Kor. 1, 8 ff.), die Faustschläge des Satansengels (2 Kor. 12, 7 ff.),

---

[1]) Dem einer oder mehrere von unbestimmbarer Abfassungszeit vorausgegangen. Vielleicht dankte Paulus, wie später von Rom, so schon früher
von Thessalonich aus brieflich, als er dort eine Geldsendung der philippischen
Gemeinde empfangen hatte (Phil. 4, 16).

den Krankheitsanfall in Galatien (Gal. 4, 13), die meisten der von ihm
2 Kor. 11, 23 ff. mitgetheilten Erlebnisse, als die vielen Gefangen-
schaften[1]), die fünf Geisselungen, zwei von den drei Stäupungen, die
drei Schiffbrüche[2]), die Gefahren auf Flüssen und in der Wüste,
unter Räubern und unter falschen Brüdern u. a. m. Angesichts
solcher Beispiele wird niemand die Lückenhaftigkeit der Apostelgeschichte leugnen wollen, wie er auch sonst über diese Schrift denke;
wer aber einmal den Tendenzcharakter derselben einräumt, wird diese
Auslassungen grossentheils nicht als zufällig, sondern nur als absichtlich
und wohlberechnet betrachten können.

Für unsere weitere Behauptung, dass der historische Werth der
Apostelgeschichte durch vielfache Unrichtigkeiten beeinträchtigt
sei, finden sich hinreichende Belege an folgenden Stellen unseres
Textes: S. 32. 44. 45. 48. 66 ff. 163 f. s. auch Erl. 11. Diese Ab-
weichungen von der geschichtlichen Wirklichkeit erklären sich gleichfalls zumeist aus dem Tendenzcharakter unseres Buches.

Diesen Charakter zuerst festgestellt zu haben, ist das Verdienst des
berühmten Hauptes der tübinger Schule F. Chr. Baur, der in seinem
1845 erschienenen: „Paulus, der Apostel Jesu Christi"[3]) nach Schnecken-
burgers Vorgang die Apostelgeschichte einer tief eindringenden Kritik
unterzog. Auf den von Baur gewiesenen Wegen weiterschreitend,
hat Zeller in dem durch Scharfsinn und Gründlichkeit gleich ausgezeichneten Werke: „Die Apostelgeschichte nach ihrem Inhalt und
Ursprung kritisch untersucht" die Resultate gewonnen, zu welchen
ich mich oben im Wesentlichen bekannt habe. Eine anziehende,
allgemeinverständliche Darstellung der Baur-Zeller'schen Auffassung
der Apostelgeschichte gibt H. Lang in den „Zeitstimmen aus der
reformirten Kirche der Schweiz." Jahrg. 1867. No. 2. 3. 6. 8—12.

Hier möge noch eine Vermuthung über den Augenzeugen
der Apostelgeschichte, welcher 16, 10—17. 20, 5—15. 21, 1—18. 27,
1—28, 17 das Wort führt, Platz finden. Die Hypothesen, nach
welchen derselbe eine Person mit Silas oder Timotheus sein sollte,

---

[1]) Nach I Clem. Rom. ad Cor. c. 5 hat Paulus sieben Mal Fesseln
getragen.

[2]) Der in der Apostelgeschichte (Kap. 27) erzählte Schiffbruch war ein
späterer, vierter.

[3]) Ich citire überall nach der zweiten Auflage, die nach des Verfassers
Tode von Zeller herausgegeben worden ist. (2 Thle., Leipzig 1866/67).

dürfen als widerlegt gelten (s. Zeller S. 452 ff. Meyer, Commentar
zur Apg. 4 f.), wie auch anzuerkennen ist, dass gegen die Tradition,
welche Lucas in diesem Berichterstatter sieht, keine gewichtigen Bedenken erhoben werden können. Immerhin bleibt es auffällig, dass
man bis jetzt so wenig an einen andern von Paulus' Begleitern gedacht
hat, gegen den sich gleichfalls nichts von Belang wird einwenden
lassen, an Titus. Derselbe hat mit Lucas das gemein, dass sein
Name in der Apostelgeschichte nicht vorkommt. Sehen wir nun von
der Tradition ab, so werden wir die Frage, ob der unter den Begleitern des Apostels eine so hervorragende Stelle einnehmende Augenzeuge mit grösserer Wahrscheinlichkeit für Titus oder Lucas zu halten
sei, sicherlich zu Gunsten des ersteren beantworten, den wir durch
Paulus selbst als einen seiner ältesten und erprobtesten Begleiter
kennen (Gal. 2, 1. 3 2. Kor. 2, 13. 7, 6 ff. 13 ff. 8, 6. 16 ff. 23. 12, 18),
während Lucas von ihm nur in späteren, von Cäsarea aus geschriebenen Briefen kurz erwähnt wird (Kol. 4, 14. Philem. 24. 2 Tim. 4, 11).
Wichtiger ist ein anderer Umstand. Aus dem zweiten Korintherbrief
erfahren wir, dass Titus von Paulus nach Korinth gesandt worden
war, in Macedonien wieder mit ihm zusammentraf und von hier aufs
Neue nach Korinth ging, wohin ihm Paulus bald zu folgen gedachte.
Man erwartet nun, Titus mit dem aus Korinth nach Asien reisenden
Apostel gleichfalls dahin zurückkehren zu sehen, und wirklich tritt
auch in Philippi der Augenzeuge wieder ein (Apg. 20, 5), um bis
nach der Ankunft in Jerusalem (21, 18) an Paulus' Seite zu bleiben.
Ist 2 Tim. 4, 9—18 echt, und in Cäsarea verfasst, wie ich an-
nehme (s. Erl. 1), so müsste Titus von seiner dalmatischen Reise (V. 10)
noch vor Paulus' Aufbruch nach Rom wieder bei ihm eingetroffen
sein, um ihn auf seiner letzten Fahrt zu begleiten, gleichwie in
diesem Falle Aristarch's Anwesenheit in Cäsarea (Kol. 4, 10, Philem. 24,
Apg. 27, 2) durch kürzere oder längere Abwesenheit (2 Tim. 4, 11)
unterbrochen worden ist. Die Titushypothese dürfte sich schliesslich
auch dadurch empfehlen, dass sie einiges Licht auf den (mit Ausnahme von 3, 12. 13 s. Erl. 1) unechten Titusbrief wirft. Der Verfasser desselben hätte nämlich dann, wie dies auch sonst bei Pseudepigraphen nichts Ungewöhnliches ist,[1]) seine Fiction an eine

---

[1]) Ich erinnere nur an Paulus' Correspondenz mit Seneca, zu deren Er-
dichtung lediglich die Apg. 18, 12 ff. berichtete Thatsache den Anstoss gegeben hat. (S. Winer Art. Paulus No. 11).

historische Thatsache angelehnt, an die, dass P. ein Mal mit Titus auf der Insel Kreta gewesen ist (Apg. 27, 7 ff.).

(Der Güte des Herrn Dr. Overbeck in Jena verdanke ich die Mittheilung, dass die Titushypothese bereits früher einen Vertreter gefunden hat in Louis Horst, der in seinem mir nicht zu Gesicht gekommenen Essai sur les sources de la deuxième partie des acta des apôtres (Strassburg 1849) für dieselbe namentlich folgende Punkte geltend macht: 1) Wir wissen, dass Titus auf dem Apostelconcil war. 2) Nach Tim. 4, 10 war er auch wenigstens während der ersten Zeit mit P. in Rom. 3) Die unter dem „Wir" versteckte Person muss jedenfalls ein Gefährte des Apostels sein, der in der Apostelgeschichte nicht genannt ist. Titus mag seinen Reisebericht dem Lucas in Rom mitgetheilt haben. 4) Dass Lucas den Titus als seinen Gewährsmann oder den Urheber des von ihm benutzten Reiseberichts nicht nennt, erklärt sich aus seiner apologetischen Tendenz. Er musste vermeiden, sich auf Titus zu berufen, um den sich einst ein so heftiger Streit zwischen Paulus und den Judenchristen erhoben hatte. 5) Das „Wir" hat aber Lucas stehen lassen, um anzudeuten, dass er den Bericht eines Augenzeugen benutze. Zu dieser Andeutung mochte er um so mehr sich veranlasst fühlen, je mehr es damals noch Christen gab, die eine ganz andere Erinnerung an die Personen des Petrus und Paulus hatten, als Lucas sie schildert. 6) Man vermisst allerdings gerade Auftritte, bei denen Titus eine wichtige Rolle gespielt hat. Allein Lucas hat seine Quelle nicht einfach abgeschrieben, sondern frei benutzt, geändert und gekürzt nach Massgabe seiner besondern Zwecke. — Uebrigens soll nach Horst die Quelle, auf welche das „Wir" führt, mit 13, 1 beginnen und im Wesentlichen dem ganzen Reste der Apostelgeschichte zu Grunde liegen.)

3. (zu S. 9.) Paulus' Geburtsort und Geburtsjahr. Hieron. de viris illustr. c. 5: „de tribu Benjamin et oppido Judaeae Giscalis fuit, quo a Romanis capto cum parentibus suis Tarsum Ciliciae commigravit." Mit nur bei ihm nicht überraschender Leichtfertigkeit behauptet J. P. Lange: „Die Nachricht, welche Hieron. de viris illustr. c. 5 bringt, P. sei von Gischala mit seinen Eltern nach Tarsus ausgewandert, hat derselbe im Commentar zu Philemon für eine Fabel erklärt." (Art. Paulus in Herzogs theol. Realencyclopädie Bd. 11. S. 240.) Die betreffende Stelle des gedachten Com-

mentars lautet: „Quis sit Epaphras concaptivus Pauli, talem fabu-
lam (!!) accepimus. Ajunt parentes apostoli Pauli de Gyscalis fuisse
regionis Judaeae et eos, quum tota provincia Romana vastaretur
manu et dispergerentur in orbe Judaei, in Tarsum urbem Ciliciae
fuisse translatos: parentum conditionem adolescentulum Paulum secu-
tum et sic posse stare illud, quod de se ipso testatur: Hebraei sunt?
et ego. Israëlitae sunt? et ego. Semen Abrahae sunt? et ego. Et
rursum alibi: Hebraeus ex Hebraeis et caetera, quae illum Judaeum
magis indicant, quam Tarsensem. Quod si ita est, possumus et
Epaphram illo tempore captum suspicari, quo captus est Paulus,
et cum parentibus suis in Colossis urbe Asiae collocatum, Christi
postea recepisse sermonem." (Hieron. opp. tom. IV. p. 454 der
Benedictiner-Ausgabe von 1706. Paris, Rigaud.) Somit ist Hieronymus weit entfernt, seine erste Angabe zurückzunehmen. Man muss
sich wundern, dass sein Zeugniss bisher beharrlich todtgeschwiegen
oder ausdrücklich verworfen worden ist. Wenn man sich vergegenwärtigt, dass dieser in Palästina wohlbewanderte Kirchenvater manche
gute alte Tradition aufbehalten hat, dass er ferner als schriftge-
lehrter Theolog um seinen Widerspruch gegen die Apostelgeschichte
wissen musste und als schriftgläubiger diesen Widerspruch sicherlich
nicht ohne ausreichenden Grund auf sich nahm', dass es endlich
ganz undenkbar ist, wie die Sage auf das unbedeutende Städtchen
(πολίχνη) Gischala, das weder im alten noch im neuen Testamente,
sondern erst bei Josephus (jüd. Kr. II, 20, 6. 21, 1. IV. 2, 1. 2.
Leben 10) vorkommt, verfallen sein soll, während umgekehrt Paulus'
kleiner Geburtsort über seinem nachmaligem grossen Wohnorte sehr
leicht vergessen werden konnte —, so wird man kaum zu leugnen
vermögen, dass, um die gegentheilige Annahme aufrecht zu halten,
doch kräftigere Stützen erforderlich sein dürften, als die Stellen
Apg. 9, 11. 21, 39. 22, 3. Die beiden ersteren Stellen streiten nicht
einmal direct mit Hieronymus' Aussage, da ein Bewohner von
Tarsus (Ταρσεύς) deshalb noch nicht ebenda geboren zu sein braucht,
und die dritte wäre nur dann' durchschlagend, wenn sich die
Authentie der von der Apostelgeschichte mitgetheilten Reden nach-
weisen liesse.

Paulus' Geburtsjahr wird von andern später angesetzt, als
oben geschehen, so von Renan (les apôtres S. 163) zwischen 10 und
12, von Lang (Religiöse Charaktere I S. 5) zwischen 10 und 15.

Für diese Annahme ist nicht geltend zu machen, dass Paulus bei
der Steinigung des Stephanus noch ein „Jüngling" war (Apg. 7, 58),
denn der Begriff des νεανίας ist bekanntlich ein sehr weiter und
einen Mann, der bald darauf vom hohen Rathe eine wichtige Vollmacht erhielt, werden wir uns nicht allzujung vorzustellen haben.
Wenn nun aber das 50. Jahr nach jüdischer Auffassung das kräftige Mannesalter bezeichnet (s. d. Ausll. zu Joh. 8, 57), so wird
ein πρεσβύτης doch wohl dem sechzigsten Jahre näher zu denken
sein als dem fünfzigsten. Nach der fälschlich dem Chrysostomus
beigelegten oratio encomiastica in principes apostolorum Petrum et
Paulum eorundemque gloriosissimum martyrium (in Chrysost. opp.
ed. Montfaucon tom. VIII.) starb Paulus im Alter von 68 Jahren,
nachdem er 35 Jahre dem Herrn gedient hatte. (ὃς τριάκοντα-
πέντε ἐδούλευσε τῷ κυρίῳ μετὰ πάσης προθυμίας· τελέσας δὲ
τὸν ὑπὲρ τῆς εὐσεβείας δρόμον ἀνεπαύσατο ὡς ἐτῶν ἑξήκοντα
ὀκτώ.)

4. (zu S. 10.) Der Name Saul findet sich in der Zeit zwischen
dem König und dem Apostel nicht, wohl aber vorher (1 Mos.
36, 37. 46, 10. 2 Mos. 6, 15. 4 Mos. 26, 13.) und nachher (Josephus Alterth. XX, 9, 4. jüd. Krieg II, 17, 4—20, 1.—18, 4.). Die
Zeit des Apostels hatte eine besondere Vorliebe für altberühmte
Namen, vgl. die häufigen · Jakobus (Jakob), Judas (Juda), Simon
(Simeon), Maria und Mariamne (Mirjam) im neuen Testamente und
bei Josephus. Beispiele für die im Texte angegebene Sitte sind:
Dosthaj = Dositheus, Jesus = Jason, Tarphon = Tryphon, Elja-
kim = Alkimos. Nach Hieronymus (de viris illustr. c. 5) hätte
der Apostel seinen römischen Namen nach dem durch ihn bekehrten Proconsul Sergius Paulus geführt, eine Vermuthung, die sich
wohl nur darauf gründet, dass die Apostelgeschichte den Namen
Paulus zum ersten Male bei Gelegenheit dieser Bekehrung nennt.
(13, 9.)

5. (zu S. 11.) So war der berühmte Hillel Tagelöhner, Rab
Joseph drehte die Mühle, Rab Schescheth schleppte Balken, Oschaja
und Chanina waren Schuhmacher, Abba und Juda Schneider, ein
anderer Juda Bäcker, ein dritter Parfümeur, Abba Chirurg, Abba
Joseph Baumeister, Abba Schaul Todtengräber, Ada Feldmesser,
Chana Wechsler, Meïr Schreiber, Abia Zimmermann, Abba Oschaja
Walker, Ami Ofensetzer, Jochanan Sandalenmacher, Jose Leder-

bereiter, Isaak Schmied, Nechemja Töpfer, Simon Sticker. Josua Nadler, Juda bar-Illai Böttcher u. s. w. Im Talmud kommen mehr als hundert Rabbinen vor, welche Handwerker waren und Handwerkernamen führten. Vgl. die anziehenden Schriften von Fr. Delitzsch: „Jesus und Hillel" (S. 11) und „Handwerkerleben zur Zeit Jesu" (S. 71 ff.) Nach einer Angabe des Verfassers ist über diesen Gegenstand eine Monographie von einem Rabbi Levisohn zu erwarten.

6. (zu S. 11.) Griechische Dichterworte findet man an folgenden Stellen citirt: 1 Kor. 15, 33: *φθείρουσιν ἤθη χρηστὰ ὁμιλίαι κακαί* (aus Menanders Thais s. Menandri fragmenta ed. Meinecke p. 75). Tit. 1, 12: *Κρῆτες ἀεὶ ψεῦσται, κακὰ θηρία, γαστέρες ἀργαί* (aus Epimenides *περὶ χρησμῶν* oder Kallimachus hymn. ad Jov. v. 8). Apg. 17, 28: *τοῦ γὰρ καὶ γένος ἐσμέν* (Arat. Phaenom. 5 Kleanthes hymn. in Jov. 5). Da jedoch der Brief an Titus unecht ist und auch die athenische Rede nicht als paulinisch gelten kann (s. Zeller S. 259 ff.), so bleibt nur die erste Stelle übrig, welche Paulus nicht in Versform anführt und daher vielleicht gar nicht als Dichterwort, sondern nur als griechischen Gemeinplatz gekannt hat.

7. (zu S. 16.) Beispiele rabbinischer Schriftauslegung finden sich: Röm. 9, 33. 1 Kor. 9. 9 f. Gal. 3, 16 f. 4, 22 ff. Eph. 4, 8 ff. Ausschmückungen und Weiterbildungen alttestamentlicher Erzählungen: 1 Kor. 10, 4. 2 Kor. 3, 7. 13. Gal. 4, 29. Rabbinisch oder überhaupt spätjüdisch sind die Vorstellungen von sieben Himmeln und dem himmlischen Paradies (2 Kor. 12, 2. 4, vgl. Eph. 4, 10), dem oberen Jerusalem (Gal. 4, 26), dem letzten Adam (1 Kor. 15, 45), den Messiaswehen (1 Kor. 7, 26), dem Antichrist (2 Thess. 2, 3 ff.), der letzten Posaune (1 Kor. 15, 52. 1 Thess. 4, 16), die ganze Engel- und Dämonenlehre (Röm. 8, 38. 1. Kor. 4, 9. 7, 5. 10, 10. 11, 10, 15, 24. 2. Kor. 4, 4. 11, 14. Gal. 3, 19. Eph. 1, 21. 2, 2. 3, 10. 15. 6, 12. Kol. 1, 16. 2, 15). Zu den Gedanken: Röm. 1, 24. 2, 25. 5, 12. 14. 6, 7. 7, 1. 8, 9. 19. 20. 12, 1. 1 Kor. 6, 1. 7, 14. 2 Kor. 8, 21. Eph. 5, 5. 28. Phil. 3, 19. 2 Thess. 3, 10, den Bildern 1 Kor. 15, 36 ff. (*κόκκος σίτου*), 2 Kor. 5, 2 (*ἐπενδύσασθαι*), 11 2 (*ἁρμόζεσθαι*), 12, 9 (*ἐπισκηνοῦν*), Ephes. 2, 14 (*μεσότοιχον τοῦ φραγμοῦ*), 6, 13 ff. (*πανοπλία* vgl. 1 Thess. 5, 8), und den Ausdrücken *νήπιοι* (1 Kor 3, 1), *οἱ ἔξω* (1 Kor. 5, 12 f. Kol. 4, 5. 1 Thess. 4, 12), *ὀσμὴ ἐκ θανάτου* u. s. w. (2 Kor.

2, 10). καινὴ κτίσις (2 Kor. 5, 17. Gal. 6, 15), μεσίτης (Gal. 3, 19)
lietet die rabbinische Literatur gleichfalls mannichfache Parallelen.
(S. Meyers Commentar zu allen hier angeführten Stellen.)

8. (zu S. 50). Dass Paulus an stattlichem Aeusseren hinter Barnabas zurückstand, scheint schon Apg. 14, 12 anzudeuten, wo die
Einwohner von Lystra diesen für Zeus, jenen für Hermes halten.
Die Quellen genauerer Nachrichten über seine leibliche Erscheinung
sind folgende: 1) Acta Pauli et Theclae (eine Schrift, deren Grundlage bis in das zweite Jahrhundert zurückreicht) in Tischendorfs
Actis apostolorum apocryphis Lips. 1851. c. 2: εἶδεν τὸν Παῦλον
ἐρχόμενον, ἄνδρα μικρὸν τῇ (! lies τῷ) μεγέθει, ψιλὸν τῇ
κεφαλῇ, ἀγκύλον ταῖς κνήμαις, εὐεκτικόν, σύνοφρυν, μικρῶς
ἐπίῤῥινον, χάριτος πλήρη. 2) Die (fälschlich dem Lucian beigelegte)
aus der Zeit Julians († 363) stammende Schrift Philopatris c. 12:
Γαλιλαῖος — ἀναφαλαντίας, ἐπίῤῥινος, ἐς τρίτον οὐρανὸν
ἀεροβατήσας καὶ τὰ κάλλιστα ἐκμεμαθηκώς. 3) Malalas (aus
dem 9. Jahrhundert) Chronographia l. X p. 257 ed. Dindorf: ἐπῆρχε
δὲ ὁ Παῦλος ἔτι περιὼν τῇ ἡλικίᾳ κονδοειδής, φαλακρός, μιξο
πόλιος τὴν κάραν καὶ τὸ γένειον, εὔρινος, ὑπόγλαυκος, σύνοφρυς
λευκόχρους, ἀνθηροπρόσωπος, εὐπώγων, ὑπογελῶντα ἔχων τὸν
χαρακτῆρα, φρόνιμος, ἠθικός, εὐόμιλος, γλυκύς, ὑπὸ πνεύματος
ἁγίου ἐνθουσιαζόμενος καὶ ἰώμενος. 4) Nicephorus (aus dem
14. Jahrhundert) hist. eccles. l. II c. 37: ὁ δέ γε θεσπέσιος Παῦλος
μικρὸς ἦν καὶ συνεσταλμένος τὸ τοῦ σώματος μέγεθος καὶ ὥσπερ
ἀγκύλον αὐτὸ κεκτημένος, σμικρὸν καὶ κεκυφώς, τὴν ὄψιν λευκὸς
καὶ τὸ πρόσωπον προσφερής, ψιλὸς τὴν κεφαλήν, χαροποὶ δὲ
αὐτῷ ἦσαν οἱ ὀφθαλμοί, κάτω δὲ καὶ τὰς ὀφρῦς εἶχε νενούσας,
εὔκαμπτῇ καὶ ῥέπουσαν ὅλῳ τῷ προσώπῳ περιφέρων τὴν ῥῖνα,
τὴν ὑπήνην δασεῖαν καὶ καθειμένην ἀρκούντως ἔχων, ῥαινο
μένην δὲ ταύτην καὶ τὴν κεφαλὴν ὑπὸ πολιαῖς ταῖς θριξίν.

9. (zu S. 64). Mehr und mehr kommt es zur Anerkennung,
dass der Jakobus, den wir uns aus den paulinischen Briefen (Gal. 1,
19. 2, 9, 12. 1 Kor. 15, 7 vgl. 9, 4), der Apg. (12, 17. 15, 13 ff.
21, 18 ff.) und Hegesippus als Vorsteher der jerusalemischen Gemeinde kennen, nur ein wirklicher Bruder Jesu, nicht ein und dieselbe Person mit dem Apostel Jakobus, Alphäus' Sohn, gewesen sein
kann. Es wäre auch nicht abzusehen, was diese Gemeinde hätte
veranlassen sollen, einen der allerunbedeutendsten Jünger Jesu zu

ihrem Vorsteher zu wählen, und sicherlich würde eine so unwahrscheinliche Behauptung nicht so viele Vertheidiger gefunden haben,
wenn man nicht gefürchtet hätte, durch die gegentheilige Annahme
„dem Lucas eine grosse Ungeschicklichkeit aufzubürden." Denn allerdings liegt, wie bereits Winer richtig erkannte, in Apg. 12, 17 „der
eigentliche Knoten der ganzen Streitfrage." Nach der Apg. ist nämlich „die Stellung des Jakobus in Jerusalem und an der Spitze der
Judenchristen ganz dieselbe wie jenes Jakobus Bruders des Herrn
bei Paulus und den Kirchenvätern, gleichwohl hat Lucas seine Leser
mit einem dritten Jakobus gar nicht bekannt gemacht und nachdem
12, 2 ff. eben erst von Jakobus major die Rede war, kann kein
Leser V. 17 an einen andern Jakobus denken als an den zweiten
der 1, 13 erwähnten Jakobi, mithin an Jakobus Alphäi." So ein-
leuchtend dies ist, so wird doch, auch wenn man an den Letztgenannten
denkt, die Darstellung der Apg. um nichts tadelfreier. Wie kommt
auf einmal Jakobus Alphäi, der sich bisher in keiner Weise hervor-
gethan hat, an die Spitze der Gemeinde, da es ihr doch viel näher
lag, nach Jakobus' des Aelteren Hinrichtung und Petrus' Einkerkerung Johannes zu ihrem Haupte zu machen, der neben diesen
beiden von Jesus besonders ausgezeichnet worden war und auch
nach der Apg. bisher schon die zweite Stelle in der jerusalemischen
Christenheit eingenommen hatte? Und wenn letztere wirklich den
jüngeren Jabobus zu ihrem Leiter wählte, was doch sicherlich erst
nach Petrus' Gefangennehmung geschah, wie hat Petrus in seinem
festverschlossenen Kerker etwas von dieser Wahl erfahren können?
Das sind Fragen, auf welche uns die Apg. die Antwort gleichfalls
schuldig bleibt, tadelfrei wird also ihr Bericht nicht, welchen Jakobus
man auch in der angeführten Stelle finden möge.

10 (zu S. 82). Wie viel an der Erzählung Apg. 16, 18—40
historisch ist, wird sich kaum mehr ausmitteln lassen. Dass ähnliche
Erfolge wie die Dämonenaustreibung V. 18 im Zusammenhang mit
der apostolischen Thätigkeit des Paulus vorkamen, werden wir mit
Zeller (S. 252) schon wegen 2 Kor. 12, 12 glauben müssen. Aber
selbst wenn wir mit Holtzmann (in Bunsen's Bibelwerk Bd. VIII
S. 341) die angezweifelte Geisselung durch 2 Kor. 11, 25 gesichert
finden und aus der ganzen Partie V. 10—22 in hohem Masse den
Eindruck der Augenzeugenschaft empfangen, werden wir doch gleich dem
Letztgenannten zugestehen müssen, dass in den folgenden Versen 23—40

historische Anstösse von schwerster Art vorliegen (S. über dieselben
Baur I S. 166—189, Zeller 251—258). Nach einer scharfsinnigen
Vermuthung Zeller's (in Hilgenfeld's Zeitschrift für wissenschaftl. Theologie 1864 S. 103 ff.) ist die Erzählung theilweise Nachbildung einer
von Lucian (Toxaris Kap. 27—34) berichteten Geschichte. Ein in
Aegypten die Heilkunde studirender Grieche Antiphilus wird, weil
die von seinem Diener aus einem Tempel gestohlenen Geräthe in
seinem Hause vorgefunden worden sind, eingekerkert und auf das
Härteste behandelt. Als sein Freund Demetrius von Sunium, eben
von einer Reise zurückgekehrt, dies erfährt, gibt er sich als Mit-
schuldigen an, um ihm im Kerker Gesellschaft leisten zu können.
Während beide in schwerer Haft gehalten werden, brechen die übrigen
Gefangenen aus und erschlagen die Wache, die Freunde bleiben
jedoch und halten auch den Diener des Antiphilus zurück. Am
andern Morgen befiehlt der Statthalter von Aegypten auf die Anzeige
von dem Vorgefallenen, alle drei freizulassen. Dem widersetzt sich
Demetrius und legt Verwahrung dagegen ein, dass man sie wie
Verbrecher behandele, die nur aus Mitleid oder zum Lohn für ihr
Bleiben losgelassen werden. Er nöthigt so die Richter zu einer ge-
nauen Untersuchung, welche die Unschuld Beider an den Tag bringt.
Der Statthalter schenkt darauf zur Entschädigung für die ungerechte
Einkerkerung und zum Zeichen seiner Bewunderung dem Demetrius
20,000, dem Antiphilus 10,000 Drachmen, ersterer überlässt jedoch
seinen Antheil seinem Freunde, um in cynischer Armuth zu den
Brahmanen nach Indien zu wandern.

11 (zu S. 87). Wenn ich oben der jetzt gewöhnlichen Annahme
folge, nach welcher der erste Thessalonicherbrief in Korinth verfasst
ist, so bin ich doch weit entfernt von der Zuversichtlichkeit, mit
welcher die neueren Ausleger dieses Briefes (z. B. Lünemann) seine
alte Unterschrift ἐγράφη ἀπὸ Ἀθηνῶν als irrig verwerfen. Bekanntlich findet zwischen diesem Briefe und der Apg. der Widerspruch
statt, dass dem ersteren zufolge Timotheus von Athen aus, wo er
allein bei Paulus war, nach Thessalonich gegangen und von da zu
dem Apostel zurückgekehrt ist (1 Thess. 3, 1. 2. 5. 6), während
die Apg. Silas und Timotheus in Beröa bleiben und, ohne einen
Besuch des letzteren in Thessalonich zu erwähnen, erst in Korinth
wieder mit Paulus zusammentreffen lässt (Apg. 17, 15. 18, 5). Ist
man nun einerseits gezwungen, die apostelgeschichtliche Darstellung,

soweit sie mit Paulus' eigenen Aussagen streitet, für unrichtig zu erklären, so hat man auf der andern Seite keinen Grund, die übrigen
Momente dieser Darstellung bloss deshalb, weil sie von Paulus nicht
direct widerlegt werden, als historisch gesichert zu betrachten, zumal
dieselben mit den unhaltbar befundenen Angaben in engem Zusammenhange stehen. Wenn die von der Apg. berichtete, in Korinth
ausmündende Reise des Timotheus sich mit der von Paulus erwähnten
keineswegs deckt, so fehlt jede Gewähr dafür, dass der Endpunkt
jener ersten, in der Hauptsache ungeschichtlichen Reise auch der
Endpunkt dieser zweiten, geschichtlichen ist. Wenn ferner Timotheus nicht, wie der Leser der Apg. glauben muss, nach seiner Trennung von Paulus bis zur Wiedervereinigung mit ihm stets in Gesellschaft des Silas gewesen ist, so wissen wir auch nicht, ob er
gleichzeitig mit Silas, also in Korinth, wieder bei dem Apostel
eingetroffen ist. Aus 1 Thess. 1, 1 vgl. mit 3, 1 folgt dies nicht,
da Silas recht wohl nach Timotheus' Absendung und vor seiner
Rückkehr zu dem vereinsamten Apostel nach Athen gekommen sein
kann. Möglicherweise ist die Annahme, dass beide Begleiter erst
in Korinth wieder zu dem Apostel gestossen seien, lediglich daraus
zu erklären, dass nach 2 Kor. 1, 19 beide mit ihm in dieser Stadt
gewirkt haben, während der erste Korintherbrief ihrer Thätigkeit
neben der des Apostels nicht gedenkt, woraus der Schluss gezogen werden
konnte, dass Paulus zuerst einige Zeit allein dort gewirkt habe (Vgl.
Apg. 18, 1. 4. 5). Der erste Thessalonicherbrief enthält keine Spuren,
welche von Athen hinwegführten, und wer ihn ohne Rücksicht auf
die Apg. liest, wird keinen andern Eindruck gewinnen als den, dass
er in dieser Stadt geschrieben sei. Dafür sprechen auch Stellen wie
2, 17. 18. 3, 10. 11, denn es hat wenig Wahrscheinlichkeit, dass der
Apostel, so lange er ernstlich an baldige Rückkehr nach Thessalonich
dachte, sich in Korinth ein neues Arbeitsfeld gesucht haben solle,
von dem er voraussichtlich nicht so schnell wieder loskam. Im
zweiten Thessalonicherbriefe, der jedenfalls in Korinth abgefasst ist,
findet sich kein Wort mehr von einem demnächstigen Besuche.
Wenn nun auch durch die angeführten Gründe die Frage, ob Athen
oder Korinth als Abfassungsort des ersten Thessalonicherbriefes zu
betrachten ist, noch nicht zu Gunsten der ersteren Stadt entschieden
wird, so sind sie meines Bedünkens doch gewichtig genug, um diese
Frage als eine offene erscheinen zu lassen.

12 (zu S. 122). Aus dieser Stelle (V. 7. 8) und 9, 5 würde noch nicht mit Nothwendigkeit folgen, dass Paulus nie verheirathet war, da allenfalls auch ein Wittwer so hätte schreiben können. Indessen spricht sich die altkirchliche Ueberlieferung beinahe einstimmig für Paulus' beständige Ehelosigkeit aus und die gegentheilige Ansicht findet sich nur bei dem Verfasser der pseudoignatianischen Briefe und bei Clemens von Alexandrien. (Ignat. ad Philadelph. c. 4 der längeren Recension bei Dressel, patr. apost. opp. S. 280: *Oî ψέγω τοὺς λοιποὺς μακαρίους, ὅτι γάμοις προσωμίλησαν, ὧν ἐμνήσθην ἄρτι· εὔχομαι γὰρ ἄξιος θεοῦ ἐρεθεὶς πρὸς τοῖς ἴχνεσιν αὐτῶν εὑρεθῆναι ἐν τῇ βασιλείᾳ, ὡς Ἀβραὰμ καὶ Ἰσαὰκ καὶ Ἰακώβ, ὡς Ἰωσὴφ καὶ Ἰσαίου καὶ τῶν ἄλλων προφητῶν, ὡς Πέτρου καὶ Παύλου καὶ τῶν ἄλλων ἀποστόλων τῶν γάμοις προσομιλησάντων, οὐχ ὑπὸ προθυμίας τῆς περὶ τὸ πρᾶγμα, ἀλλ' ἐν ἐννοίᾳ ἑαυτῶν τοῦ γένους ἔσχον ἐκείνοις.* Clem. Alex. bei Eusebius K. G. 3, 30: *καὶ ὅ γε Παῦλος οὐκ ὀκνεῖ ἔν τινι ἐπιστολῇ τὴν αὐτοῦ προσαγορεῦσαι σύζυγον, ἣν οὐ περιεκόμιζε διὰ |τὸ τῆς ὑπηρεσίας εὐσταλές.* Diese beiden Zeugen, von denen der eine offenbar nur durch Missverständniss von Phil. 4, 3 zu seiner Behauptung gelangt ist, können gegen die herrschende Annahme um so weniger aufkommen, als auch in den Briefen des Apostels nicht die geringste Spur auf eine frühere Ehe hindeutet.

13. (zu S. 128). Auf die lebhaften Gefühlsausbrüche in V. 19 und 32 berufen sich vornehmlich die Gegner des Apostels, wenn sie ihn eines „pharisäischen Tugendegoismus" beschuldigen (S. namentlich Fr. Richter, Vorträge über die persönliche Fortdauer. 2. Aufl. S. 254). Auf diese Beschuldigung hat schon Rückert eine genügende Antwort gegeben (Comm. zum 1 Korintherbriefe S. 416:) „Dass Paulus hier ganz und allein auf fremdem Standpunkt stehe, ist um so weniger denkbar, als er von seinen eigenen Kämpfen gesagt hat, sie würden nutzlos sein, wenn keine Auferstehung wäre. Es ist wohl unleugbar, dass das ganze Leben ihm selbst als ein nutz- und zweckloses erscheinen würde, wenn die Vollendung jenseits nicht wäre und wenn eine strenge Sittenphilosophie dies nicht zugeben kann, so müssen wir doch bedenken, einmal, dass Paulus nicht Philosoph war und vielleicht in seinem Leben nichts vom absoluten Werthe der Tugend gehört hatte, selbst aber viel zu praktischer Mann war, um bei der lebendigen Hoffnung eines nicht

fruchtlosen Ringens die Frage an sich zu richten: wurdest du wohl Alles das auch thun, wenn gleich kein Jenseits wäre? und hierdurch zum Bewusstsein zu kommen, dass er's dennoch würde. Sodann, dass er hier oratorisch verfährt, und um bei seinen auf niedriger Stufe stehenden Lesern möglichst starken Eindruck zu erregen, die Sache auf die Spitze stellt, während sich uns aus der Gesammtheit seiner Briefe ein ganz anderes Bild von ihm herausstellt als aus diesen Worten und dies ohne Zweifel das einzig richtige. Endlich, dass der Lohn, den er zu fordern und um deswillen er zu wirken scheint, ja nicht der Lohn des Genusses ist, sondern der Anschauung dessen, was er liebt, Christi seines Herrn und der innigsten Gemeinschaft mit ihm, der hier die Seele seines Lebens war, und dass ein solches Wünschen, wenn es auch hier in der Form eines Begehrens nach Lohn erscheint, doch in sich selber durch und durch sittlich ist."

14., (z. S. 131). Nach der obigen Darstellung ergibt sich über den Verkehr des Apostels mit der korinthischen Gemeinde Folgendes:

I. Paulus wirkt mit Silvanus und Timotheus gegen zwei Jahre in Korinth (Apg. 18, 11. 18. 1 Kor. 2, 1 ff. 3, 1 ff. 2 Kor. 1, 19).

II. Er schreibt an die korinthische Gemeinde einen (nicht auf uns gekommenen) Brief (1 Kor. 5, 9—11).

III. Er sendet von Ephesus aus den Timotheus und einige andere nach Korinth, die vor Ostern 58 abreisen und bis Pfingsten wieder bei Paulus eintreffen sollen (1 Kor. 4, 17. 16, 10 f. Apg. 19, 22).

IV. Noch ehe Timotheus in Korinth eintrifft, kommen drei Abgesandte der dortigen Gemeinde (Stephanas, Fortunatus, Achaicus) in Ephesus an (1 Kor. 16, 17).

V. Infolge der erhaltenen Nachrichten und der ihm vorgelegten Fragen schreibt Paulus den sogenannten ersten (eigentlich zweiten) Korintherbrief.

VI. Wie er in diesem Briefe ankündigt (16, 2—8 vgl. Apg. 19, 21), reist er durch Macedonien nach Korinth. Die dortigen Verhältnisse findet er höchst unbefriedigend (2 Kor. 12, 21. 13, 2). Da die Collecte nicht nach seinem Wunsche ausgefallen ist, verschiebt er die Reise nach Jerusalem noch und kehrt nach Ephesus zurück.

VII. Die traurigen Erfahrungen, die er in Korinth gemacht, veranlassen ihn zur Abfassung eines neuen Schreibens an die Gemeinde (2 Kor. 2, 3 f. 7, 8. 12), in dem er einen dritten Besuch in Aussicht stellt. (1, 15 f.) Titus überbringt in Begleitung eines Bruders (12,

18) diesen Brief, findet in Korinth eine befriedigende Aufnahme (7, 13—15) und fördert dort das Collectenwerk. (8, 6 προενήρξατο).
VIII. Paulus reist über Troas, wo er vergeblich Titus zu treffen erwartet (Apg. 20, 1 ff. 2 Kor. 2, 12 f.), nach Macedonien, wo dieser mit neuen Nachrichten aus Korinth bei ihm anlangt (2 Kor. 7, 5 ff.)

IX. Infolge dieser Nachrichten schreibt Paulus den sogenannten zweiten (eigentlich vierten) Korintherbrief, den Titus und zwei andere Brüder überbringen (2 Kor. 8, 6. 16. 18 f. 22. 9, 3. 5).

X. Bald darauf kommt Paulus selbst zum dritten Male nach Korinth (Apg. 20, 2).

Diese Darstellung weicht von der gewöhnlichen besonders darin ab, dass sie einen zweiten verlorenen Brief annimmt und Paulus' zweite Reise nach Korinth in der Zeit, die zwischen den beiden uns erhaltenen Briefen liegt, stattfinden lässt. Diese beiden Puncte sind hier kurz zu begründen.

a. Die Hypothese eines zweiten verlorenen Briefes, zuerst von Bleek (Theol. Studien und Kritiken 1830 H. 3 S. 625 ff.) aufgestellt, von Rückert und Meyer verworfen, hat neuerdings den Beifall Hausraths (der Apostel Paulus S. 107) und Hilgenfelds (Ztschr. für wissensch. Theol. 1864 S. 167. 1866 S. 345) gefunden. Gewiss mit Recht. Aus Paulus' eigenen Andeutungen über den Brief, den er kurz vor unserm zweiten Korintherbrief nach Korinth schrieb, ersehen wir, dass derselbe 1) durch das Vergehen des Blutschänders veranlasst war und ausschliesslich oder doch vorwiegend mit diesem einen Gegenstande sich beschäftigte, (2 Kor. 2, 3. 9. 7, 12), 2) von dem Apostel in heftiger, innerer Aufregung, unter Herzensangst und vielen Thränen und 3) in sehr scharfem, strafendem Tone geschrieben war (2, 3 f. 7, 8. 11). Es liegt auf der Hand, wie schlecht alle diese Merkmale auf unsern ersten Korintherbrief passen, dieses ruhige, geordnete, wohldurchdachte Schreiben, das keine Spuren ungewöhnlicher Erregung aufweist (wie ganz anders der Galaterbrief!), die Angelegenheit des Blutschänders kurz abthut und ausserdem viele andere, wichtigere Puncte behandelt. Und gesetzt, dieser Brief hätte in der Gemeinde so grosse Betrübniss hervorgerufen, wie konnte Paulus dann ein hie und da noch strengeres und verletzenderes Schreiben an sie erlassen (s. z. B. 2 Kor. 6, 12. 10, 7. 11, 1. 3 f. 7. 16. 19 f. 12, 11. 13. 16 ff. 19 ff. 13, 1 ff. 10) und sich in demselben zugleich wegen der Schroffheit jenes früheren, milderen entschuldigen? Dass er zwischen den beiden uns erhaltenen Briefen einmal an die korinthische Gemeinde geschrieben hat, ist schon aus der Sendung des Titus wahrscheinlich, denn Paulus pflegte seinen Abgeordneten etwas Schriftliches zu ihrer Beglaubigung und Empfehlung mitzugeben (vgl. Röm. 16, 1. 1 Kor. 16, 3. Kol. 4, 7 ff. Phil. 2, 25 ff.) Und wenn er selbst in Betreff des Timotheus, der mit ihm in Korinth gewirkt hatte, die Empfehlung 1 Kor. 4, 17 und die Mahnung 16, 10 f. nicht für überflüssig hielt, so wird er um so mehr den der korinthischen Gemeinde viel weniger bekannten Titus brieflich bei derselben eingeführt haben. Finden sich nun überdies in Paulus' eigenen Worten Hindeutungen auf ein zwischen unserm ersten und zweiten Briefe abgefasstes Schreiben, so hat man nicht den geringsten Grund zu bezweifeln, dass dasselbe wirklich existirt habe. Von einer Gemeinde, die erwiesenermassen einen Brief des Apostels hat verloren gehen lassen, ist es nicht zu verwundern, dass sie einen zweiten nicht sorgfältiger aufbewahrt hat, zumal ihr derselbe höchlich missfallen hatte. Vielleicht ist die Erhaltung unserer beiden Korintherbriefe nur dem Umstande zu danken, dass dieselben nicht ausschliesslich an diese Gemeinde gerichtet sind (1 Kor. 1, 2. 2 Kor. 1, 1), während die zwei verlorenen rein korinthische Angelegenheiten betrafen.

b. Es darf jetzt wohl als ausgemacht gelten, dass Paulus, als er unsern zweiten Korintherbrief schrieb, bereits zwei Mal in Korinth gewesen war[1]. Die Frage ist nur, ob dieser zweite Besuch vor oder nach Abfassung unseres ersten Korintherbriefes stattgefunden hat. Meyer, welcher das Erstere annimmt, sagt, dass die Entscheidung dieser Frage auf 2 Kor. 2, 1. 12, 14. 21. 13, 1. 2 beruhe, gibt also zu, dass aus dem ersten Brief keine Stützen für seine Meinung zu entnehmen sind. Nun ist es zunächst auffällig, dass ein so umfängliches Schreiben keinerlei Spuren eines zweiten Besuches verräth und, so oft es auch auf den früheren persönlichen Verkehr des Apostels mit der Gemeinde zurückweist, überall so redet, als ob Paulus nach seinem ersten Aufenthalte in Korinth, bei welchem er die dortige Gemeinde gründete, diese Stadt nicht wieder besucht habe. (Vgl. 2, 1—4. 3, 1 f. 4, 18 ff. 11, 2. 34. 16, 2—7.) Wie deutlich lässt im Vergleich hiermit der so viel kürzere Galaterbrief die Spuren von

---

[1]) S. Meyers Commentar zum zweiten Korintherbrief S. 6.

Paulus' zweiter Anwesenheit in Galatien durchblicken! (Gal. 1, 9. 4. 13. 16. 20. 5, 3,). Und sollten wirklich, wenn Paulus vor Abfassung unseres ersten Briefes ein zweites Mal, wenn auch auf kurze Zeit, in Korinth war, alle die Fragen unerörtert geblieben sein, die den ebengenannten Brief veranlasst haben? (s. 1 Kor. 5, 9—11. 7, 1 ff. 18 ff. 25 ff. 8, 1. 16, 1 ff.). Manche derselben, wie die über die Ehe und den Genuss des Opferfleisches, lagen doch nahe genug, um, wenn auch nicht alsbald bei Gründung der Gemeinde, doch bei einer zweiten Anwesenheit des Apostels zur Sprache zu kommen. Endlich ist zu beachten, dass Paulus im ersten Korintherbriefe nur die „Grundlegung" und „Pflanzung" der Gemeinde für sich in Anspruch nimmt, während er das Verdienst, weiter gebaut, begossen zu haben, anderen, vornehmlich dem Apollos, zuerkennt (3, 6—10). Auch dies ist viel verständlicher bei der Annahme, dass er vor Abfassung unseres ersten Briefes nur einmal unter den dortigen Christen geweilt hat.

Wenn so im ersten Briefe nichts gegen, mancherlei für die Ansicht spricht, dass Paulus' zweiter Besuch in Korinth zwischen beiden Briefen mitten inne liegt, so wird diese Ansicht noch weit mehr durch den zweiten Brief und die Apostelgeschichte empfohlen. Was Paulus in diesem Schreiben von seinen Gegnern sagt, macht doch ganz den Eindruck, als ob er bereits persönlich mit ihnen zusammengetroffen und es dabei zu heftigen Scenen zwischen beiden Theilen gekommen sei (vgl. 10, 1 f. 10. 12, 6. u. a.). Nun ist gewiss, dass bei der dem ersten Briefe vorgängigen Anwesenheit des Apostels in Korinth (mag es die erste oder zweite gewesen sein) das Parteiwesen noch nicht hervorgetreten war, von dem er vielmehr erst kurz vor Abfassung dieses Schreibens Kunde erhielt (1 Kor. 1, 11), ja, die gegnerischen Lehrer, welche er im zweiten Briefe bekämpft, sind erst nach Abfassung des ersten in Korinth aufgetaucht, daher auch sein persönliches Zusammentreffen mit ihnen nur in dieser Zeit stattgefunden haben kann[1]. Man bemerke noch, dass bei dieser Annahme die ganze Polemik dieses

---

[1] Man beachte namentlich, dass Paulus 1 Kor. 3. so nahe es ihm hier gelegen hätte, kein Wort von Irrlehrern sagt, vielmehr die Prediger, die ausser ihm zu Korinth gewirkt haben, als seine Mitarbeiter anerkennt (V. 9) und selbst denjenigen unter ihnen, deren Werk nicht probehaltig befunden wird, noch einen Antheil am messianischen Heile zugesteht (V. 15), während er 2 Kor. 11, 13 ff. seine judaistischen Gegner als „Satansdiener" brandmarkt und ihnen ein Ende gemäss ihren Thaten prophezeit.

Briefes, der von Anspielungen auf die judaistischen Widersacher durchzogen ist und die Stichworte derselben sich aneignet, um sie gegen
ihre Urheber zu kehren, weit verständlicher wird. Wenn Paulus selbst
inmitten der Gemeinde aus dem Munde der Gegner die Beschuldigungen
vernommen hatte, auf welche er in diesem Briefe anspielt (z. B. 5, 13.
7, 2. 10, 2. 10. 12, 16), so begreift man leicht, wie er bei seinen
Lesern voraussetzen konnte, dass sie, sobald er nur eines dieser
Stichworte berührte, sofort an die von den Judaisten gegen ihn erhobenen Anklagen denken würden, auch ohne dass er allemal bei-
fügte: „Dies und jenes ist mir als Aeusserung der Gegner berichtet
worden". Anders im ersten Korintherbrief (s. 1, 11. 5, 1. 11, 18).

Weit bedeutsamer ist ein anderer Punct, dass nämlich der sittliche
Zustand, in welchem Paulus die korinthische Gemeinde bei seiner
zweiten Anwesenheit fand, viel schlechter war, als derjenige, welchen
der erste Brief voraussetzt. Die Leser, an welche dieser Brief gerichtet ist, bewahren die Ueberlieferungen des Apostels (11, 2), so
dass er sich ihrer rühmen kann (15, 31), wenn sie auch früher als
Heiden ein lasterhaftes Leben führten, so sind sie doch jetzt „abge-
waschen, geheiligt, gerechtfertigt" (6, 11), von πορνεία unter ihnen
hat Paulus nur gehört, nicht selbst dieses Laster unter ihnen wahrgenommen (5, 1), auch macht er nur einen einzigen Fall namhaft.
stellt die Gemeinde als Ganzes in Gegensatz zu dem Blutschänder (V. 2. 13) und gibt zu, dass zur Zeit nur „ein wenig Sauerteig" vorhanden sei (V. 6). Es ist ihm augenscheinlich viel mehr
darum zu thun, möglichen Wollustsünden vorzubeugen, als schon
begangene zu strafen. Darum hat er der Gemeinde bereits früher geboten und gebietet ihr wiederum, dass sie, wenn ein Bruder als
Hurer u. s. w. gilt, die Tischgemeinschaft mit einem solchen auf-
heben solle (5, 11). Wenn er vor dem Missbrauch der christlichen
Freiheit warnt und mahnt: „Fliehet die Hurerei!" (6, 12 ff. 18), setzt dies
bei denen, welche er im Auge hat, nicht mehr voraus als die Nei-
gung, aus dem πάντα μοι ἔξεστι unsittliche praktische Consequenzen
zu ziehen, da, wenn sie dies schon gethan hätten, Paulus ihre Verirrung sicherlich viel strenger strafen würde. Auch in dem Abschnitt
über die Ehen spricht er nur vorbauend und künftige Fehltritte nach
Kräften abwehrend (7, 2. 5. 9. 36 vgl. 10, 8) und endlich erwartet
er, dass Gott die Gemeinde, welche bis jetzt nur von menschlicher
Versuchung weiss, vor einer ihr Vermögen übersteigenden Versuchung

bewahren werde (10, 13). Weit ungünstiger ist der sittliche Zustand, in dem sich die Gemeinde bei Abfassung des zweiten Korintherbriefes befindet und, wie aus demselben hervorgeht, schon bei Paulus' zweiter Anwesenheit in Korinth befunden hat. Der Apostel fordert in diesem Schreiben seine Leser auf, sich „von aller Befleckung des Fleisches und Geistes zu reinigen (7, 1 vgl. mit 1 Kor. 6, 11!), er hält sie also nicht mehr für rein. Er ist bereits einmal in Betrübniss in Korinth gewesen (2, 1 ff.) und diese hatte ihren Grund darin, dass die sittliche Verfassung der Gemeinde seinen Wünschen nicht entsprach, dass er über viele klagen musste, die wirklich fleischliche Sünden begangen und noch nicht bereut hatten (12, 20 f.), daher er sich auch zu scharfen Drohungen veranlasst sah (13, 2). Der Besuch, bei welchem Paulus diese traurigen Erfahrungen machte, kann unmöglich unserm ersten Korintherbriefe vorgängig sein, der von einer so entsittlichten Gemeinde noch nichts weiss. Er war vielmehr der Anlass des zweiten verlorenen Briefes, dessen herber Ton dann ganz natürlich aus den unerfreulichen Eindrücken floss, die Paulus aus Korinth mitgebracht hatte.

Zu diesem Resultate stimmen sehr gut einige untergeordnete Momente. Man hat es öfter auffällig gefunden, dass Paulus im zweiten Korintherbriefe nichts von den Nachrichten sagt, die er durch Timotheus erhalten haben muss, der doch später als unser erster Brief in Korinth eintreffen sollte. Dies erklärt sich leicht, wenn Paulus inzwischen selbst die Gemeinde besucht hat. Ferner werden nur so die Reisepläne des Apostels verständlich. Meyer sieht sich (zu 2 Kor. 1, 15 f.) zu der Auskunft genöthigt, dass Paulus „den hier dargelegten Reiseplan schon vor oder während der Abfassung unseres ersten Briefes abgeändert habe und der Reiseplan 1 Kor. 16, 5 nicht der erste, sondern der bereits geänderte gewesen sei, welche Aenderung dem Apostel als Wankelsinn gedeutet wurde." Allein nach dem zweiten Korintherbrief wurde dem Apostel nicht das verargt, dass er diesen oder jenen Reiseplan wieder aufgegeben hatte, sondern, dass er überhaupt nicht mehr nach Korinth gekommen war (2 Kor. 1, 23). Nach unserer Auffassung hat Paulus den Plan 1 Kor. 1, 15 f. keineswegs abgeändert, sondern nur nicht ausgeführt (denn auf seiner dritten Reise nach Korinth nahm er nicht den directen Weg zur See, wie er ursprünglich beabsichtigte, sondern den über Troas durch Macedonien), dagegen hat er den früheren Reiseplan

(1 Kor. 16, 4—8) wirklich grösstentheils (mit Ausnahme der Reise nach Jerusalem, die aber auch noch nicht fest beschlossen war, vgl. V. 4 ἐὰν V. 6: οὐ ἐὰν πορεύωμαι), ausgeführt, nämlich mittelst seiner zweiten Reise nach Korinth. Bei dieser Annahme stimmt die Apg. vortrefflich mit Paulus, er theilt den Plan, sie auch die Ausführung mit, wie folgende Tabelle zeigt:

Erster Korintherbrief.	Apostelgeschichte.
Paulus sendet von Ephesus aus Timotheus mit andern Brüdern, jedenfalls vor Ostern, nach Korinth und erwartet sie bis Pfingsten zurück (4, 17. 16, 10 f.) [1]	Paulus sendet von Ephesus aus Timotheus und Erast nach Macedonien (19, 22).
Er will bis Pfingsten, also noch über 7 Wochen, in Ephesus bleiben (16, 8).	Er bleibt noch einige Zeit in Asien (19, 22).
Dann will er Macedonien durchreisen (16, 5).	Er durchreist Macedonien (19, 21. 20, 1 f.).
Von da will er Korinth besuchen (16, 3. 5).	Er geht von Macedonien nach Hellas (20, 2 vgl. 19, 21).

Der von der Apg. 19, 21 mitgetheilte Reiseplan ist also der nämliche, den Paulus 1 Kor. 16, 4—8 erwähnt. Die Frage, warum er ihn nicht vollständig ausgeführt, von Korinth aus nicht Jerusalem besucht habe, beantwortet sich dahin, dass die Collecte nicht nach seinem Wunsch ausgefallen war. Während er nämlich im ersten Briefe Anordnungen trifft, um bei seiner Ankunft bereits die Sammlung abgeschlossen zu finden (16, 1 ff.), erhellt aus dem zweiten (8, 6. 10 f. 9, 2—5), dass darauf hin so gut wie nichts geschehen ist und erst nach seinem zweiten Besuche Titus das Collectenwerk ernstlich in Angriff genommen hat. So hatte sich der Apostel gemäss seinem 1 Kor. 16, 4 angedeuteten Grundsatze genöthigt gesehen, die Reise nach Jerusalem noch zu verschieben.

Bei unserer Annahme ist das Zugeständniss unumgänglich, dass der Apostelgeschichtschreiber Paulus' zweite und dritte Reise zu-

---

[1] Dass sie nicht auf dem kürzesten Wege zur See, sondern wie nach Apg. 19, 22 Timotheus und Erast, über Macedonien nach Korinth reisten, wird dadurch wahrscheinlich, dass Paulus erwartete, sein Brief werde noch vor Timotheus in Korinth eintreffen.

sammengeworfen, aus beiden eine einzige gemacht habe (20, 1—3).
Das wird niemand auffällig finden, der etwas genauer mit dem schrift-
stellerischen Charakter dieses Gewährsmannes vertraut ist. Wenn
man einmal, wie dies gar nicht anders möglich ist, zugeben muss,
dass die Apg. eine korinthische Reise übergangen hat, so sind auf
die Frage, an welcher Stelle dieses Buches diese Reise am füglichsten
einzuschieben sei, verschiedene Antworten möglich und für unsere
Stelle spricht, dass dieselbe bei ihrer ausserordentlichen Kürze und
Dürftigkeit auch noch vieles andere vermissen lässt (nennt sie doch
keine einzige der von Paulus besuchten Städte, nicht einmal Korinth,
und gibt nur eine dunkle Andeutung von den jüdischen Nachstellungen), sei es nun, dass der Verfasser hier nicht viel erzählen
konnte oder nur nicht viel erzählen wollte.

Ist das Resultat unserer Untersuchung über Paulus'· zweite
korinthische Reise richtig, so muss zwischen den beiden auf unsere
Tage gekommenen Korintherbriefen ein längerer Zeitraum liegen,
als gewöhnlich angenommen wird. Darauf führt auch folgender Umstand. Der zweite Brief zeigt, dass in Paulus, seit er den ersten
geschrieben hat, eine Veränderung vorgegangen ist, die sich jedenfalls nicht über Nacht vollzog. Während er sich im ersten Briefe
zu der Ueberzeugung bekennt, dass er die Wiederkunft des Herrn
erleben werde, wagt er im zweiten diesen Glauben nicht mehr fest-
zuhalten, wenn er dort mit den Lebenden verwandelt zu werden
erwartete (1 Kor. 15, 51 f.), hofft er hier nur, mit den Todten auferweckt zu werden (2 Kor. 1, 9. 4, 14. 16. 5, 1—10). Hatte nun Paulus
jene Erwartung auf das Bestimmteste im Zusammenhange mit seiner
Auferstehungslehre ausgesprochen, so konnte er sie nicht bald darauf
zurücknehmen, ohne damit diese für ihn so wichtige Lehre selbst in
Frage zu stellen und der korinthischen Zweifelsucht neue Nahrung
zuzuführen. Weit geringer war diese Gefahr, wenn inzwischen eine
längere Zeit verflossen war und er sich in Korinth mündlich mit den
Zweiflern hatte auseinandersetzen können.

15. (zu S. 161). Hier werden einige Bemerkungen über die
interessante und lehrreiche Episode Apg. 20, 7—12 am Platze sein.
Wenn, wie ich nicht zweifle, dieses Stück von dem Augenzeugen
herrührt, so haben wir hier eine Wundererzählung aus erster Hand.
(Denn ἤρϑη νεκρὸς V. 9 kann nur heissen: „er wurde todt",
nicht: „für todt aufgehoben", s. Meyer zu d. St.) Es muss nun

zunächst der grosse Abstand zwischen der an unserer Stelle erzähl-
ten und den übrigen neutestamentlichen Todtenerweckungen auf-
fallen. Während Jaïrs Tochter sofort, nachdem Jesus sie bei der
Hand ergriffen und angeredet hat, aufsteht und herumgeht (Marc.
5, 41 f., vgl. Luc. 8, 54 f., Matth. 9, 25) und auf das blosse Wort
hin Lazarus aus dem Grabe hervorkommt (Joh. 11, 43 f.), der
Jüngling von Nain sich wenigstens aufrichtet und zu reden an-
fängt (Luc. 7, 14 ff.), Tabitha die Augen öffnet, sich von dem Lager
erhebt und mit fremder Hilfe aufstehen kann (Apg. 9, 40 f.), ist
nach unserer Erzählung davon, dass Paulus sich über Eutychus
wirft und ihn umfasst, nicht die geringste augenblickliche Wirkung
zu verspüren, vielmehr verfliesst beträchtliche Zeit (von Mitternacht
V. 7 bis zum Morgen V. 11), bis sich der Jüngling soweit erholt,
dass er — sich nicht selbst wieder in das Obergemach begeben,
sondern nur von andern dahin gebracht werden kann. Wenn
nun auch, wie schon Baur (I. S. 218) bemerkt hat, sich der ganze
Vorfall ohne Voraussetzung eines Wunders ganz natürlich so denken
lässt, wie er erzählt ist, so will ihn doch offenbar unser Berichterstatter als Wunder betrachtet wissen, wie sich aus der Bemerkung in V. 9 ergibt. Allein woraus schöpfte er seine Ueberzeugung,
dass Eutychus wirklich todt gewesen? Dies konnte nur durch eine
genaue Untersuchung festgestellt werden, und dass er eine solche
vorgenommen, behauptet unser Erzähler nicht, ja es muss nach
seinen Worten selbst fraglich erscheinen, ob er mit dem Apostel
hinuntergegangen ist (V. 10) oder nicht bloss die ganze Scene vom
Fenster aus mitangesehen hat. Somit ist Paulus der einzige, von
dem feststeht, dass er sich mit dem bewusstlos Daliegenden zu
schaffen gemacht hat, und der Ausspruch dieses einzigen Gewährsmannes lautet: „Seine Seele ist in ihm", also dem des Bericht-
erstatters völlig entgegengesetzt. Wie letzterer zu seiner abweichen-
den Annahme kam, erklärt sich leicht. Dass er an die Wunderkraft
des Apostels glaubte und sich keinen Umstand entgehen liess, der
zur Verherrlichung seines verehrten Meisters beitragen konnte, erhellt zur Genüge aus seinem fernern Berichte (vgl. Apg. 27, 10.
21—26. 31. 33—36. 43. 28, 3—6. 7—10). Daher konnte für ihn
die Entscheidung der Frage, ob Eutychus durch Paulus aus dem
Tode oder aus dem Scheintode in's Leben zurückgerufen worden
sei, nur nach der ersteren Seite hin ausfallen. Da er aber so viel

Wahrheitsliebe besass, um Paulus' Ausspruch wörtlich wiederzugeben und keinen augenblicklichen Erfolg zu berichten, wo keiner stattgefunden hatte, musste nothwendigerweise in seine Darstellung etwas Unsicheres, Widerspruchsvolles kommen. Wie viele Wundererzählungen alter und neuer Zeit mögen auf diese oder ähnliche Weise entstanden sein!

DRUCKFEHLER.